JN152498

子どもの視点でポジティブに考える

問題行動解決支援ハンドブック

ロバート・E. オニール, リチャード・W. アルビン, キース・ストーレイ, ロバート・H. ホーナー, ジェフリー・R. スプラギュー 著

三田地真実・神山努 監訳

岡村章司・原口英之 訳

Ψ
金剛出版

Functional Assessment and Program Development for Problem Behavior:
A Practical Handbook, Third Edition
Robert E. O'Neill, Richard W. Albin, Keith Storey, Robert H. Horner, & Jeffrey R. Sprague

私たちに機能的アセスメント手続きの実施と活用の方法を教えてくれた子どもたちを含む皆さま，そして，本書の前の版で紹介したツールを使用し，それらのツールをさらに実践的かつ効果的にするやり方を私たちに教えてくれたご家族，先生方，地域の支援者の皆さまへこの本を捧げます。

著者紹介

ロバート・E・オニール博士（Robert E. O'Neill, Ph. D.）

現在，ユタ大学の特別支援教育学部の学部長であり，認定行動分析士（Board Certified Behavior Analyst; BCBA）である。これまで，学部の重度障害のプログラムと中・軽度障害のプログラムにおいてコーディネーターを務めてきており，その二つの領域に関して指導している。さらに，特別支援教育学部の修士課程と博士課程において指導している。カリフォルニア大学サンタバーバラ校において修士号と博士号を取得後に，オレゴン大学の教員として9年間勤務し，その後，ユタ大学に着任した。近年の業績は，家庭，教室，就労場面などさまざまな地域の場面において重篤な問題行動を示す人々に対する支援方法が中心である。現在は，機能的アセスメント，問題行動の代替行動としてコミュニケーションスキルを指導すること，スクールワイドな行動支援，行動・情緒障害における性の問題といった領域に取り組んでいる。自身の研究活動，研究開発，支援者養成活動に対して，政府からの助成援助を50万ドル以上受けてきた。多数の学術論文，書籍，書籍の分担執筆があり，さまざまな州や国内外のカンファレンスにおいて発表している。執筆した論文はJournal of Applied Behavior Analysis, Exceptional Children, Research and Practice in Severe Disabilities, Education and Treatment of Children, Journal of Developmental and Physical Disabilities, Journal of Special Education, Remedial and Special Education, Journal of Behavioral Education, Journal of Positive Behavioral Interventionsに掲載されている。

リチャード・W・アルビン博士（Richard W. Albin, Ph. D.）

オレゴン大学特別支援教育学部および臨床科学学部の上級研究員およ

び准教授であり，あらゆる年齢段階の知的障害や発達障害のある人々に関する研究，発達のプログラムやモデル，支援者養成，技術面の援助について，30年以上取り組んできた。ポジティブな行動支援，知的障害や発達障害のある人々に対する代表例教授法（general case instructional procedures）（訳注：課題に関連した刺激や反応のバリエーションから代表する指導事例をいくつか抽出して指導し，指導するスキルの般化を促す方略のこと），本人中心型計画に関する研究を実施し，発表している。また，ポジティブな行動支援に関する多数のトレーニング教材の開発や，校内研修の提供を協働で行ってきた。オレゴン大学の教育学部では，プログラム化や指導に関するもの，行動マネジメントや教室内マネジメント，研究助成の申請書の書き方，量的研究方法，一事例実験研究デザインなどのコースの教授を担当してきている。現在は，Journal of Positive Behavior Interventionsの副編集長である。

キース・ストーレイ博士（Keith Storey, Ph. D.）

オレゴン大学において博士号取得。現在は，カリフォルニア州ヴァレーホにあるトゥーロ大学教育学部の教授であり，また，特別支援教育コースのコース長を務めている。さまざまな障害種の子どもたちの教師を6年間務めた。1988年にThe Association for Persons with Severe HandicapsからAlice H. Hayden賞を受賞，1996年にチャップマン大学から特別支援教育の領域における優れた業績に対して授与されるHau-Cheng Wang Fellowshipを受賞，2001年にCalifornia Association for Persons with Severe DisabilitiesからRobert DaylordRoss Memorial Scholar賞を受賞している。イリノイ州立大学の教育学部同窓生の殿堂入りを果たしており，Research and Practice for Persons with Severe Disabilities, Education and Treatment of Children, Career Development for Exceptional Individuals, Journal of Vocational Rehabilitation, Journal of Positive Behavior Interventions, Education and Training in Autism and Developmental Disabilitiesの編

集員を務めている。また,「Positive Behavior Supports in Classrooms and Schools: Effective and Practical Strategies for Teachers and Other Service Providers」,「Systematic Instruction for Students and Adults With Disabilities」,「Walking Isn't Everything: An Account of the Life of Jean Denecke」,「The Road Ahead: Transition to Adult Life for Persons with Disabilities」を出版している。

ロバート・H・ホーナー博士（Robert H. Horner, Ph. D.）

オレゴン大学特別支援教育学部教授であり，行動分析学，重度障害のある人々に対する指導方略，システムの変容を中心に研究してきている。ジョージ・スガイと共にスクールワイドPBS（SWPBS）の開発と実践に，これまでの18年間取り組んできており，全米で19,000校以上の学校がSWPBSを実施している。この実践からの研究，評価，テクニカルな援助の成果は，ポジティブな学校文化を発展させることが，児童生徒が行動面や学業面でプラスの結果を得られることと関連していることを示している。

ジェフリー・R・スプラギュー博士（Jeffrey R. Sprague, Ph. D.）

オレゴン大学特別支援教育学部の教授であり，大学の暴力・破壊的行動研究所所長でもある。政府，州，地域における，PBIS，RTI，若者の暴力予防，オルタネイティブ教育，少年犯罪の予防および治療，学校の安全といったテーマでの研究や実証プロジェクトを指揮している。研究活動は，応用行動分析学，ポジティブな行動支援，行動的RTI，機能的アセスメント，学校安全，若者の暴力予防，少年犯罪予防などである。もともとは重度知的障害のある児童生徒の教師であり，以前は重度知的障害に関する研究が中心であった。1990年から1997年に，機能的アセスメントの最初のガイドブックを共同執筆した。「Early Warning, Timely Response」や，1998年，1999年，2000年の「President's Annual Reports on School Safety」に貢献した。学校管理者を対象とした環境デザインによる犯罪予防（crime prevention through environmental design; CPT-ED）の書籍を執筆した。ギルフォード出版においてヒル・ワーカー氏と共に，学校安全に関する書籍の「Safe and Healthy Schools: Practical Prevention Strategies」を執筆した。また，アンネミーク・ゴリー氏とスクールワイドPBISの書籍である「School Wide Positive Behavior Interventions and Supports」（2005；www.sopriswest.com）を執筆した。2008年に「Universal Screening：Integrating RTI and Behavior Support」（www.shoplrp.com）を出版した。150以上の学術論文，書籍の章を執筆してきた。現在は，国立薬物中毒研究所におけるR01研究プロジェクトを指揮しており，その研究において中学校におけるポジティブな行動支援に関する初の効果評価を行っている。また，ポジティブな行動支援，行動に対するRTI，教室マネジメント，児童生徒によるセルフ・マネジメント，少年法の場面におけるPBISの実施に着目した，五つの国による教育科学ゴール2開発プロジェクトの共同責任者である。オレゴン出身であり，よき夫であり，また，飛行機，自転車，ランニング，釣り，ギターを楽しんでいる二人の娘の父親でもある。

はじめに

本ハンドブックの第3版は，多くの課題に駆り立てられることで開発されました。問題行動のパターンの分析や支援プログラムの作成に関する方法は，たくさんの概念的，また技術的な進歩が続いており，そのような進歩を本ハンドブックに組み込みたいと思いました。また，機能的アセスメント[訳注1)]の効率性と効果の両方を改善すると思える方法で，第2版の書式や手続きを修正しました。上述のように，著者ら，学校の先生方，臨床家，家族の皆さんに，日々の仕事や課題の手助けとなる実用的方略を提供し続けたいと，強く思いました。機能的アセスメントインタビューなどの書式をダウンロードして，教室内外の両方において，キーとなる概念を再検討するために使えるようになっています（訳注：このダウンロードは米国内においてのみ可能）。このような内容を見つけるためにダウンロードのラベルを探してみましょう。第3版に掲載されているもう一つのキーとなるリソースは，ティーチソースビデオコネクションボックス（TeachSource Video Connection boxes）（訳注：これは米国においてのみ視聴可能）です。このビデオでは，現実生活の場面とキーとなる章の内容を，本書の読者が関連付けることの手助けとなる，教室の映像を特集しています。クリティカルシンキングの質問があることで，授業やオンラインにおいてディスカッションや省察の機会を持つことができます。

本書のほとんどは機能分析ではなく機能的アセスメントを考慮した方略で占められています。機能的アセスメントは問題行動の状況を理解し，効果的な支援計画を立案するために情報収集する幅広いプロセスです。機能

訳注1）原文には functional assessment と functional behavior assessment という表記が用いられているが，内容は同じと判断し，訳書ではいずれも「機能的アセスメント」とした。なお，英語文献においては近年，後者の方が使用される傾向にある。

分析は問題行動を維持している随伴性を実験的に分析するプロセスです。機能分析と機能的アセスメントの用語の定義や，この二つに関する方略は，本書で詳細に論じています。

本書を読みやすくするために，本文中には参考文献をあえてあまり示していません。しかし，関連する業績や他の人のアイディアに対して相応の敬意を示すために，2，3の文献は示してあります。その代わり，付録Aに機能的アセスメントや機能分析に関する参考文献やリソースをリストアップしてあります。関連する研究や，その他の関連教材に興味のある読者はこのリストを参考にしてください。

重篤な問題行動を示す人々を支援する努力には，当事者とその支援者，家族に対して常にある程度の危険が伴うでしょう。そこで，本書全体を通して適切な安全についてのガイドラインを提示するようにあらゆる努力をしています。しかしながら，問題的な状況に関わっている人々の安全を絶対的に保証する手続きがないことも認識しています。そのため，本書に示された手続きに関わることになる人々の安全を保障するすべての責任は，本手続きを実施したり指導助言したりする人（たとえば，学校の先生，心理士，保護者や家族，地域の支援者や就労場面の支援者，コンサルタントなど）にあることを明示しておかなければなりません。アメリカ政府，オレゴン大学，ユタ大学，トゥール大学，オレゴン州，ユタ州，カリフォルニア州，本書の著者および出版社のいずれも，個人の安全に関する法的な責任や義務はありません。

謝　辞

本書の第３版で解説された方法を実行し，そのポジティブな特徴と改訂が必要な点の両方についてフィードバックしてくださった,多くの先生方,ご家族の皆さま，コンサルタント，研究者の方々ほかに感謝申し上げます。特に，スティーブ・ニュートン先生，エドワード・カー先生，グレン・ダンロップ先生,ウェイン・セイラー先生,リン・ケーゲル先生,ロバート・ケーゲル先生，ダニエル・ベイカー先生，ジャック・アンダーソン先生，アン・トッド先生からの，第３版作成に対しての有意義な助言やフィードバックに感謝致します。行動分析学におけるＢ・Ｆ・スキナー先生の研究から受けた恩義にも感謝したいと思います。スキナー先生の研究は，本書の基盤となる実験的基礎を導いてくれました。また，本書に示された手続きのデザインや改訂版に対するお手本やフィードバックを示してくださった，障害のある児童生徒とその同級生の皆さん，障害のある大人の方々に感謝致します。

また，第３版を校閲して，貴重な知識をくださった次の方々に感謝したいと思います。

- スーザン・コープランド氏（Susan Copeland：ニューメキシコ大学）
- メアリー・エスツ氏（Mary Estes：ノーステキサス大学）
- カレン・ギスラー氏（Karen Gischlar，リダー大学）
- シンシア・グランニング氏（Cynthia Grunning，リダー大学）
- デボラ・ガイアー氏（Deborah Guyer，トレド大学）
- ジュリエット・ハート氏（Juliet Hart，アリゾナ州立大学）
- ロナルド・マーテラ氏（Ronald Martella，イースタンワシントン大学）
- ダイアン・メイヤー氏（Diane Myers，ウォーセスターアサンプション大学）

- アーノルド・ナランビ氏（Arnold Nyarambi, イーストテネシー州立大学）
- ダイアン・プランケット氏（Diane Plunkett, フォートハイズ州立大学）
- デブ・スイカート・カティン氏（Deb Schweikert-Cattin, レジス大学）
- スザンナ・シェラディ氏（Suzanne Shellady, セントラルミシガン大学）
- ジャン・ウェイナー氏（Jan Weiner, フラートンカリフォルニア州立大学）

さらなるリソース（訳注：これらのツールはアメリカ国内でのみアクセス可）

学習者の補助ツール

センゲージ・ラーニングのエジュケーションコースメイトは，生活に根差したコース・コンセプトを相互的な学習，印刷教材を補う試験のための準備のツールにより提供しています。自分のエジュケーションコースメイトにある電子書籍，配信ダウンロード，TeachSource videos，フラッシュカードなどさまざまなものにアクセスしてみましょう。CengageBrain.com で，アクセス権の登録や購入をしましょう。

TeachSource Videos

TeachSource videos は現実生活の場面と，その章の中核的な内容を関連付ける手助けとなる，教室における映像が特色です。クリティカルシンキングの問いによって，授業の中であるいはオンラインでのディスカッションや，振り返りができます。

インストラクターの補助ツール

センゲージ・ラーニングのエジュケーションコースメイトは，生活に根差したコース・コンセプトを相互的な学習，印刷教材を補う試験のための準備のツールにより提供しています。コースメイトには電子書籍，クイズ，配信ダウンロード，TeachSource videos，フラッシュカードなどさまざまなものがあります。また，コース内での学習者の学習への従事をモニターするツールとしては初めてのものであるエンゲージメントトラッカーもあります。Cengage.com にログインすることで利用できる，この指導者ウェブサイトからは，パスワードで保護されたリソースへアクセスすることができます。たとえば，パワーポイントの講義スライド，テストバンクと一緒になったオンラインの指導者マニュアルなどがあります。ご自分のセンゲージの販売担当者に連絡し，コースメイトへのアクセス権を得るための情報を手に入れましょう。

テストバンクのあるオンラインのインストラクターマニュアル

オンラインのインストラクターマニュアルは本書に付いています。マニュアルには，授業シラバスの例，ディスカッションのための問い，指導や学習の活動，現場での経験，学習目標，さらなるオンラインのリソースなど，コースをデザインする際にインストラクターの補助となる情報があります。評価のサポートとして，アップデートされたテストバンクには，各章に関する正誤の二択問題，多肢選択問題，マッチング問題，短文で回答する問題，論文で回答する問題があります。

コグネロ（COGNERO）

コグネロによるセンゲージラーニングテストパワードは，あなた自身から著者に次のようなことを伝えてくれる，柔軟なオンラインのシステムです。さまざまなセンゲージ・ラーニングの回答から，テストバンクの内容を編集したり，管理したり，また，多肢選択テストのバージョンを即座に作成したり，LMS，教室，自分が実施したいと思った場所どこからでもテストの配信ができます。

パワーポイントの講義スライド

各章についての素晴らしいパワーポイント講義スライドは，本書からの画像，図，表を直接使って概念の到達範囲を示すことにより，あなた自身とあなたの講義の補助となります。

ロバート・E・オニール
リチャード・W・アルビン
キース・ストーレイ
ロバート・H・ホーナー
ジェフリー・R・スプラギュー

目　次

第1章
序　文

実践につなげるために　■事例 1

フミオは，彼の年頃にしては背が高く大柄な中学生です。問題のある家庭生活を送っており，学業的には苦労しています。また，大柄であることや強いことから仲間を威圧しており，学校では攻撃的で，周囲を困らせる行動を起こしています。このような行動により，仲間からお金を得たり，仲間に宿題をさせたりしています。そのため，フミオはいじめっ子と言われています。そして，大人の目がない場所（ロッカールームやトイレ）や仲間が見ている場所で，攻撃したり困らせたりするようにしています。もしその相手がお金を持ってこなかったり宿題をしなかったりすると，フミオはその相手を押したり叩いたりするので相手は威圧され，お金を持ってきたり宿題をしたりするでしょう。もし被害者（もしくは傍観者）が誰か他の人にそのことを話すならば，フミオはもっと苦痛を与えて脅します。フミオの仲間の何人かは，このやり方が彼にとって機能していると見て，フミオと同じようにいじめの行動を起こし始めていました。被害者のうちの一人の両親が，親の分かる範囲で自分の息子のソーシャルネットワーク（SNS）での投稿をモニターし，いじめに関する友だちについての投稿に気が付きました。彼らは学校長にこの情報を伝えました。校長は生徒指導チームを集めましたが，チームはその状況をどう扱うかで意見が分かれています。フミオを停学にすべきか，退学にすべきか。カウンセリング，保護観察，個別の行動計画は必要か。被害者の子どもたちに対するカウンセリングはあるべきか。学校は生徒の行動問題やいじめに対応するためにもっと何かをするべきか。

実践につなげるために　■事例２

マユミは重度の知的障害のある成人です。学齢期には通常の学級で学び，素晴らしい移行プログラムにより，現在アパートで暮らし，大きな会計事務所で働いています。その事務所では，事務仕事，印刷，お使いをしています。仕事場にはメンターがいて，さらにマユミの仕事上の訓練をする雇用支援団体から来ているジョブコーチがいます。このコーチは必要に応じてマユミを援助するために週に数時間，仕事場に来ています。マユミは一年間そこで働いており，スーパーバイザーはその働き具合に満足していました。しかしながら，最近，マユミは突然大声で叫ぶ，物を投げるといった問題的な行動を定期的に起こし始めました。このことはマユミの働いている事務所に大きな混乱と心配を引き起こしています。スーパーバイザーは，もしこの行動が来週以降も変わらないで続くのであれば，マユミは停職，さらには解雇される可能性があることをジョブコーチに伝えました。今，ジョブコーチと雇用支援団体の所長の両者はパニックになっています。この２人は，障害者のために仕事を見つけたり，業務を遂行する方法を障害者に教えたりすることには素晴らしい実績がありますが，２人とも問題行動を扱うことについては，訓練を受けたり経験したりしたことがありません。マユミの問題に取り組み始める方法やどこに援助を求めればよいかについてよく分かっていません。

1.1　本ハンドブックの目的

本ハンドブックでは，問題行動の包括的な機能的アセスメントのための，そしてフミオやマユミのような個を援助・支援するための，個別化されたポジティブな行動介入・支援計画を立案・実行する際に機能的アセスメントで集められた情報を活用するための，具体的な記録用紙や手続きについて紹介します。機能的アセスメント（FBA）とは，問題行動に関する情報を収集し，ある環境の中で確実にそれらの問題行動を予測できる，または維持している出来事を定義する，一連の過程を表すのに使われる一般的な名称です。このような情報を集めてまとめることは，行動の機能に基づいた支援計画（BSP；略して行動支援計画）を立案するための根拠を提供します。FBA の第一義的な目的は，行動支援計画の有効性や効率性を改善することです。

機能的アセスメントの過程には，インタビューや評定尺度によるもの，チェックリスト，自然な状況での直接観察，ときには問題となっている状況を実験的に分析するための系統的な条件の操作が含まれます。このような実験的分析では，環境内のいくつかの要因を計画的に操作しながら行動を観察します（たとえば，問題行動が生じるかどうか確認するための具体的な条件を目的的に設定したり，問題行動の後にご褒美をあげたりする，など）。実験的分析は包括的な機能的アセスメントの一部であり，「構造分析」「機能分析」と呼ばれています。過去数十年にわたり，機能的アセスメントや機能分析を実施するための，最も簡便でかつ効率的な方略を見つけ出すことに，多くの努力が費やされてきました。そこでの焦点は，問題行動に対して弱化手続き[訳注1]に頼ることから，機能的アセスメントや機能分析の情報を活用することへの転換でした。こうすることで，社会的に適切な行動を促す環境の再構築や，個人のスキルの形成に焦点を当てる，行動の機能に基づいたポジティブな介入・支援（PBIS）方略を立案します。

2004 年の個別障害者教育法（IDEIA）は科学に基づく教育実践を行うことを求めています。IDEIA はまた，生徒の“非行がその生徒の障害に直接的，あるいは相当に関係があると判明した”（アメリカ教育省，2009）場合，機能的アセスメントと行動介入計画書を用いることを求めています。機能的アセスメントは，学校やその他の場面において用いられる，効果的，

訳注 1）弱化とは，ある行動の後続事象として，それが伴うと，その行動の弱さや強さが弱まる後続事象を示す。

かつ妥当性のある方略であることを示す，大規模で実験的なデータベースを持っています。学校に対するアメリカ教育省の条例に加えて，多くの州には，地域での居住，雇用，他のサービスや支援を受けている知的発達障害者のための行動介入・支援を立案することに先立って，機能的アセスメントを用いることを求める規則や条例があります。言い換えれば，FBAは行動支援を必要とする児童生徒や大人にとって，その領域における最良の実践と言えます。

本ハンドブックの目的は，読者が次のことを行えるように，論理や記録用紙，そして具体例を紹介することです。読者の皆さんは，行動の機能に基づいたポジティブな介入・支援計画を立案するために，通常の学校や職場，あるいは地域で機能的アセスメントを実施することができます。そしてこの計画は個人のスキルの形成を行ったり，その個人に対して適切な支援をその場で与えたりするものです。

本ハンドブックは，重度の問題行動を示す人々が学校や職場，地域でごく普通の一員として質の高い生活を送る機会というのは，効果的なPBISの立案・実行をする際の私たちの能力にかかっているのだ，という信念によって作り上げられました。問題行動は，学業的な学び，肯定的な社会的相互作用やネットワーク，完全なインクルージョン，また多くの個人にとっての良好な生活の質の妨げとなるのです。PBISを効果的に実行することはこういう領域において成功するための一つの鍵となります。

本ハンドブックでは，機能的アセスメントと行動支援計画を立案する基本的な方法，および学校，職場，地域や家庭で有効性が証明されている**具体的な**記録用紙と手続きを紹介します。これらの記録用紙や手続きは適切に用いられれば，問題行動が生じる理由を理解し，効果的な行動介入・支援を立案する際に十分寄与できるでしょう。

本ハンドブックは，次の考え方のもとに作成されています。効果的な行動支援は，問題行動を減少させるだけではなく，さらに重要なこととして，学業や新しいスキルの学習，社会的なインクルージョン，意味ある活動への参加，地元地域での活動への参加といった個人の持つ機会も変えるものであるということです。行動支援が効果的であるのは，それによって問題行動による危険やよくない効果を消滅させたり減少させたりすることに加えて，児童生徒が学業的，社会的によくふるまえ，個人の生活がよりよくなったときです。

PBISで第2に着目しているのは，包括的な介入を強調していることです。包括的な介入方法は，複数の要素から成り立っており，問題行動や適切な行動の後に起こる後続事象だけではなく，問題行動を予測するような先行状況の再構築にも焦点を当てています。先行状況には，学業の問題，医療的な問題，社会的相互作用の困難性などがあります。さらに，包括的な介入では問題行動の減少を目的とし，また最も重要なこととして，問題行動を起こりにくくするような新しい技能を個人に教えることも目的としています。

機能的アセスメントとは，問題行動に関与している社会的要因，学業的な要因，生理学的な要因や環境的な要因を理解していく過程のことで，その大きな目的は，行動的な介入・支援の，効果と効率性を高める情報を得ることです。行動的な介入についての我々の視野が広がるに伴って，アセスメントの手続きも改良が必要になりました。たとえば，問題行動を維持している後続事象を理解することは，機能的アセスメントには不可欠な要素です。しかし，アセスメントからの情報を使って，生活環境の物理的側面や教室での指導，職場での対人関係の構造を再構築するのを支援しようとするならば，機能的アセスメントは問題行動を引き起こしやすくしている教授方法，物理的，そして社会的環境についての詳細な情報をも提供しなければなりません。

機能的アセスメントは，医学的な診断のようなものではありません。また，機能的アセスメントから得られた情報は，ある問題行動とあらかじめパッケージになったような臨床的な介入方法とを単純に組み合わせるようなことは「しません」。機能的アセスメントとポジティブな行動介入・支援計画は，個人とその個人の環境（たとえば，教室，カフェテリア，廊下，運動場のような学校場面，家庭場面，仕事場と仕事に必要なものなど）の間の関係を理解することに依っています。FBA は環境を再構築するための基礎を提供する，十分な情報を収集することに関与し，それにより周りの環境がコミュニケーション障害や行動障害のある人にうまい具合に「機能する」ようになるのです。このようにチームが一丸となりながら，機能的アセスメントからの情報を使うことで，支援のシステムが作り上げられます。この支援システムには，効果的な環境を作り出すための，学業的な，そして教育的，医療的な要因が織りまぜられています。このハンドブックにある手続きが，長期にわたって問題行動を示している人々にとって，効果的で意味のある学校や家庭，地域，さらに職場を構築する際の一助となることを願って止みません。

1.2 誰が本ハンドブックを使うべきか？

本ハンドブックは，問題行動を示している人々の行動支援計画を立て，行動支援を実施する責任を単独で担っている，あるいはその責任の一端を負っているさまざまな人を支援するために作成されています。ここで紹介している機能的アセスメントの手続きや記録用紙は，支援に関わる家族はもちろん，通常教育，および特別支援教育の先生や学校カウンセラー，学校心理士，支援提供者，職場や居住施設における障害者の支援スタッフにとっても，すでに役に立ってきているものです。我々の具体的な目的は，重度で複雑な問題行動を示す人に対処している専門家などを援助する手法を提供することです。問題行動は単純な支援方法ではうまくいかないことが多くあり，それを理解するにはありきたりの観察以上のことが要求されます。このハンドブックで紹介している手法は，問題行動を示している人々を支援するための効果的な方法を決定するのに役立つにちがいありません。

問題行動にはさまざまな形があり，また重症度やリスクや危険レベルには，軽度から中等度，重度まであります（たとえば，学校の課題や活動の拒否，学校や仕事場において破壊的である，ののしる，冷やかす，もしくは他の不適切な言語行動，物を壊す行動，自傷行動として自分を叩いたり噛んだりすること，乱暴で攻撃的な行動など）。問題行動を示している人はさまざまなラベル付けをされているかもしれません。たとえば，「指導困難」もしくはいじめっ子，自閉症がある，行動や情緒の障害（EBD），重度の情緒障害（SED），外傷性の脳障害などです。また正式な診断名のない場合もあるでしょう。こうした人たちは，全体としてどの程度の支援が必要なのかという点や，コミュニケーション能力の点，さらには，学校や地域場面でどの程度参加し機能しているかという能力において千差万別です。本書の包括的な機能的アセスメントの手続きや記録用紙は，以下のような人々に対して，どのような行動支援が必要であるかを特定・記述するのに使うことができます。つまりさまざまな水準の問題行動を示し，かつ学校や職場，居住施設や地域でさまざまなラベルをつけられているような人を対象としています。

本書で紹介している手法は修正・変更されることをお勧めします。ご自身の専門家としての役割，あるいは直面している特定の状況や場面によって，記録用紙や手続きを多少変更したものが役に立つ場合があるでしょう。記録用紙や手続きは，柔軟に対応できるように作成されています。ぜひ，自分の置かれている状況で役立つように，記録用紙を改善，修正，もしくは変更して下さい。

このハンドブックは，包括的な機能的アセスメントと，行動の機能に基づいた介入・支援計画を立案するためのプロセスの**ガイド役**を果たすよう作成されています。本書は，効果的であると示されてきている行動支援方略の広い範囲についての包括的な情報を提供するものではありません。この本で紹介している手法は，効果的であると示されてきており，効果的な介入を行うための出発点となるものです。本書を使う人は，応用行動分析学の理論や方略，ポジティブな行動介入・支援，問題行動を示す個人に対する行動支援の提供についての，いくらかの基礎的訓練や経験を積むことを前提としています。応用行動分析学に関する理論や基礎的な研究，介入手続きのさらなる詳細は，巻末付録Aにある文献を参考にして下さい。

1.3 機能的アセスメント（FBA）訳注2）

問題行動は，混乱やフラストレーションの源となることがよくあります。問題行動を起こしている人自身が，その行動が困難で苦痛であることを分かっているように見える場合もあります。家族や学校の先生，支援スタッフや権利擁護者も，問題行動のパターンを変えようと必死になるあまり，混乱したり，疲れたりしていることが多くあります。いろいろな状況で，問題行動は単に危険なだけではなく，不可解なものに見えるかもしれません。このような問題行動のパターンは，世の中はこうあるべきという我々の考え方には当てはまりません。そして，問題行動が作り出すジレンマの苦悶の渦中にある人には，意味をなさないものであることが往々にしてあります。たとえば，明らかな理由もないのに，ある生徒が他の生徒を突然叩くのはなぜでしょうか。また，自分自身に激しい身体的な損傷を及ぼすのに，ある人が自分の頭で窓ガラスを割るのはなぜでしょうか。適切なFBAの目的の一つは，それまでとは違ったやり方でこうした混乱している状況を明らかにし，理解できるようにすることです。言い換えると，ある人がある特定の行動を起こす理由や，その行動がその人にとってどのような機能をもたらしているかを理解することの手助けとなることです。問題行動を起こしている人の診断名（自閉症，知的障害，ダウン症のような）や，問題行動の単純な形や反応型（叩く，蹴る，叫ぶといった）にた

訳注2）機能的アセスメントについては，functional assessmentとfunctional behavioral assessmentという表記が原文では用いられているが，内容は同じと判断されるため，訳書ではすべて「機能的アセスメント」で統一し、省略形は「FBA」とした。なお、米国の個別障害者教育法（IDEA）においては、後者の英語が用いられている。

だ単に注目するだけでは先の目的は滅多に達成されません。たとえば，叩くことは先生からの注目を得る機能，または，難しい学習課題から逃避する機能かもしれません。もしくは両方の機能を持つかもしれません。その行動の機能を理解しないままでは，いかなる特別な介入であってもその効果はおそらくあったり，なかったりするでしょう。たとえば，その生徒が先生からの注目を得るために叩いているならば，先生が叩くことを制止したり叱ったりすることは，その叩く行動を強化していることになります(その生徒は先生の注目を得ることに成功したということです)。もしその生徒が難しい学習課題から逃れるために叩いているならば，家に帰すために学校の事務室に連れていくこともまた強化していることになります（生徒は学習課題から逃れることに成功した―これは負の強化の一例)。系統立ったアセスメントを行い，問題行動を起こしやすくしている要因や，逆に起こしにくくしている要因が何であるか，また，問題行動を維持している後続事象は何であるかを理解することで，行動の機能は理解されるのです。

1.4 機能的アセスメントとは何か？

機能的アセスメントとは，行動的な支援計画の効果性と効率性を最大限にするために用いられる情報を収集する過程です。これは，キーポイント1.1に示したような大きな六つの結果が得られたときに完了します。

FBAを実施する過程ではたくさんの記録用紙を用います。記録用紙の細かさの程度はさまざまです。これまでに，A-B-C(A:先行事象，B:行動，C:後続事象）データ収集フォームを使用したことがあれば，機能的アセスメントのうちの一つの方法は使ったことになります。好ましくない行動をさまざまな状況で観察し，「彼は～という理由でその行動をしている」とか，「彼女は～のためにその行動を行っている」といった結論を導き出したことがあれば，行動に影響を与えている要因を考慮した一種のサマリー仮説を作っていたことになります。筆者らのこれまでの経験では，機能的アセ

キーポイント 1.1

機能的アセスメントの過程から得られる六つの基本的成果

1. **問題行動が明確に記述される**（これには，一緒に生起することの多い行動のクラスや行動の連鎖も含む）
2. いつ問題行動が**起こり**，また，いつ**起こらないか**を予測できる直前の先行事象が特定される
3. 典型的な日常の日課全般を通して，いつ問題行動が**起こり**，また，い つ**起こらないか**を**予測できる**セッティング事象，時間，状況が特定される
4. **問題行動を維持している後続事象**が特定される（つまり，その行動がその個人にどのような機能（複数の場合もある）をもたらしているのか）
5. 一つあるいは複数の**サマリー仮説**が立てられる。この仮説には，具体的な問題行動，その行動が生起する特定の状況，そして，その状況において先の行動を維持している結果や強化子が記述されている
6. 先に作成したサマリー仮説を支持するような**直接観察データ**が収集される

スメントが行動支援計画を立案するときに有用となるのは，アセスメントの情報によって，行動の機能の仮説が示され，問題行動が起こりやすい条件が何であるかを確信をもって予測できるようになり，問題行動を維持している後続事象について，見解の一致が見られた場合です。FBA の手続きは，問題行動の複雑さに合わせることが重要です。つまり，もしそれほど厳密でなく簡単に実施できるアセスメント手続きによって，問題行動を予測し維持する事象について確実に記述できるならば，それ以上に複雑なアセスメントの手続きをとる理由はどこにもありません。たとえば，子どもが食料雑貨店でキャンディのためにかんしゃくを起こしていたり泣き叫んでいたりしている理由（キャンディを得るための機能）を理解することは簡単であり，本格的なアセスメントを行う必要はないでしょう。しかし，一つの手続き，たとえば一回のインタビューで，明確で理解可能な行動の

パターンが分からなければ，より強力で精密な観察，あるいは操作を行うことが望ましいでしょう。このハンドブックの手続きや記録用紙は，包括的な機能的アセスメントを行うのに効果的で，効率の良い方略を幅広く提供しています。事実，全体として，この本に示してある方略は，臨床家や実践家（行動の専門家，教師，プログラムマネージャー）が通常の行動支援計画の立案に必要とするものよりも，もっと包括的なものです。また一方で，本ハンドブックには，長い間続いている複雑な問題行動，もしくはそのような行動を多く示す人やその行動が起きている状況に対して，必要なだけの十分な範囲のアセスメントを行うための手段と方法が記載されています。

1.5 包括的な機能的アセスメントにおけるアプローチの概要

機能的アセスメントの情報を収集する具体的な方法は，次の三つの一般的な方略に分けられます。それは，本人や関係者からの情報，直接観察，および系統的な条件操作である，機能分析そして構造分析です（キーポイント1.2を参照）。

1.5.1 本人および関係者からの情報収集方法

機能的アセスメントの第1の方略は，もし可能ならば，問題行動を示している人と話すこと，もしくはその人と直接関わっており，その人のことをよく知っている人と話をすることです。

そのインタビューの目的は，両親や学校の先生などの関係者から問題行動の生起についての情報を得ることです。インタビュー（自己インタビューも含む）や他の情報収集方法（チェックリスト，質問紙や評定尺度など）は，行動の機能を決定したり，問題となっている行動に影響しているであろう

キーポイント 1.2

機能的アセスメント情報の収集のための三つの方法

1. **本人や関係者からの情報**：問題行動を示している本人や，その人を一番よく知っている人と話をすること
2. **直接観察**：対象者を，自然な状況である程度の期間に渡って観察すること
3. **機能分析**：通常の状況，あるいはそれに類似した状況下で，問題行動を制御している可能性のある要因（後続事象や構造上の要因）を系統的に操作し，それが対象者の行動へ及ぼす影響を観察すること

要因の範囲を特定したり，狭めたりするのに役立ちます。このようなインタビューは，通常はその人の行動パターンについて，現在わかっている情報を全体としてまとめるのに良い方法です。

いずれのFBAのインタビューであっても，その主たる目的は，環境の中にある多くの事象の中で，ある人の示す特定の問題行動と関連していると思われるものを識別することです。インタビューの最中には，その人が行っている日々の日課について考えてみて下さい。もし，対象が学齢期の子どもならば，学校生活や教室の日課はどのようなものでしょうか？ どうやって子どもたちは教室に入ってきますか？ 朝の時間や活動は何ですか？ 移行の間に起こることは何ですか？ （場面から場面への移行，課題から課題への移行，人から人への移行）児童生徒は教室から教室へはどうやって移動していますか？ 休み時間や昼食時間には何が起こっていますか？ このような問題行動が起こりうる具体的な状況や場面という文脈の中で，その問題行動を考察してみて下さい。インタビューの質問は，こういった状況のどの特徴が，対象者にとって重要となっているかを理解するために使って下さい。こういった状況のどのような出来事やどのような変化が，問題行動の増加や減少に関連しているようにみえるでしょうか？ 同じ状況で二人の人が，同じ形の問題行動を示していたとしても，この二

人はその環境における全く違う特徴に対して反応しているかもしれないということに気を付けておくことが重要です。たとえば，ある児童生徒は他の児童生徒が自分の空間を侵すときに，身体的な攻撃をするかもしれません。別の児童生徒は他の人（先生や友達）からの注目を得るために，誰かが自分から離れたときに身体的な攻撃をするかもしれません。インタビューのゴールの一つは，その問題行動の機能や，ある場面や状況の中にたくさん存在する，手がかりやきっかけといった先行事象や後続事象の特徴のどれが問題行動と関連しているかが分かることです。

機能的アセスメントの役目は，ある特定の個人について，その状況の文脈の中で問題行動をとらえることです。かなり多くの場合，私たちは，ある人がある行動を「持っている」と表現したり，そのように取り扱いがちです。応用行動分析学においては，行動を表現するときには，その個人の生得的なものとして起こっているのではなく，常に場面や状況の中で起こっているとして，行動を分析するべきであると教えてくれています。マユミは「泣き叫ぶ人」ではなく，むしろ，やり方が分からない仕事が提示されたとき，仕事が取り除かれる（もしくはその仕事の援助を受ける）まで泣き叫ぶであろうと言えます。フミオはいじめっ子と呼ばれているかもしれません。しかしながら，彼の問題行動は以下のように考えることでよりよく分析されるかもしれません。つまり，仲間からお金や好みのものを得たり，また注目や仲間の間での立場を得たりするために，仲間を押したり困らせたりすることで脅しているということです。

問題行動が個人の中で起こっているものとして考えると，その人自身を「修正したり」，変えようとしたりすることに焦点を当てるということは理にかなっています。問題行動が場面や状況の文脈の中で起こっていると考えると，今度は，その文脈やその文脈で人がどう行動するかを変えることに焦点を当てるということが理にかなったものとなってきます。周りの環境を変え，状況の文脈の中でより効果的に振る舞えるようにするためのスキルを個人に教えることによって，行動の変化はもたらされるのです。たとえば，もしある生徒が読みのグループで声に出して音読するように求められたとき問題行動を示しているならば（その児童生徒は読みのスキルが十分でないことで恥ずかしい思いをするので，大きな声で読むことを避けるためにやっている），先生はその生徒が知っている文章の一節を取り上げ，その文章を前の画面に映し出したり，すべての難しい単語が分かるように，読む文章の一節を事前に教えたりするかもしれません。先生はまた，支援のある読みのグループにその生徒を入れるかもしれません。そうすることで，その生徒は新しいなじみのない単語の発音の仕方をよりよく学べます。先生は文脈を変えたり，教える機会を設けたりすることでその生徒の環境を変えています。それにより，生徒の行動は変化します（その生徒は現在難しい単語が分かり，逃避する行動を示す必要はなくなっている）。環境を変えることは，問題行動と同様の機能を持つ適切な新しいスキルを教えることと同様に，先生，スタッフ，親の行動を変えることにも関与します。機能的アセスメントは，問題行動に関連している文脈や前後関係（手がかりやきっかけといった先行事象，後続事象）を理解していく過程です。インタビューは，ある人の問題行動にとって重要である，あるいは関係している状況の特徴を見つけ出すために使える，有用なツールの一つです。インタビューはまた，ある人の現在のスキルや行動についてより知るための方法でもあります。

行動の定義をキーポイント 1.3 に示しています。

機能的アセスメントインタビュー，チェックリスト，評定尺度や質問紙の多くの例が，文献で紹介されています。それらのほとんどにおいて，このような方法は，共通して以下のような項目に関する情報を収集することを強調しています。

1. 気になる問題行動は何か？
2. 問題行動が起こるよりかなり前の出来事や条件のうち，その後に問題行動が起こるという予測性の高いものは何か？
3. 問題行動のすぐ直前の出来事や周囲の状況で，信頼性をもって問題行

キーポイント 1.3

行動とは何か

行動は人が行う観察可能なことであり，２人以上の観察者がその行動が起こったということについて意見が一致するものである（たとえば，「感じること」は観察可能ではない。一方で，「先生の指示に従うこと」は観察可能である）。行動は，攻撃性や情緒的混乱のような，個人の内的状態を示さない。見ることのできない感情や状態は観察可能ではない。たとえば，「先生に向かって大声を上げること」は目に見え，観察可能で測定可能である。「先生を不満に感じること」は，定義したり，観察して正確に測定したりすることは困難な内的状態である。*

＊訳注：行動分析学では，本来は「感じる」という私的事象も「行動」と定義しているが，応用場面で他者の行動を取り扱う場合は，本文の定義が実用的なものである。

動の生起（と関連している）を予測できるものは何か？

4. どの出来事や状況が信頼性をもって問題行動は**起こらない**と予測できるか？
5. 問題行動が起こったときのある具体的な状況で，明らかに問題行動を維持している後続事象は何か？
6. （もし，あれば）適切な行動で，問題行動を維持している後続事象と同じ後続事象（例：同じ機能を持つ）が得られる行動は何か？
7. それまでに実施した行動支援の方法で，実施して効果的でなかったもの，部分的に効果的であったもの，短期間のみ効果的であったものからどのようなことが言えるか？

1.5.2 直接観察

機能的アセスメント情報を収集するための第２の方法は，日々の日課の中で問題行動を示している人を計画的に観察することです。

計画的な直接観察は，長い間，行動論的な手続きを実際の場面で使って評価するための基礎とされてきました。直接観察は，通常，先生や支援を直接提供するスタッフ，家族，といった対象となる人と一緒に住んでいたり，働いていたりする人によって実施されます。観察は，通常の日常の活動を妨げず，しかも，包括的な訓練を必要としないやり方で行われなければなりません。多くの場合，観察者は問題行動が起こったときにその直前と直後に起こったこと，観察者からみたそのときの問題行動の機能は何だったかを記録していきます。そのような情報が一つの問題行動につき10から15ほど収集できたときに，観察者は通常以下のことが確定できるようなパターンがあるかどうかを見つけ出すことができます。

1. その問題行動の機能は何か？
2. どの問題行動とどの問題行動が一緒に起こっているか？
3. その問題行動は，いつ，どこで，誰といるときに一番起こりやすいか？
4. その問題行動は，いつ，どこで，誰といるときに一番起こりにくいか？
5. その問題行動を維持していると思われる後続事象は何か？

第2章では，機能的アセスメントの直接観察記録用紙（FAOF）を紹介します。この記録用紙は，関係者からのインタビューという間接的な方法で得られた情報を確証するのに，実用的かつ効率が良く，効果的であることが分かっています。

1.5.3 計画的な操作—機能分析，および構造的分析

機能的アセスメント情報を収集するための第3の方法は，問題行動に関係している，あるいは関連していない要因を計画的に操作することです。

構造的分析，もしくは機能分析を行う場合，環境を計画的に操作し，その間に問題行動を注意深く観察します。機能分析でよく使われている方法の一つは，標的としている行動の生起に随伴して後続事象を操作することです。構造的な分析は，先行事象や文脈，たとえば課題の難易度や長さ，

活動中に受ける注目の量，活動中に選択の自由があるかないかなどを操作し，標的行動の生起頻度や生起率を記録することです。機能分析や構造的な分析とは，環境要因と問題行動の生起や非生起の間に関係があるかどうかを検討する，正式な検査のことです。これらの分析は，包括的な機能的アセスメントを行う際に用いられる，最も精密で正確でコントロールされた方法です。文脈の変数の計画的な操作は，環境事象（先行事象や後続事象）と問題行動の間の機能的な関係をはっきり示すことができる唯一のアプローチです。

計画的な操作を実行することはかなりの時間とエネルギーを要しますが，事例によっては問題行動に対して適切なアセスメントを行う唯一の方法である場合もあります。機能分析，および構造的な分析は，問題行動を引き起こす，もしくは引き起こしやすいであろう状況を設定することや，この過程を成功に導くための研究能力的な技能が必要となります。計画的な操作は，機能的アセスメント，ポジティブな行動介入・支援，あるいは応用行動分析学の研究を実施する訓練を受けた人が直接関与するときのみ実施されることをお勧めします。

このハンドブックでは，以上の三つの機能的アセスメントの方法を実施する具体的な手続きについて紹介します。しかし，このうち特にお勧めしたいのは，インタビューや直接観察です。というのは，この2つの方法は学校や家庭，地域で，最も使いやすいと考えられるからです。ここでぜひ覚えておいて欲しい大事なことは，これらの方法は，問題行動の機能や，問題行動を引き起こしている先行事象や，問題行動を維持している後続事象と問題行動との関係を見つけ出せるようにデザインされているということです。このような関係を明らかにすることで，より効果があり，より効率良く，問題行動を示している個人の学業スキル，社会的スキル，生活様式を大きく変えるようなPBISの計画が立案できると考えています。

1.6 なぜ，機能的アセスメントを行うのか？

機能的アセスメントを行う理由は，主に二つあります。第1は，問題行動が，いつ，どこで，なぜ起こっているのか，そして起こっていないのかについての情報は，効果的で効率的な行動支援計画を立案するのにきわめて重要な価値があるということです。問題行動の機能を理解しないままでは，介入の成功は一か八かになるでしょう。機能的アセスメントを行わずに介入計画が作成された場合，その計画によって問題行動は悪化してしまうかもしれません。たとえば，ある子どもがごちそうを得ようとしてかんしゃくを起こしているときに，その子どもに「静かにしていたら，ごちそうをあげていたのに」と話しかけている例や，課題から回避しようと攻撃的な行動を示している子どもを，問題行動が起こったというので教室の隅に連れていってしまう例（これは負の強化の例です）をよく見かけます。どちらの例においても，そこで推測された解決方法は，実際には問題行動を強化していました。問題行動を悪化させてしまうことの危険性はきわめて深刻です。機能的アセスメントは，効果的・効率的な行動計画を立案する点だけではなく，プログラム作成上で侵してしまう誤りを避けるのにも役立ちます。

重度の問題行動に機能的アセスメントが実施されるべきという第2の理由は，この方法が専門家によって広く認められているスタンダードである点です。たとえば，アメリカの行動分析学会は「Right to Effective Treatment：(効果的な治療を受ける権利)」を1988年に公表しました。この論文には，行動的な介入を受けるすべての人に，専門的に十分なものとして認められた機能的アセスメントを受ける権利があると書かれています。国立衛生研究所（NIH）は，危険で破壊的な行動についての重要な合意を得るための会議を開催し（NIH Consensus Report, 1989），結論として，機能的アセスメント手続きを使うことを強く支持しました。アメリカの教育省は，2004年の個別障害者教育法（IDEA）における，特別な教育サービスを受ける，問題行動を示す児童生徒への行動介入を計画する際に，機能的アセスメントを用いるよう指示しています。いくつかの州（たとえば，ミネソタ，フロリダ，カリフォルニア，ユタ，ワシントン，オレゴン，ニューヨーク）で，重要な行動的介入に先立って機能的アセスメントを行う必要があることを明記した法律や州の規約が作られました。多くの専門機関，たとえばThe Association for the Severely Handicapped（TASH，重度障害者協会），The Alliance to Prevent Restraint, Aversive Interventions and Seclusion（APRAIS，拘束・嫌悪的な介入・隔離を防ぐ協定），Families Against Restraint and Seclusion（拘束や隔離に反する家族），The National Alliance on Mental Illness（精神病理における国の協定），American Association on Intellectual and Developmental Disabilities：（AAIDD，アメリカ知的障害連盟），The Arc（アメリカ知的障害市民協会）やThe Association for Positive Behavior Support（ポジティブな行動支援学会）は，機能的アセスメントとポジティブな行動支援の必要性について公式な見解を持っています。

現在，教師や心理学者，そして成人へのサービスを提供している人のように，児童生徒や大人に対して行動論的な支援を行っている人の間では，機能的アセスメントは専門的なスタンダードとなっており，ポジティブな行動介入・支援の計画や実行に対する基本的な手続きです。機能的アセスメントを使用することは，プログラムを作成する上での意味を明確にするだけではなく，この領域で行うことが期待されている実践でもあるのです。

加えて，多くの倫理的な，そして法律的な懸念が，問題行動を示す個人に用いられてきたさまざまな介入の使用に関して起こってきています。機能的アセスメントやポジティブな行動介入・支援に関するこれらの倫理的な問いについては，倫理的考慮事項1.1に概略を示しています。これらの論点については本書の残りの部分で直接的，間接的にとりあげます。

倫理的考慮事項 1.1

機能的アセスメントやポジティブ行動介入・支援に関する倫理的な問い

1. 介入がうまくいくためには，行動の機能に基づくべきですか？
2. 問題行動の機能的アセスメントは，何が最も効果的な介入であるかを常に明らかにしますか？
3. 望ましくない行動を減らすのは，誤ったことですか？
4. 弱化手続きを使うときに，児童生徒に不都合があることは許されますか？
5. すべての問題行動は弱化手続きを用いることなく減らすことができますか？
6. 弱化手続きは最後の手段としてのみ用いられるべきですか？
7. 問題行動を示す人には，知覚･感覚的な罰，身体的罰，もしくは電気ショックのような嫌悪的な結果に基づく介入を含む「効果的な治療」を受ける権利がありますか？
8. ある条件下では，嫌悪的な結果に基づく介入は受け入れられますか？
9. 望ましい反応を形成しやすくしたり，望ましくない反応を起こりにくくしたりすることはより重要ですか？
10. 嫌悪的な手続きはトポグラフィーとして苦痛を与えることに似ていますか？
11. いかなる介入でも常に効果的ですか？
12. 我々には，できるだけ速く問題行動を減らす介入手続きを用いることに対して，倫理的な責任がありますか？

1.7 機能的アセスメントを行う前に考慮するべき付加項目

もし，広範囲に影響を及ぼすニーズがある場合，他のアセスメント手続きを一緒に用いることで，行動支援がより有効なものとなることがあるでしょう。これまでに使ってきて，価値があると分かっているアセスメントデータの情報源には三つあり，それは，(1) 当事者中心型計画（PCP），(2) 活動パターンの評価，(3) 医療的および身体的な条件や問題の評価です。

1.7.1 当事者中心型計画（Person-Centered Planning）

個人を中心にしたプラン（PCP）や，個人の将来の見通しを作り出すために，さまざまなアプローチが開発されてきました。この当事者中心型計画は，その人の生活で，その個人が積極的に関与していることすべてを考慮して作成されます。通常，これはその人の好みや長所を強く強調することを含めた広い視点から実施され，その人が抱えている問題や困難なことだけに注目するものではありません。当事者中心型計画を作る過程は，ポジティブな行動介入・支援計画を立案する際のより広い範囲にわたる文脈を示してくれるのです。この広範囲にわたる過程を通じて，著名な行動分析家であるリズレー（Todd Risley）博士の次のような助言を実現できるのです。博士は，まずその人が「自分の人生を手にすることができるように」支援するすぐれた行動支援から始め，次に必要とされるであろうより詳細にわたる行動支援システムを作るようにすると述べています（Risley, 1996）。

1.7.2 活動パターンと社会生活

私たちの生活の質（QOL），つまりは，私たちの行動は，普段行っている活動や経験している社会生活に大きく左右されます。活動パターンを分析する際には，その人の営んでいる活動がどのくらいバラエティーに富んでいるか，地域との関わりはどの程度か，また活動に本人の好みはどのくらい反映され，好みに合わせた環境調整がどの程度行われているか，といったことを扱うことになります。個人の社会生活について考える場合は，その人の社会的なネットワークの構成（大きさ，本人にとって大切な人がそこにいるのか，いないのか，人との関係が長続きするかなど）と，社会的なやりとりの特徴（好きな人と好みの活動を行える機会がどの程度あるかなど）の二つが，その人が受けている支援のどこを変える必要があるかを決める際の重要な手がかりになります。このようなライフスタイルの分析に役立つ二つの評価方法が示されている論文が，巻末付録 A に載っています。一つは,「居住場面でのライフスタイルについての質問紙（Kennedy, Horner, Newton, & Kanda, 1990）」で，もう一つは,「社会的ネットワーク分析用紙（Kennedy, Horner, & Newton, 1990）」です。行動支援計画に必要な，包括的なアセスメントの過程には，この二つの評価を含めるか，これらと似たような評価を加えることをお勧めします。

1.7.3 医療的・身体的問題

問題行動に影響を及ぼしているかもしれない医療的および身体的状態を調べるのはとても重要に違いありません。医療的，もしくは身体的な原因を持つ問題行動に対して，行動的な介入が行われることが非常によくあります。一つの重要な配慮点は，重度の問題行動の特定のパターンと関連している医療的，もしくは身体的な問題の存在を見つけ出したり，除外したりしていくことです。アレルギー，鼻炎や中耳炎，生理のサイクルの影響，泌尿器系の感染症，歯痛，慢性的な便秘などのさまざまな状態により，ある特定の行動の生起が激化するかもしれません。障害のある人のうち，かなりの人数が，さまざまな神経弛緩薬を服薬していたり，発作のコントロール，その他の薬を服用しているわけですから，薬の影響や副作用は別の考慮すべき重要な領域です。このような医療的，もしくは身体的な要因の影響を見定め，それを取り扱う方略を開発するには，通常，その必要な情報やサービスを提供してくれる適切な医療関係者を交えて協同して行う支援体制が必要です。

1.8 根底にある三つの価値観

機能的アセスメントは，価値観と無関係なテクノロジーではありません。本ハンドブックで紹介している手続きや記録用紙には，三つの価値観をベースにした前提があります。**第1の価値観は，行動支援は個人の尊厳を一番に考慮して行われるべきである，ということです。**機能的アセスメントがこの点について適切なのは，人の行動は機能的なものであるとの認識に立っているからです。人は，単に自閉症や精神疾患のような診断があるというだけで自傷行動や攻撃行動，激しい器物破損や破壊行動を示すことはありません。むしろ，そういう行動のパターンが，その人にとって何らかの形で効果的であり，そして効果的であり続けているために，それらの行動を行っているに過ぎないのです。それらの行動には論理があり，機能的アセスメントとは，行動の論理を理解するための試みなのです。

第2の価値観に基づいた前提は，機能的アセスメントの目的とは，望ましくない行動を定義したり取り除いたりすることだけでなく，むしろ，問題行動の機能や先行事象の構造を理解して，効果的な他の適切な行動を教えたり促進することにある，ということです。ポジティブな行動介入・支援の目標は，問題行動を示している人の周りの環境や支援のパターンを変えて，問題行動を無関係で，効果がなく，効率の悪いものにしてしまうことです。たとえば，もしサナがスタッフから注目を得るために最初にスタッフに頭突きをするならば，「私はあなたから注目してもらいたい」と書いたカードをスタッフに見せるといったような，肯定的で，同じ機能を得ることができる，より効果的な代替方略を彼女に教えることができます。このハンドブックの記録用紙や手続きを使って得られる情報によって，次の点についてより効率よく確認できるでしょう。

- 除去したり修正したりできるような不適切な行動の生起を促進している不必要な状況を見つけることができます。
- 新しい，あるいは不適切な行動の代わりになるようなスキルを特定することができます。このスキルは，教えることが可能で，しかも不適切な行動よりも効果的で効率的です。こういうスキルを獲得すると，不適切な行動を起こす必要がなくなります。

- 問題行動に対して職員が行う効果的な対応を明らかにできます。それは，問題行動に対する強化子を最小限にし，望ましい代替行動を促す反応を含みます。

第３の価値観に基づいた前提は，機能的アセスメントは，行動と環境との間の関係を見ていくプロセスである，ということです。それは，ただ単に問題行動を示しているその個人を「見直す」ことではありません。問題行動は，それが生起している，広範囲にわたる環境の文脈を見ることなしに扱うことはできません。機能的アセスメントを行えば，次の点についての情報が得られるはずです。それは，不適切な行動は何か，その行動と関連している，環境の構造的な特徴はどのようなものか，そして支援を提供している人の行動，また職員配置のような支援のパターンはどのようなものかという点です。機能的アセスメントでは，対象となっている人の行動を分析するのと同じように，環境（スケジュール，活動のパターン，カリキュラム，支援スタッフ，物理的な状況）の分析を行います。機能的アセスメントが，望ましくない，もしくは求められていないやり方で行動している人々を「非難する」過程になることは絶対に許されません。

第2章
機能的アセスメントとその分析方略

実践につなげるために ■事例 1

シンゴは 10 歳で通常学級の 4 年生です。「学習面の障害がある」とされており，個別の指導計画が作成されています。担任の先生によれば，シンゴは主だった問題行動と見なされている次のようないくつかの行動を示します。それは，一人で着席して課題を行うことを拒否したり，課題を終わらせられなかったり，先生の指示に注目しなかったり，教材（紙，鉛筆，本，定規）で遊んだり，他の児童に対して下品なことを言ったりするなどの行動です。このような行動は教室や校庭，廊下，カフェテリアで容認されない行動と考えられます。シンゴはこのような行動のために，オフィス・ディシプリン・リフェラル［office discipline referrals（ODR）］訳注 1）を何度か受けていますが，このことは特に問題行動に影響していないようで，成績は下がっています。担任の先生はシンゴに対する個別の行動支援計画の作成を依頼するために，学校の PBIS チームに対する支援要請用紙をすでに提出していました。PBIS チームは行動支援計画の立案と実行に向けての第一ステップとして，シンゴに対して機能的アセスメントを実行することで合意しました。PBIS チームには，学校の特別支援教育担当のワタナベ先生が参加していました。ワタナベ先生は機能的アセスメントを実行することについて指導を受けており，実際に行ったこともありました。ワタナベ先生は担任の先生からの支援要請用紙や，シンゴの ODR の用紙

訳注 1）学校において児童生徒が問題行動を示していることを教職員が目撃した際に，所定の様式で管理職に伝えるシステム。

に示されている情報を再検討することにしました。それから担任の先生と補助教員に対して機能的アセスメントのインタビューを行うこと，最後にシンゴの問題行動が最も多く起きる場面や文脈を観察する機会を何回か予定することにしました。また，シンゴの両親に対するインタビューや，おそらくはシンゴも同様にそのインタビューに参加させることに関して，シンゴの家族と連絡を取るつもりです。

実践につなげるために ■事例 2

アキオは，学区主催で地域のコミュニティカレッジにある，移行プログラムに参加している 19 歳の学生です。学区としては，アキオには中軽度の知的障害があると考えていました。アキオは多弁で，ユーモアのセンスがあり，スポーツが好きで地元の大学チームの熱狂的なファンでした。移行プログラムにおいてジョブコーチから仕事に関するスキルのトレーニングを受け，現在は地元の大学の学生会館にあるカフェテリアで働いています。アキオの移行計画によれば，アキオに対する指導と，地域のレストランで行う仕事の支援を引き継いでくれる，地元の就労支援機関が必要とのことでした。アキオの問題行動は指導の深刻な障壁となっており，将来の仕事の計画を危険に陥れています。就労支援機関の職業紹介の専門家は，提案された就労の場が適切で可能なのかどうか疑問に思っています。アキオの問題行動とは，アキオが仕事やスポーツの最中に仕事仲間と言い争うこと，うるさく周囲を乱すようになること，ばかにしたり冷やかしたりするような声音を出して言い争いとなること，ときには仕事中に仲間に対して暴力をふるうことでした。学区と就労プログラムは，アキオが移行プログラムでまだ指導を受けている間は，適切な公式の行動支援計画が必要であると意見が一致しました。地区の PBIS コーディネーターにアキオに対する機能的アセスメントの実施と，指導場面と仕事場面のどちらでも行えるポジティブな行動支援の計画を作成することを要請しました。コーディネーターはこれに同意し，アキオのインタビューのスケジュールを立てることから始めました。また，アキオの学校の先生とジョブコーチに対するインタビューと，大学のカフェテリアのスタッフに対するインタビューも計画しました。さらに，アキオを家庭およびカフェテリア，地域場面（買い物やバスの乗車など）で観察したいと思っています。

2.1 機能的アセスメントのプロセス

問題行動に対応するためのアセスメントには，情報収集の方法が複数あるでしょう。使う情報収集の方法や，アセスメント活動の範囲は，問題行動とそれが起きる場面の両方の複雑さで変わります。問題行動の複雑さが増すにつれて，行動に関するアセスメント情報を収集するために，より定式化された包括的な手続きが必要となります。本ハンドブックでは機能的アセスメントと機能分析における，情報を収集する方法を三つ紹介します。これは，関係者へのインタビュー，問題行動の計画的な直接観察，そして問題行動に随伴した環境や状況の計画的操作です。3番目の計画的操作が，機能分析や構造的分析のことです。これまで，この三つの方法はさまざまなやり方で使われてきました。まずインタビューから始め，計画的な直接観察に移り，最後に計画的な操作を行って機能的アセスメントを完了するというやり方がよく使われています。しかし多くの場合，インタビューと計画的な直接観察が，必要な成果を得るのによく用いられる方法です。ここでいう成果とは，望ましくない行動の記述，その行動を引き起こすきっかけとなっているものや，行動を維持しているものを特定することです。本章では，この三つの方法それぞれの手続きについて解説します。

2.2 機能的アセスメントインタビュー（FAI）

問題行動はとても複雑なことが多いでしょう。研究者，直接の支援者，家族は，対象者のこれまでの学習の履歴や物理的構造の中から，その人の行動に影響を及ぼしている多くのことがらを特定できるに違いありません。機能的アセスメントインタビューの大きな目的は，問題行動に影響している出来事についての情報を収集することです。このような出来事は，支援を受けている人にとって非常に重要である可能性があり，ここでやるべきことは，この出来事に焦点を絞り込むことです。インタビューは専門的な意味では機能分析ではありません（つまり，インタビューからは機能的な関係が科学的に示されません）。しかし，インタビューはさまざまな要因，つまり，状況，出来事，活動を見つけ出すのに役立つでしょう。そして，こういった要因は，直接観察や機能分析，構造的分析を行う際の標的とすることができます。

2.2.1 インタビューの対象は誰か？

インタビューの対象となり得るのは次の二つのグループです。第１のグループは問題行動を示す本人について詳しい情報を提供できる人です。つまり，教員，直接の支援者，両親や家族，本人と一緒に活動をしていたり，本人をよく知っていたりする人たちです。このような人たちは，本人と一緒に生活したり働いたりしている人や，問題行動のさまざまな例を見る機会が十分にあった人などです。第２の「グループ」は，問題行動を示している本人です。本人にインタビューを行うかどうかは，次のようないくつかの要因に基づいて決めるとよいでしょう。それは，本人の年齢，本人がインタビューを受けることに興味があるかどうか，インタビューを行う時間があるかどうか，かなり複雑な会話によるやりとりに参加できる能力があるかどうか，などによります。ある個人についての情報を得るためには，まずは教員，両親，支援者と話すことが最も理にかなっています。しかし，適切でたくさんの情報が得られる場合には，可能な限り，インタビューに対象となっている本人を含めるべきです（この例として，２章の「2.3 対象となっている本人を参加させる―児童生徒に直接行う機能的アセスメントインタビュー―」の項目を参照)。先生や両親，その他の情報提供者にインタビューを行うときには，本人と日常的に接している人や接する機会が多い人の中から最低一人，望ましくは二人以上の人と話さなければなりません。インタビューに参加する人全員が受け入れられるならば，本人もインタビューに一緒に参加しても構いません。また，本人は他の人とは別に，インタビューを受けても良いでしょう。必要であればコミュニケーションの援助ができる支援者と一緒に受けても良いでしょう。

筆者たちの経験では，教員，直接の支援者，さらには家族も，このインタビューのプロセスと機能的アセスメントインタビューの記録用紙を自己インタビュー用（訳注：自分一人で記入する）としても使用できます（この記録用紙の記入例は本章の図 2.2 にあります)。たとえば，先生とその補助教員が一緒に時間をかけて，自己インタビューの一部として，FAI の質問に話し合いながら答えることもできるでしょう。

2.2.2 機能的アセスメントインタビューから導き出される成果とは何か？

機能的アセスメントインタビューから導き出される五つの主な成果は，機能的アセスメント全体のプロセスから得られる最初の五つの成果と似ています（キーポイント 1.1 を参照)。

1. **問題行動を具体的に記述すること。**この記述にはその問題行動と共に起こることが多い行動クラスや連鎖を含む
2. **問題行動が起こるであろうときと，起こらないであろうときのそれぞれを予測することができる直前の先行事象**（物理的要因や環境的要因）が特定されること
3. 一般的，または時間的に距離が離れた，**生態学的な事象やセッティング事象**が明確にされること。生態学的な事象やセッティング事象は，問題行動を維持している後続事象や関連した先行事象に対して，**問題**

行動の感受性がより高くなる，あるいは低くなるといった起きやすさに影響を及ぼす

4. **問題行動の後続事象**が明確にされること。後続事象は問題行動を維持し，本人にとって**可能性のある機能**をもたらすものである
5. 具体的な問題行動と，その問題行動が起きる状況（直前の先行事象とセッティング事象），その問題行動の機能（その問題行動を維持している後続事象）との関係をまとめた**サマリー仮説**が一つ以上作成されること

さらに，インタビューはその人の支援計画を立案するのに役立つであろう他の情報を収集する機会にもなります。たとえば，その人のコミュニケーション能力，その人に「機能する」ストラテジーや状況，「機能しない」ストラテジーや状況，効果的な強化子になりそうな物や活動などです。

2.2.3 機能的アセスメントインタビューにはどれくらいの時間がかかるのか？

機能的アセスメントインタビューにかかる時間は通常，使用するインタビュー用紙，問題行動の複雑さと問題行動が起きる状況，インタビューを受ける人によって異なるでしょう。本ハンドブックで紹介している，機能的アセスメントインタビュー（FAI）と児童生徒向け機能的アセスメントインタビュー（児童生徒版FAI）の二つのインタビュー用紙は，それぞれ45～90分と20～40分でインタビューできるように作られています。しかしながらこれまでの経験では，同じ用紙を使っても，インタビューの完了に必要な時間はかなりまちまちです。機能的アセスメントインタビューや児童生徒向け機能的アセスメントインタビューの用紙のように，構造化されたインタビュー用紙を使うと，インタビューで焦点を絞るところやその効率を保てるはずですが，長時間の話し合いを必要とする場合もあります。

入手可能な機能的アセスメントインタビューの用紙はさまざまで，チェックリストを使う簡易的なインタビュー用紙〈教師・支援者対象機能的アセスメントチェックリスト（March et al., 2000）など〉から，本書に示した機能的アセスメントインタビュー用紙のように包括的なものまであります。注意すべきこととして，機能的アセスメントインタビューの用紙は，具体的な事例に適用できるものです。対象者によっては，これらの用紙における，すべてのパートや質問を使う必要もなく，使っても役に立たない場合があります。機能的アセスメントに関する更なる情報源を見つけるために，本書の付録Aに示された参考文献・資料のリストを調べることをお勧めします。他にも利用可能ないくつかのインタビュー用紙があります。

2.2.4 機能的アセスメントインタビュー用紙の使い方

機能的アセスメントインタビューは11の大項目に分かれています（付録B参照）。ここでは，この11の項目を一つずつ説明していきます（訳注：以下この記録用紙の項目と対応させながら読んでください）。

項目A．問題行動を記述する

項目Aでは望ましくない，問題行動を明確に記述していきます。この項目にある二つの質問は，三つの目的を達成するためのものです。第1の目的は，インタビューを受ける人に，最も不適切な行動だけではなく，問題となっているすべての行動をあげてもらうことです。行動支援計画は行動クラスの全体について立案することが多くあるからです（行動クラスとは，同じ結果によって維持されている，いくつかの行動すべてのことです）。例として，もしメグミの言い逃れ，机叩き，物を投げること，逃げ出すことのすべてが，先生からの注目を得ること（つまり，これが問題行動の機能）によって維持されているならば，行動支援計画はこれらの行動すべてを一緒に扱うことになります。このプロセスを促進するために，インタビューを行う人は，その人が起こしている問題行動のすべてについての情報を収集することが必要です。問題行動は，非常に危険な行動（激しく自分をかむ）かもしれませんし，やや望ましくない行動（教材を押しのける），あるいは機能的に不適切なもの（現在行っている活動は妨害的ではないが，反復的な動きをする）かもしれません。しかし，深刻な問題行動を示す人は，問題となっている行動を一つか二つ程度しか示さないということは，めったにありません。おそらく，一つや二つの行動は危険で多くの注目を集めているのかもしれませんが，重要なことは，妨害になっているとみられる行動で，その人が定期的に行っている行動全体のリストを得ることなのです。

項目Ａの第２の目的は，問題行動の操作的な定義を容易に行えることです。質問Ａの１には以下の点を列挙するための欄があります。これは(1)問題行動のラベルまたは名称，(2) 問題行動が実際に行われるときの反応型，または身体的な動きの簡単な記述，(3) 問題行動が起こる大体の頻度，(4) 問題行動の普段の持続時間，(5) 問題行動の強度の記述です。最後の問題行動の強度とは，その行動が示している危険性または深刻さのことで，それを情報提供者がどのように認識しているかについて記録できるようになっています。ここでのポイントは，列挙されたそれぞれの行動について短い記述で概要をまとめることです。

項目Ａの第３の目的は，いくつかの問題行動が一緒に起こったり，それらに予測可能な連続性や連鎖があったりしないか，そういった範囲を特定することです。行動支援計画を立案する際に，この情報に大きな価値があることが分かっています。一緒に起こる複数の行動は，同じ行動の機能的反応クラスに属することも多くあり，つまりそれらは同じ行動の機能を果たしているのです。質問Ａの２では，さまざまな行動が似た行動のクラスに属するかもしれないという情報を探していきます。このことにより，これらの行動は行動支援計画において同様に取り扱うべきだと示されるからです。たとえば，メグミの行動は言い逃れを始めてから（意見を言う，教師や他児の悪口を言う）机を叩き出すという一貫したパターンがあるかもしれません。このような行動により教員から即時の反応が得られない場合，可能であれば物を投げるかもしれませんし，あるいは席を立ってドアに向かって走り出すかもしれません。

項目 B．問題行動を起こしやすくしている生態学的な出来事（セッティング事象）を定義する

生態学的な出来事，あるいはセッティング事象とは，個人の環境や日々の日課の場面で，望ましくない行動の直前あるいは直後に必ずしも起こってはいないけれども，その行動が起きるかどうかに影響するものです。つまり，午前中にあった出来事が午後に起きた問題行動にまでも影響しているというようなものです。Alberto & Troutman（2013）はセッティング事象を「一時的に強化の効果を変える，文化的影響から不快な環境までの範囲に及ぶ，個人の生活における事象」と定義しています。たとえば，病気による不快感や苦痛，混雑した騒がしい環境，見通しがない状況により，（負の）強化子としてのこのような状況からの逃避への力が高まるかもしれません。ある一定時間，友達と接触したりやり取りしたりすることが欠如することにより，（正の）強化子としての友達からの注目を得ることの力が高まるかもしれません。より正確に行動的な専門的用語で示すと，このような出来事は確立操作（establishing operation）として機能する場合があると言います。Cooper, Heron & Heward（2007）では確立操作を「強化子としてのある刺激，事物，出来事の効果性を確立する（高める）動機づけ操作のこと。たとえば，食べ物の遮断化により食べ物が効果的な強化子として確立する」と定義しています。以下に挙げた七つの項目は，ある人の行動を理解するために重要であると思われる，セッティング事象の可能性がある項目の全体像です。これらの項目から，問題行動を起こすように「ある人を仕立てあげてしまう」可能性がある出来事や生態学的要因を

探すことができます。

1. **薬の服用**：薬が処方されているかどうか。一日の服薬回数と一回の服薬量を記録し，それらの薬が意識状態，混乱，反応性かんしゃくやその他の側面にどのような影響があるのか覚えておきます。対象者が処方されていない薬を服用していることや，行動に影響する可能性がある他の物質（カフェイン，ニコチン，ハーブ療法など）を使っていないかどうかにも気を付けるべきです。
2. **医学的・身体的問題**：痛みや不快の原因となりえるような，アレルギー，ぜん息，発しん，伝染性の病気などの状態があるかどうか。頭痛，消化不良，どん酸などの，直接は観察できないが，特定の行動パターン，行動の型，問題行動が起きるタイミングの背景にある可能性がある身体的問題がないかどうか。対象者にこのような状態に関する情報を伝える適切なコミュニケーションスキルがない場合には，潜在的な問題に対して特に配慮を要します。
3. **睡眠サイクル**：24時間の中でいつもどのくらいの時間眠っているのか，もし1日に2回以上眠るのなら，トータルの睡眠時間の長さはどのくらいか。問題行動に影響している可能性がある睡眠に関連した問題があるかどうか。
4. **食事の日課と食習慣**：問題行動に影響している食べること，食べ物，料理に関連した問題があるかどうか。一日何回食べるのか，一日の摂取カロリー，好きな食べ物と嫌いな食べ物，何らかの重要な食事上の制限やアレルギーがないかなどを特定します。料理や食べ物に関連した問題によっては，一度に食べる量を少なくする，食べる回数を増やす，食べ物の特徴（歯ごたえ，熱さ，一度に噛む大きさ）を変えるなどの比較的簡単な変化により，問題行動に影響を及ぼすことがあります。
5. **毎日の生活スケジュール**：基本的な一日の活動スケジュールの概略の収集（質問5a）。それから問題が起きる活動や楽しんだ活動を明らかにします。それに続く二つの質問（質問5bと5c）では，対象者にとってそれらの活動がどの程度予測可能であるか，また，どれくらい活動を選択する機会が与えられているか，という情報を収集することがねらいです。これらは問題行動の生起に影響を与えている，ということが，これまでに示されてきた人々の生活の側面です。

6. **周りにいる人の数**：職場や学校，家庭の中にいる人の数と，この人数が，対象となっている個人の行動に関係しているどうか。人の数が増えるにつれ，特により狭い空間内では通常，騒音や混雑度，一般的な混乱のレベルが増加するものです。障害の有無に関わらず，多くの人はそのような状況下ではうまく行動することは難しいでしょう。
7. **スタッフの配置パターンとやりとりの仕方**：障害がある人の多くは，家庭，学校，職場または他の地域社会で実質的な支援を受けています。スタッフなど（たとえば，教室に入るボランティア，ピアチューター，協力者，隣人）がどのように支援をしているかは，支援計画が成功するかどうかの鍵です。この点について質問する際，本人が受けている支援者の典型的なパターンや割合，支援ややりとりの仕方が，問題行動に明らかに影響しているかどうかを理解しようと努めてください。

項目C．問題行動が起こる場合の直前のきっかけ，逆に起こらない場合の直前のきっかけ（予測できる要因）を特定する

この項目では，問題行動が起こる具体的な状況について質問します。問題行動が**いつ，どこで起こり，いつ，どこでは起こらないのか**，誰と一緒のときに起こるのか，またどの具体的な活動が問題なのかということです。問題行動はある状況のこのような側面に関係していることがよくあります。このような状況との関係を調べることは，問題行動のパターン（どの先行事象が「その行動の引き金となるのか」）を予測することに役立ちます。

1. **一日の時間**：一日のうちで，ある一定の時間帯に決まってその行動が起こる，逆に起こらないといったことがあるかどうか。この情報は，問題行動が起きている間，起きていない間の具体的な環境状況に焦点を当て，分析するのに役立ちます。また，問題である状況時に何が起きているのか，問題でない状況との違いは何か，についても確認します。
2. **物理的状況**：問題行動はある具体的な物理的環境（教室の決まった場所，特定の作業場，運動場，トイレなど）で起こりやすいか，あるいは起こりにくいか。そうだとすれば，そのような状況のどのような特徴が問題行動に影響しているか，についても確認します。
3. **周りの人**：ある特定の人が一緒にいると，一貫して問題行動が起こりやすかったり，起こりにくかったりしているか。時間や場所に関係して，ある特定の人（家族やスタッフなど）が居たり，居なかったりすることで問題行動の生起を予測できるということがあります。
4. **活動**：特定の活動が，問題行動が起きることや起きないことに関係しているかどうか。この情報により，その人が好まないような指示や要求や活動のタイプを知ることができます。

以上の側面の一つまたはそれ以上が，他の側面より強い影響力を持っているかもしれません。つまり，ある活動が提示されれば，誰がどこでその活動を行ったとしても，常に問題行動が起こるかもしれません。時間，場所，人，活動は別々に質問していきますが，これらの組み合わせが重要であることが多いと，常に心に留めておくのがよいでしょう。問題行動は，ある決まった時間にある特定の人が近くにいる場合，しかもある特定の場所で決まった活動を行っている場合に起きているということもあります。

項目Ｃの残りの三つの質問（質問 5, 6, 7）は，その人に特徴的なことや，その人にとって重要だと思われる特別な状況や出来事について尋ねるものです。これらには，その個人への具体的な指示が含まれるでしょう。たとえばある活動や状況から別なものへ移動するように，自分が欲しい物や行いたい活動を待つように，あるいはその人にとって特別楽しいことを中断するようにと指示する場合などです。質問の6から，問題行動を生起させることに最も関係していると情報提供者が感じている，重要な一つの出来事を特定することができるでしょう。これらの質問をする際にぜひ覚えておいて欲しいのは，問題行動が生起しにくい状況を見つけ出すことは，問題行動が生起しやすい状況を特定することと同じぐらい価値があるということです。

インタビューの本項目から，問題行動がかなり状況に依存して起こっていることが分かるはずです。つまり問題行動は，ある状況下で起き，他の状況では起こっていないということです。問題行動が生起している状況と生起していない状況を理解することは,支援計画の立案に役立つとともに,さらにその人が問題行動を「持っている」（訳注：つまり，問題の原因がその人の中にある）ように考えてしまう誘惑に陥ることを避ける，という両方の助けとなります。問題行動は状況の文脈内で起こるのです。

項目D．問題行動を維持している後続事象や成果を特定する

ここまでの項目は，問題行動が起こったり，起こらなかったりすることを予測できる，その人の環境の特徴についての情報を収集することが主でした。行動と環境の関係のもう一つの重要な側面は，行動がその個人にもたらす結果のタイプ（これが**行動の機能**と言われるもので，あたかも行動がこの機能をもたらすかのような働きをしている）に関するものです。つまり，何度も繰り返し起こる行動は，その個人にとって何らかの有益な機能を果たしている，言い換えれば，あるタイプの強化をもたらしていると仮定できます。

行動の機能の考え方の一つとして，行動は大きく分けて二つの機能を果たしていると考える方法があります。一つは,欲しい何かを**獲得する**こと,もう一つは嫌な何かから**回避する**，**逃避する**ことです。これをより専門的

な用語で表現すると，欲しい物を手に入れることによって維持されている行動が，**正の強化**の例です。正の強化はその反応が将来起こる確率や可能性を増やす，反応の直後に続く出来事や刺激の随伴提示です。好ましくないものから回避または逃避することによって維持されている行動は，**負の強化**の例です。図 2.1 では，この考え方の枠組みをさらに広げて，考えられる問題行動の機能を六つのカテゴリーに分類，整理してあります。そのうちの三つは何かを「獲得する」というカテゴリーに，残りの三つは何かから「回避・逃避する」というカテゴリーに入ります。

また，この「獲得」，あるいは「回避・逃避」のカテゴリーはいずれも，その後続事象が**内的あるいは私的な事象**であるか，または**外的あるいは社会的な事象**で，環境または人とやりとりすることが要求されるかどうか，という点からさらに分類されます。図 2.1 では，それぞれのカテゴリーに入る後続事象のタイプの例と，それに対する記述的な名称を示してあります（たとえば，正の強化（自動的），正の強化（品物や活動）など）。

図の中の例では,「まったく同じ結果」が，ある人では獲得のカテゴリーに含まれ，別の人にとっては回避・逃避のカテゴリーに入り得ることを示してあります（訳注：図中の「抱きしめ」などがその例です）。つまり，ある人が獲得したいと望むものは，他の人にとっては回避・逃避したいものかもしれないということです。もう一つ，心に留めておくべき点は，一つの行動に「複数の機能」がある，つまり，同じ人であっても，異なる場面では，同じ行動が違う機能を果たしているということです。たとえば，叫び声をあげるという行動が，あるときは注目を得るために使われ，他のときは困難な課題を回避するために使われるというような場合です。

この後続事象の分類にしたがって，図 2.1 ではある特定の後続事象の**具体的**に重要な特徴を見定めようとするときに考慮すべき，一連のステップまたはレベルが示してあります。これらの質問は図の左側に示してあります。まず，問題となっている行動や行動クラスを特定します（レベル 1）。引き続いて以下の点について判断していきます。

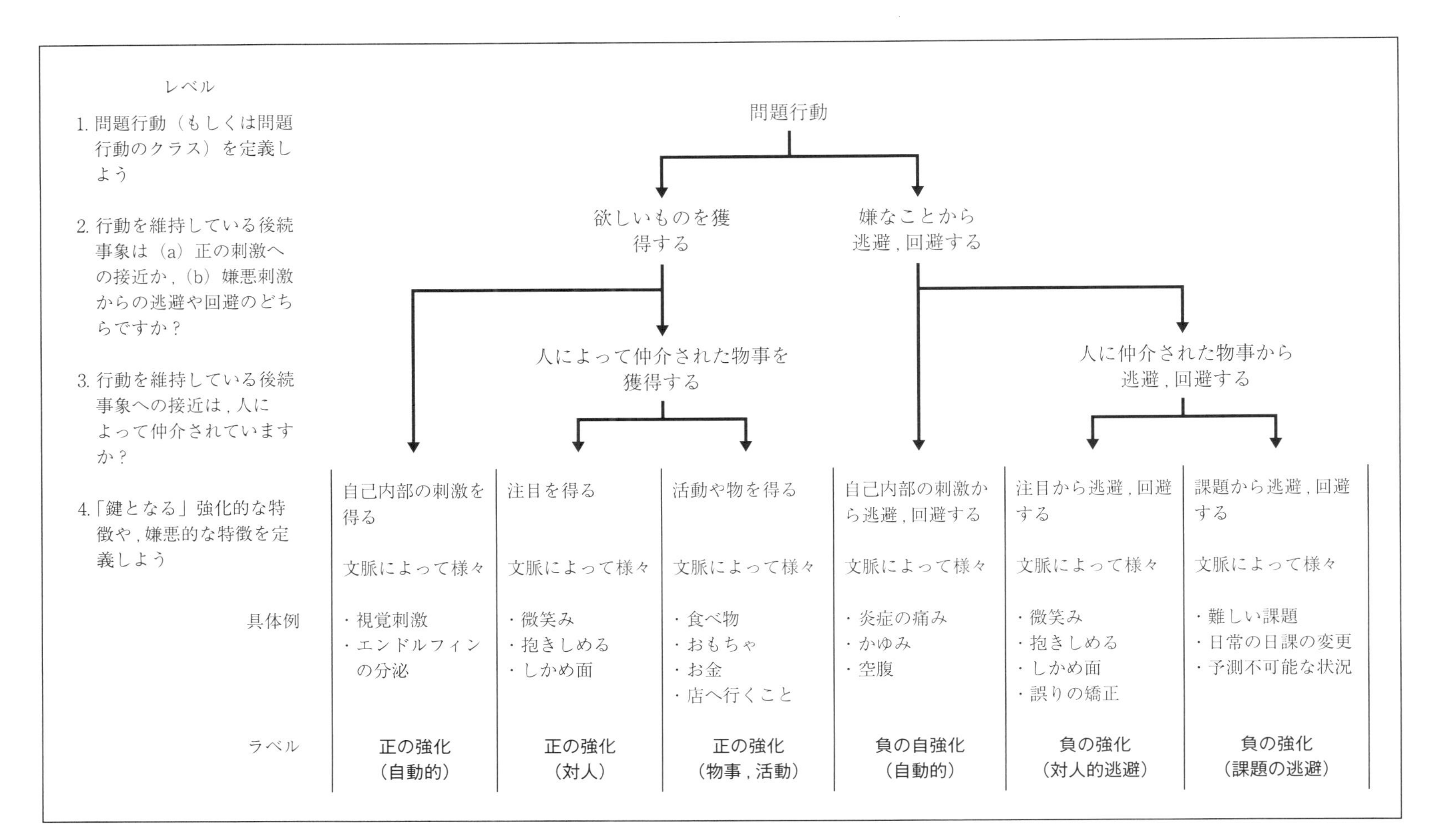

図 2.1　問題行動を維持している後続事象の定義

(a) 行動を維持している後続事象は，欲しい物やことがらを得ることなのか，嫌なものやことがらから逃避･回避することなのか（レベル 2）
(b) 後続事象は外的・社会的なことがらより，内的・私的なことがらに関係しているかどうか（レベル 3）（訳注：図中の質問文とは逆の意味）
(c) その物やことがらを，その人にとって望ましいものや，逆に嫌なものにしている重要な「鍵」となる特徴は何か（レベル 4）

たとえば，ある人にとってはあるタイプの身体的接触（抱きしめる，背中を叩く）を伴った社会的注目は望ましいものかも知れません。また他の人にとっては，字を書く，シャツのボタンを留める，職場で小さなものを組み立てるなど，微細運動を要するような課題のとき，このような課題を行うように言われることは，嫌悪的あるいは基本的に望ましくないものであるかもしれません。

インタビューを行う間，常にこれらの質問を気に止めておくと，支援や介入方法を立案するときに役立つ重要な情報に的を絞るのに役立つでしょう。インタビュー用紙の質問Ｄの１は，その個人が項目Ａで特定された問題行動を行うと，何が得られ，何から回避できるのかを尋ねるものです。加えて，その行動の後続事象と，その行動自体が**異なる複数の状況下**でどのように生起しているのかを関係付けなければなりません。たとえば，ある生徒が教室と運動場という異なる場面で攻撃的な行動を示すような場合，両方の場面で同じ後続事象が得られているのか，あるいは同じ後続事象を回避しているのかどうかを特定することは重要です。

行動の機能を特定することは，支援方法を作成するために非常に有用です。この支援方法には，問題行動の代替となる適切な行動，つまり問題行動によって得られている後続事象と同じものが得られる行動を教える，というものがあります。第４章でこのようなアプローチなどについて解説します。

項目E．問題行動の効率性を特定する

皆さんはこれまでに一貫しない行動のパターンを示す人と一緒に働いたことがあるでしょう。そういう人は，自分に援助が必要といったような状況で，適切に行動することもありますが，また同じような状況で問題行動を示すこともあります。その人は明らかに，適切な行動と問題行動の**両方の**やり方を学習してきています。ときに，ある人は単に適切な行動より問題行動の方が成果を得るのに**効率的**だというだけの理由で，問題行動を起こします。より**効率的**な行動の方が生起しやすいものです（それは，その行動が望ましいと捉えられるか，望ましくないと捉えられるかに関わらずです）。効率のよい行動とは，以下の通りです。

(a) 身体的な労力がより少なくてすむ
(b) より早く，より一貫した報酬が結果として得られる（訳注：ここでいう「より早く」というのは，報酬が得られるまでにその行動を行う回数が少ないということ）
(c) 結果がより早く得られる（訳注：ここでの「より早く」は行動の後に結果が示されるまでの時間が短いということ）

たとえば，ある人にとっては金切り声をあげたり頭叩きをしたりすることは，適切なコミュニケーション行動（話すこと，サインをすること，コミュニケーション・ボードを使用すること）を行うより，少ない労力ですむかもしれないというようなものです。加えて，金切り声や頭叩きは，より素早く人の注目を引くことができます。この項目での質問は，前の項目で特定した問題行動についてどのような情報を集める必要があるのかに注意を払うのに役立ちます。

項目F．機能的に代替可能な行動で，本人がすでにそれをどのように行うかが分かっている行動は何か？

重要でとても有効な支援方法に，適切な代替行動を教えたり，それを

行っているときに強化したりするというものがあります。項目Ｆの質問は，ある人がすでにやり方を知っている行動で，問題行動を行った場合と同じ成果または後続事象を得られる行動はないか，という情報を引き出します。たとえば，ある人は，ときどきは話し言葉やサインという適切なやり方で援助や，活動からの休憩を要求する能力を示すといった場合です。このようなことが分かっていると，その後の介入で新しい技能を教えていくのか，すでにその人が持っている技能をプロンプトすることや強化することに焦点を当てた方が良いのかを判断するのに役立ちます。

項目G．本人が他の人とコミュニケーションをするときの基本的な方法は何か？

適切な代替行動について考える際，コミュニケーションは重度の問題行動を示す人にとって配慮しなければならない，唯一最も重要な技能です。もし支援を効果的にしたいならば，その人が環境の中で他の人に重要な情報をどうやって伝えているのか，その方法を理解する必要があります。この項目Ｇでは，まずその人が普段使っているコミュニケーション方法に関する基本的な情報を得ることができます。次に，まとめの表を使って，いくつかの一般的なコミュニケーション機能を達成するために，その人がどのような異なる反応タイプを使っているかについて質問し，それに答えてもらいます。質問Ｇの３のａからｄでは，その人の理解（受容）能力についての情報を収集します。

項目H．対象者にはたらきかけたり，支援したりするときに行うべきこと，避けるべきことは何か？

項目Ｈでは，活動または授業の間に**うまくいく，逆にうまくいかない**アプローチについての一般的な情報を尋ねていきます。この例としては，ある人は，より早いペースの指示で，元気で活発にやりとりをしたり，継続して励ましてもらうことなどを好むかもしれません。一方，別の人は，ゆっくりしたペースの指示で，より静かな方を好み，あまりおしゃべりでない人とのやりとりを好むかもしれません。

項目I．対象者が好きなものと，その人にとっての強化子は何か？

うまく成功するような支援方法を立案しようとするならば，効果的な強化子（物，出来事，活動）を特定することは非常に重要です。好みについて質問する場合，どの事象や活動はその人が自発的に行おうとするもので，どれはただ他の人が用意しているのかをきちんと見極めなければなりません。支援者や家族の報告は，機能的な強化子がどれであるかを示す良い指標となりますが，本人がそれを進んでやろうとするかどうかが，もっと良い指標になります。インタビューからも有用な情報を得られますが，包括的な支援計画では，強化的な物，活動，出来事について，本人の好みを直接テストしなければならないこともしばしばあるでしょう。このようなアセスメントをする場合は通常，強化子としての可能性があるさまざまなものにその個人が接することができるようにします。潜在的な強化子には，食べ物やおもちゃ・品物，娯楽（音楽，パソコン，テレビ，映画），ゲーム（テレビゲーム，カードゲーム，ボードゲーム），外出，活動（余暇活動，レクリエーション活動，勉強，家事，おしゃれ）などがあります。こういった物や事象に接する場面で，どのカテゴリーや特定の物がその人にとって一番好みであるかは，それに費やす時間総量を観察する，あるいはその他の好みを反映する指標によって検討します（巻末付録Aに強化子のアセスメント方法に関する文献が掲載されています）。

問題行動の現在の機能を特定することもまた，強化子の決定や選択に役立ちます。たとえば，もしある人が状況から逃避するために問題行動を一貫して行っているのならば，何も指示されることのない自由時間がおそらく強化的な後続事象となっているのでしょう。もしある人が，ある決まった物や人とのやり取りや，人からの注目を得るために問題行動をいつも起こすのであれば，逆にこういった物や人とのやり取りは支援計画で用いることのできる強力な強化子になります。

項目 J．問題行動のこれまでの履歴について分かっていることは何か？過去に問題行動を減少させる，あるいは消去することを試みたプログラムについて，またそのプログラムの効果は？

他の支援者が以前に試みた介入のタイプや，その効果について知っておくことは，問題行動に影響を及ぼすことがらについてのヒントとなります。たとえば，タイムアウトが以前試みられ，それによりある問題行動の出現頻度が増加したということが分かったならば，その問題行動が状況または要求からの回避や逃避に動機づけられていることを示しているかもしれません。どのような介入がこれまでに試みられ，それはどの程度うまくいったのかという点について，明白で信頼性のある情報を得ることは難しいことが多いかもしれません。しかし，過去の努力について集められる情報が多ければ多いほど，今の介入に対する努力が成功する可能性が高くなります。

項目 K．各々の問題行動の主たる機能や後続事象についてのサマリー仮説を作成する

項目Ｋでは，インタビューで得た情報を一つ以上の具体的なサマリー仮説に統合してまとめます。サマリー仮説は，セッティング事象，直前の先行事象（きっかけ），問題行動，それを維持している後続事象についてまとめた検証可能な仮説であるべきです。インタビューの中で特定された行動の機能や後続事象のそれぞれの大きなカテゴリーについて，個人のサマリー仮説を作成します。これらのサマリー仮説は後に行われる計画的な直接観察を進める際や，支援計画の立案の際に重要となります。次節では，このサマリー仮説の詳細と実例を紹介します。

さらに，インタビューに参加した人（と支援に関わる人）に，それぞれのサマリー仮説の確からしさを評価してもらいましょう。サマリー仮説の確からしさに関するレベルは，支援において次のステップについて考える

重要なポイントです。支援者全員が高いレベルでその仮説が確かであると一致しているということは，サマリー仮説が妥当であることを確かめる直接観察に向かう段階にあるということです。この確からしさが低く評価されている場合，支援チームのメンバー間でサマリー仮説の一致がみられない場合は，機能的アセスメントのプロセスにおいて，さらに付加的なステップや代替ステップが必要ということです。たとえば，インタビュー対象がさらに必要であったり，より包括的な情報をインタビューから集めることが必要かもしれません。

2.2.5 サマリー仮説の作成

インタビューから得られる５番目の主たる成果は，インタビューで得た情報をまとめて，問題行動に関する「サマリー仮説」に統合することです。このようなサマリー仮説は次に他のアセスメントを行う場合にも，最終的に行動支援計画を立案する場合にも重要になります。

サマリー仮説では問題行動がそこで起きている状況や文脈を表すために，次の三つの要素が記述されることになります。

(1) 問題行動が起こる状況（複数の場合あり）――これは，セッティング事象と直前のきっかけや手がかりのこと
(2) 実際に起きている問題行動
(3) その状況で，その問題行動が果たしている機能，またはその問題行動が作り出している強化的な成果

サマリー仮説は行動そのもの，それに先行するきっかけ，それを維持している後続事象という三つの点について，インタビューで収集した情報をまとめたものです。さらにサマリー仮説は以下のそれぞれに対して作ることが望ましいのです。

(a) ある一つの機能を果たしていることが明らかな個々の行動や行動の

クラスについて

(b) 行動や行動クラスが生起している具体的な状況それぞれについて

たとえば，自傷的な頭叩きと手を噛むという行動について，最終的に二つのサマリー仮説を作ることになるかもしれません。一つ目のサマリー仮説は，小集団の授業中でのそれらの行動とその生起について，二つ目のサマリー仮説は，登下校時のバス乗車中のそれらの行動の生起について，という具合にです。このように記述することは大変重要です。これにより異なる状況でなされているであろう，行動の異なる機能が把握されていることを確実にするからです。キーポイント2.1にはサマリー仮説の例を示してあります。一つ目のサマリー仮説には，前述した四つの要素（直前の状況，問題行動，問題行動を維持している機能・結果，時間的に離れたセッティング事象）が記述されていることに注目してください。例1，2，6には，問題行動に影響している直前のきっかけと直前ではないセッティング事象の両方が記述されています。例1では，この四つの要素にあたる部分を示しています。これと同じように，例2～6について，サマリー仮説の四つの要素がどこにあたるか，ご自身でラベル付けをしてみてください。

図2.2には，マサシという小学生を担当している学校の先生に面接を行って完成させた機能的アセスメントインタビュー用紙を示してあります。マサシは，11歳で中度から重度の知的障害と多動症が診断されており，けいれん発作歴がありました。4年生で28名の通常学級に在籍しています。通常学級担任の先生は，インクルージョンの専門家と非常勤の補助教員から支援を受けています。このインタビューの記録用紙を注意深く読んでみてください。この際，アセスメントのプロセスから得られるべき五つの結果を考えながら読んでみてください。

1. 問題行動の定義
2. 問題行動が起きやすくなる，あるいは起きにくくなることに関連している可能性がある生態学的事象やセッティング事象の定義

3. 問題行動の生起・非生起を予測できる，つまり引き金となる直前の先行事象の定義
4. 問題行動が果たしていると思われる機能（行動を維持している後続事象）の定義
5. サマリー仮説の作成

機能的アセスメントインタビュー（FAI）

対象児・者氏名：マサシ　年齢：11　性別：(男) 女
インタビュー年月日：96／5／7　面接者：タケダ
回答者：スズキ，タナカ，コバヤシ

A．問題行動を記述する

1. 問題行動のそれぞれについて，行動の型（どのように行動しているのか），頻度（一日あるいは，一週間，一カ月にどの程度の割合で起こるか），持続時間（行動が起こったときどのぐらいの時間が続くか），強さ（その行動はどの程度のダメージを与えるのか）について，教えてください。

	行動	行動の型	頻度	持続時間	強さ
a.	金切り声を上げる	卑わいな言葉を使う	週に5～6回	5～10秒	大声
b.	物を投げる	本や教材を壁に向かって	週に5～6回	15～30秒	壁をへこませるぐらい
c.	友達をつねったり引っかいたりする	手や腕をつかみ，ねじったり，こづいたり	週に4～5回	5～10秒	傷，出血
d.	机を思い切り叩いたり，平手で叩く	平手やげんこつを使って	一日に2～3回	5～10秒	容易に聞こえる
e.	叫ぶ	先生の名前を繰り返し言う	一日に5～6回	5～10秒	容易に聞こえる
f.	自分の腕を引っかく	爪を立てて繰り返し上下	一日に8～10回	5～10秒	出血しそうなほど
g.					
h.					
i.					
j.					

2. 上にあげた行動のうち，どれか一緒に起こりやすいものがありますか？　たとえば，それらは同時に起こりますか？　それとも，ある行動が起きたら，次はこの行動，といった何か予想できるような連鎖反応的な形で起こりますか？　それらは，いつも同じような状況で起こりますか？

金切り声を上げるのと物を投げるのは，一緒に起こる。

机を叩くのと叫び出すのが一緒に起こる。

図 2.2-1　機能的アセスメントインタビュー（FAI の例：マサシの場合）（1）

B. 問題行動を起こしやすくしている生態学的な出来事（セッティング事象）を定義する

1. どんな**薬を服用**（もし服用していれば）していますか？　それが行動にどんな影響を与えていると思いますか？

発作を抑えるためのテグレトール（500mg・一日に2回）。おそらくこれが喉の渇き，水や飲み物の要求，

腕の発しんやかゆみを増加させている（ベナドリルも一日に50mg。日中の眠気を引き起こしている？）

2. 行動に影響を与えているかもしれない**医療上の問題や身体の状態**（もしあれば）がありますか？（たとえば，ぜん息，アレルギー，発しん，鼻炎，発作，月経に関係した問題）

腕の何らかの皮膚の問題（かゆみ，時々の発しん）。これが，腕の引っかきを引き起こしているように思える。

テグレトールのせい？

3. **睡眠のパターン**を教えてください。睡眠のパターンは行動にどの程度影響を与えていると思われますか？

だいたいよく眠っている（毎晩7～8時間）。日中時々眠くなることがあるのはベナドリルのせいかも？

4. **食事の日課と食事内容**について教えてください。それらが行動にどの程度影響を与えていると思われますか？

特に一貫した問題はない。甘い物（例えば，炭酸ジュース，キャンディー，クッキー）の摂取を記録，

制限する必要あり。時々，朝食を拒否することがあり，それが朝に多くの問題を引き起こすことになる

ときもある。

5a. 典型的な一日の活動スケジュールを以下に記載してください（各々の活動について，その人が楽しんでいるか，問題行動を起こしやすいか，ということをチェックしてください）。

楽しんでいる	問題行動あり		楽しんでいる	問題行動あり	
✓		6:00　6:30起床。シャワー，着替え	✓		2:00　地域スキルの訓練
✓		7:00　朝食。バスに7:45に乗る	✓		3:00　バスに乗って家へ
	✓	8:00　8:15に学校到着。授業は8:30	✓		4:00　スナック，余暇
	✓	9:00　読みと国語	✓		5:00　家の雑用，夕食の準備
	✓	10:00　算数スキルグループ	✓		6:00　家族と一緒に夕食
✓		11:00　学校での仕事（リサイクルなど）	✓		7:00　部屋の片付け，余暇
	✓	12:00　1時まで昼食，カフェテリア，休憩	✓		8:00　部屋の片付け，余暇
	✓	1:00　体育と衛生スキル	✓		9:00　寝る準備，9:30就寝

図 2.2-2　機能的アセスメントインタビュー（FAIの例：マサシの場合）(2)

5b. 一日のスケジュールにある活動は，そこで何が起きるのか，いつ起きるのか，誰と一緒に，どのぐらいの長さ行なうのか，ということが本人にとってどの程度**予想可能**なものですか？

ボードにある授業のスケジュール。言葉による促し。

5c. 日中に，本人が自分の活動や強化事象（たとえば，食べ物，服，おしゃべり，余暇活動など）を**選択する機会**がどの程度ありますか？

それほど多くない。毎日，学校の仕事を選べる。

6. 家庭や学校，職場などには，何人ぐらいの人（スタッフ，同級生，同居人も含む）がいつもいますか？本人は，**人が多かったり，より騒がしい状況**を嫌がっているようですか？

クラスには，彼以外に11人の生徒がいる。騒音や集団を嫌がっている様子はないが，

周りが忙しいときにより多くの注目が必要なようだ。

7. 家庭，学校，職場などで，本人を**支援する人の割合**はどの位ですか（たとえば，1:1，2:1）？　スタッフの数や，スタッフの**訓練の程度**，あるいはスタッフの**やり取りの仕方**が問題行動に影響を与えていると思いますか？

子どもと先生の割合は4：1。マサシは，自分だけにより多くの注目を受けているときに調子がよい。

スタッフ3人全員のことが好きである。

C. 問題行動が起こる場合の直前のきっかけ，逆に起こらない場合の直前のきっかけ（予測できる要因）を特定する

1. **時間帯**：問題行動が最も起こりやすい時間と，最も起こりにくい時間はいつですか？

最も起こりやすい時間：朝と，昼食，休憩，体育の時間に大部分の問題行動が起こりやすい。

最も起こりにくい時間：午後の体育が終わった後。

2. **場所**：問題行動が最も起こりやすい場所と最も起こりにくい場所は**どこ**ですか？

最も起こりやすい場所：教室でもっとも起こりやすい。友達をつねったり引っかいたりする行動は，

校庭や体育館で体育を行っているときに起こりやすい。

最も起こりにくい場所：地域。

図 2.2-3　機能的アセスメントインタビュー（FAI の例：マサシの場合）(3)

3. **人**：**誰と一緒**のときにそれらの行動が最も起こりやすく，最も起こりにくいですか？

最も起こりやすい人：どのスタッフに対しても同様。むしろ活動の方と関連しているようだ。

最も起こりにくい人：

4. **活動**：**どの活動**を行っているときに問題行動が最も起こりやすく，最も起こりにくいですか？

最も起こりやすい活動：読み（たとえば，黙読），算数（たとえば，物の数を数える），1：1の注目がほとんどない集団での活動，ゲーム（休憩時間や体育）

最も起こりにくい活動：学校の仕事。地域への遠足

5. 上記以外に，何かある特定の状況や特殊な出来事で，時々問題行動の“引き金”となっていると思われるものがありますか？（たとえば，ある特定のことを要求する，あるいは騒音，光，服など）

腕を引っかかないように言われたり，注意されたりしたときに怒る。わいせつな言葉に反応することが多い

6. これをすれば，ほぼ確実に問題行動を引き起こすことができる，といえることを**一つ**あげてください。

マサシに長い文章を音読するように言う。

7. 次のような状況で，本人の行動がどのように影響されるか，簡単に教えてください。

a. 難しい課題を行うように言われる。

金切り声を上げる。物を投げる。

b. 大好きな活動，たとえば，アイスクリームを食べていたり，テレビを見ていたりするときに，それを中断させられる。

拒否する。金切り声を上げる。

c. 予告なしに，いつもの日課や活動スケジュールを変えられる。

普通は，特に問題ではない。

図 2.2-4　機能的アセスメントインタビュー（FAI の例：マサシの場合）（4）

d. 欲しかった物が手に入らない（たとえば，食べ物が棚の上にある）。

たぶん，その物をくれるように繰り返し頼む。

e. しばらくの間（たとえば，15 分間くらい）注目されなかったり，ひとりでおいておかれる。

叫びだし，机を叩いたりする。

D. **問題行動を維持している後続事象や成果を特定する**

1. 最初の**項目 A** であげた各々の行動について考えてください。さまざまな状況で本人がその行動を行った直後に，どのような**特定の**後続事象が得られるかを教えてください。

	行動	特定の状況	行動の直後に得られること	行動の直後に回避できること
a.	金切り声を上げる	好みでない課題，活動の中断		課題を行うこと，活動を中断させられること
b.	物を投げる	好みでない課題，活動の中断		課題を行うこと，活動を中断させられること
c.	友達をつねったり引っかいたりする	物（ボールなど）が欲しいとき	物を得る	
d.	机を思い切り叩いたり，平手で叩く	グループ活動（注目されない）	注目（友達と先生から）	
e.	呼ぶ	グループ活動（注目されない）	注目（友達と先生から）	
f.	自分の腕を引っかく	ほとんどの状況で		かゆみがとれる？
g.				
h.				
i.				
j.				

図 2.2-5　機能的アセスメントインタビュー（FAI の例：マサシの場合）（5）

E. **問題行動の効率性を特定する**

効率性とは，以下の三つが組み合わされたものです
(A) その行動を行うのにどの程度の**身体的な労力**を必要とするか
(訳注：労力が少なければ少ないほど効率がよい)
(B) 本人にとって望ましい結果が得られるまでに**何回**その行動を行わなければならないか
(訳注：回数が少なければ少ないほど効率がよい)
(C) 本人にとって望ましい結果が得られるまで**どれほど長く**待たなければならないか
(訳注：待つ時間が短ければ短いほど効率がよい)

	効率が悪い				効率が良い
金切り声を出す・物を投げる	1	2	③	4	5
つねる・引っかく	1	②	3	4	5
叩く・叫ぶ	1	2	3	4	⑤
腕を引っかく	1	2	3	4	⑤
	1	2	3	4	5

F. **機能的に代替可能な行動で，本人がすでにそれをどのように行うかが分かっている行動は何か？**

1. 社会的に適切な行動や技能で，問題行動の後に得られる後続事象と同じものが得られ，本人がすでに行うことができるものは何ですか？

手をあげることができる。「好きじゃない」，「欲しい」のような言葉を言うことができる。

G. **本人が他の人とコミュニケーションをするときの基本的な方法は何か？**

1. 本人が使っている，もしくは行えると思われる普段の表出的コミュニケーション手段は何ですか？たとえば，話し言葉，サインやジェスチャー，コミュニケーションボードやコミュニケーションブック，電子機器などがあるでしょう。それらの方法はどの程度一貫して使われていますか？

マサシは一語文や二語文を使って多くのことを伝えるし，時々，ジェスチャーも一緒に使うこともある（自分の欲しい物を指さそうとする）。しかし，彼の話し言葉は，理解するのが難しいこともよくある。

図 2.2-6 機能的アセスメントインタビュー（FAI の例：マサシの場合）(6)

2. 次の表に，本人がコミュニケーションを行うのに使っている行動をリストしてみてください。

コミュニケーション機能	複雑な対話（文）	複数の語句	一語発話	エコラリア	その他の発声	複雑なサイン	単一のサイン	指さし	手を引く	うなずく	掴む・手を伸ばす	物を渡す	活発に動く	相手に近づく	相手から離れる	じっと見つめる	顔の表情	攻撃行動	自傷行動	その他
注目を要求する			×		×															×
援助を要求する																×	×			
好きな食べ物・品物・活動を要求する			×					×			×							×		
休憩を要求する					×										×					×
物や場所を示す			×					×	×											
身体の痛みを訴える（頭痛や病気）																				?
混乱や不快感を訴える					×												×			?
状況や活動に固執する，あるいは拒否する			×		×															×

3. 本人の受容的コミュニケーションや他者を理解する能力について

a. 話し言葉による要求や指示に従えますか？ もしそうなら，大体何種類くらい分かりますか？（もし理解できる言葉が少しならば，下に書き出してください）

ステップが一つの要求は大部分理解可。ステップが二つのものは，より少し理解可。

b. サインやジェスチャーによる要求や指示に反応できますか？ もしそうなら，大体何種類くらい分かりますか？（もし理解できる指示が少しならば，下に書き出してください）

指さしのジェスチャーやプロンプトに従うことができる。

c. 様々な課題や活動について，モデルを示すとそれを模倣できますか？（もし模倣できるものが少しならば，下に書き出してください）

多くのことについて身体的モデリングをまねする。

d. 「～が欲しい？」,「～に行きたい？」などの質問に対して,「はい」と「いいえ」をどのように示しますか？

「はい」や「いいえ」を言う。ただし，それがいつも正確かどうかは不明。

図 2.2-7 機能的アセスメントインタビュー（FAI の例：マサシの場合）(7)

H. 対象者にはたらきかけたり，支援したりするときに行うべきこと，避けるべきことは何か？

1. 本人と指導セッションや他の活動がうまく行えるようにするには，何を改善すればいいと思いますか？

ペースを落とす。励ましの言葉を多くする。ジョークなどの楽しめる雰囲気を作る。

言葉かけを肯定的な調子で行う。

2. 本人に指導セッションや活動を妨害されたり中断させられたりしないように，何を避けるべきだと思いますか？

速いペース。罰するような声の調子。何度も早い口調で要求したり，プロンプトを出したりする。

I. 対象者が好きなものと，その人にとっての強化子は何か？

1. **食べ物**：甘いもの（キャンディ，クッキーアイスクリーム，炭酸ジュース），ポテトチップやナッツ，アップルソース，ホットドッグ，クラッカー

2. **遊び道具や物**：宇宙アクションものの絵や人形，ゲームボーイタイプのおもちゃ，フェルトペンやマーカー，ビー玉，コンピューターゲーム

3. **家庭での活動**：外でやる雑用の両親の手伝い，スケートボードやワゴンを兄弟と一緒に押す，父親とキャッチボールをする，テレビ

4. **地域での活動や外出**：ファーストフードレストラン，パットゴルフ，ゴーカート，池，雪ぞりやタイヤチューブ滑り，YMCA で泳ぐ

5. **その他**：映画（短い時間なら我慢できる），バスに乗る

図 2.2-8　機能的アセスメントインタビュー（FAI の例：マサシの場合）（8）

J. 問題行動のこれまでの履歴について分かっていることは何か？過去に問題行動を減少させる，あるいは消去することを試みたプログラムについて，またそのプログラムの効果は？

	問題行動	行動の持続時間	プログラム	その効果
1.	悪い言葉を叫ぶ	1〜2年	無視か懲罰	あまりなし
2.	物を投げる	1〜2年	懲罰とタイムアウト	ある程度減少
3.	つねる・引っかく	6カ月	謝らせてタイムアウト	あまりなし
4.	思い切り平手で叩く	1年	無視かタイムアウト	ある程度減少
5.	叫ぶ	1年	無視か懲罰，待つように言う	ある程度減少
6.	腕を引っかく	6カ月	止めるようにプロンプト，ベナドリル	あまりなし
7.				
8.				
9.				
10.				

K. 各々の問題行動の主たる機能や後続事象についてのサマリー仮説を作成する

セッティング事象	直前のきっかけ		問題行動		後続動象
朝食を食べないと起こりやすい	マサシが難しい課題や好きではない算数や読みの課題を行うように言われたとき	→	マサシは，卑わいな言葉を叫んだり，物を投げたりする	→	課題から逃避するために
特定されず	マサシが欲しがっているおもちゃや物を友達が持っていたとき	→	マサシは，その友達をつねったり，引っかいたりする	→	友達がおもちゃや物を自分にくれるように仕向けようとして
その日の早い時間に余り注目されていなかった場合に起こりやすい	グループ活動など彼があまり注目を受けられないような状況で	→	マサシは先生の名前を叫びだしたり，机を思い切り叩いたり，平手	→	注目を得ようとして
特定されず	さまざまな状況で，マサシが「かゆみ」を感じたとき	→	マサシは腕を繰り返し引っかく	→	不快感を取り除くために
特定されず	マサシが腕を引っかいているときに，止めるようにプロンプトされたとき	→	マサシは卑わいな言葉を叫ぶ	→	引っかき続けるために

図 2.2-9　機能的アセスメントインタビュー（FAI の例：マサシの場合）(9)

2.3 対象となっている個人を参加させる
――児童生徒機能的アセスメントインタビュー――

機能的アセスメントが開発された初期においては，機能的アセスメントは学校において特別支援教育のサービスや，地域において支援を受けている知的障害や発達障害のある人々に対する行動支援計画を作成するために，最も多く使われていました。通常，対象者をよく知っている情報提供者にインタビューしていました。なぜなら，対象者本人が通常のコミュニケーションのスキルを有していなかったからです。近年になり，機能的アセスメントは，インタビューを行うのに十分なコミュニケーションができるさまざまな対象者に用いられています。支援計画を作成するための重要な情報は，「問題行動を示している対象者」から得られると思います。筆者らの臨床経験から，多くの児童生徒が活動や道具の好み，割り当てられた仕事や状況に関する不満，それらに代わる活動の要求，個人的にイライラすることの指摘，友達との問題を明確に述べることができます。これらの発言が正確で一貫している限りにおいて，対象者本人からの情報は教師や保護者などから得た情報を補うことができます。

機能的アセスメントに直接本人を関わらせる一つのアプローチとして，「児童生徒向け機能的アセスメントインタビュー」が開発されました。

2.3.1 誰がインタビューを受けるのか？

信頼性のある情報を提供できる児童生徒であれば誰でも，機能的アセスメントの情報提供者として参加できます。児童生徒によっては，家族や付き合いやすい支援者の援助が必要な場合もあるかもしれません。このような人々は，児童生徒が尋ねられている質問を明確にしたり，ある状況について示したり，児童生徒がその状況を思い出せるようにすることができます。しかし，児童生徒によっては，インタビューに他の人が同席しない方

キーポイント 2.1

インタビュー情報を基に作成したサマリー仮説

1. ナオキが教室内の大きなグループであまり注目されないとき（直前の状況），変なことを大声で言ったり，物を投げると（問題行動），仲間の注目が得られる（行動を維持している機能）。一日を通して注目されない時間が多くなると，このパターンが起こりやすい（直前ではない事象：セッティング事象）
2. サオリは，図書館で仕事のシフト開始時に本を補充するように言われると，その指示から逃避するために，本を投げてジョブコーチを叩くことが多い。このパターンは，前夜の睡眠が 4 時間以下のときに起こりやすい
3. ノリコは，パソコン室にあるパソコンを使うことを止めるように促されると，床に寝転がり，金切り声をあげ，パソコンを使い続けることを許してもらおうとする
4. ツトムは家で，活動レベルや注目されるレベルが低い状況では，体を揺らしながら手首を噛んで，自己刺激を作り出す
5. ツトムは，自分で服を着るように言われたり，好みでない日常の身辺処理を一人で行うように言われたりすると，その指示から逃れようとして手首を噛みはじめる
6. アサコは，読みや算数の課題が難しいと，課題を行うことを回避しようとして，机にうつ伏せになり，反応することを拒み，本を閉じる。このパターンは，その日の早い時間に先生から叱られたときに起こりやすい

を好むかもしれません。どちらの場合もインタビューで得られた情報の質や正確さは，前述した機能的アセスメントインタビューと同じ方法で確かめられます。つまり，計画的な観察から得られたデータ，または計画的な機能分析の操作を通してです。

2.3.2 誰が児童生徒向けインタビューを実施するのか？

児童生徒向け機能的アセスメントインタビューは，両親や先生によって実施される場合もあります。しかし，予備段階の経験では，児童生徒と否

定的な関係を持ったことのない相手がインタビューを実施した場合に，より迅速に，かつより多くの内容がある情報を引き出すことができます。多くの要因が児童生徒向け機能的アセスメントインタビューで得られる情報量や正確さに影響を与えます。誰がインタビューを実施するかということは，とりもなおさず大切な要因の一つに違いありません。

2.3.3 インタビューにはどのくらいの時間がかかるのか？

児童生徒向け機能的アセスメントインタビューは，20分から40分で終わるように作られています。インタビューを短時間で行うことは，児童生徒が学校の通常の活動から長時間離れずにすむために必須です。インタビューが放課後に行われれば，必要な情報を提供するのにもっと時間がかけられるでしょう。インタビュー用紙を使用すれば，インタビューに集中させ，効率よく行えるはずです。

2.3.4 児童生徒向けインタビューから導き出される成果とは何か？

児童生徒向けインタビューから得られる主な成果は，機能的アセスメントインタビューと同じもので，それは以下の通りです。

1. 一日の中で最も問題のある時間や状況が特定される
2. 問題行動を予測できるような身体的・環境的要因が特定される
3. 可能性のありそうな，問題行動の機能（その行動の成果や後続事象）が特定される
4. 機能的アセスメントのサマリー仮説が作成される
5. 支援計画に必要な構成要素が示唆される（訳注:構成要素とは，セッティング事象，先行事象，問題行動そのもの，後続事象の四つを指しています）

2.3.5 児童生徒向け機能的アセスメントインタビュー用紙の使い方

この記録用紙は特に学校場面における児童生徒の問題行動に対応するために作成されており，五つの大きな項目に分かれています。少し時間をかけて巻末付録CとDにある未記入の記録用紙を見てみてください。以下，順次五つの項目について説明していきます。（訳注：図2.5に記入例あり）

項目I　インタビューの準備と始め方

児童生徒向け機能的アセスメントインタビュー（以下，児童生徒向けインタビュー）は，家族や先生あるいは支援者から，対象となる児童生徒が個別的な行動介入の必要がある問題行動のパターンを示している，という問い合わせがあって始まります。多くの場合，児童生徒向けインタビューに先立って，その依頼をしてきた関係者に対する機能的アセスメントインタビューが行われ，問題行動のパターンを特定します。この情報を踏まえた上で，児童生徒向けインタビューを準備，開始するステップには以下のようなことがあります。

1. 児童生徒向けインタビューを実施する人を決定します。児童生徒と良い関係にある人を選ぶことを推奨しますが，多くの場合は児童生徒と最も頻繁にマイナスの関係を持つ人だけは**選ばない**ことを勧めています。筆者らのこれまでの経験から，児童生徒を紹介してきた先生には，児童生徒向けインタビューの実施を依頼しないようにしています。
2. プライバシーが守れる場所を確保し，インタビューが中断されないようにします。
3. インタビューに入る前に，児童生徒を会話に引き込み，快適で良い関係を作ります。

4. 児童生徒にインタビューの目的を伝え，率直に答えてもらうことが必要であることを強調します。インタビューを進めていく中で，児童生徒が誤った情報をこちらに伝えている，あるいは話すことに気が進まないと強く感じられたならば，和やかな雰囲気のうちにインタビューを終了し，また別のときに残りの部分を行ってもよいかを尋ねるようにするとよいでしょう。また，ある状況についてすでに他の大人から得た情報がある場合，そのことを児童生徒にその状況を思い出してもらえるきっかけとして，やんわりと伝えてもよいかもしれません。

項目Ⅱ　問題行動を定義する

項目Ⅱでは問題行動を定義していきます。児童生徒には一番の問題行動だけではなく，問題だと思っているすべての行動（その行動が自分自身をトラブルに巻き込むもの）を列挙するように促します。もし問題行動の一般的な範囲とタイプがあらかじめ分かっているならば，児童生徒から答えを引き出すために簡単なプロンプトが必要かもしれません。児童生徒向けインタビューでは，問題行動のリストを作ることだけが求められています。問題行動の操作的な定義は，支援者に行う機能的アセスメントインタビューの方で行うべきでしょう。

項目Ⅲ　問題行動が起こる状況を特定する

項目Ⅲでは問題行動が最も起こりそうな時間と場所を特定していきます。児童生徒の日常生活スケジュール表〈図 2.3 の例を参照，訳注：これは児童生徒向け機能的アセスメントインタビュー記録用紙の 239 ページにあたります〉を本人に示し，この表の中から問題と思われる行動が起きている時間や授業，活動に印を付けるか，その部分を指でさすように言います。さらにそれぞれの状況，つまり，問題行動を起こすかもしれない時間や活動について，その困難度を 1（最も大変ではない）から 6（最も大変）

の6段階で評価し，該当する枠に印をつけるよう本人に言います。ここで評価点が4以上に評価された状況に，これ以降のインタビューで焦点を当てていきます。

項目Ⅳ　サマリー仮説を作成する

項目Ⅳでは，項目Ⅲで困難性が4以上に評価された明らかに区別可能な状況，あるいは問題行動を維持している機能の各々について，サマリー仮説を作成していきます。セッティング事象，直前のきっかけ，後続事象の一つずつについて系統立った質問をしていくことで，サマリー仮説の「全体像」を作り出せます。まず質問して，それから児童生徒の反応をサマリー仮説用紙の1ページ目の最初に記入しましょう。サマリー仮説用紙において明らかにされた場面について，まずきっかけに続いて起こる問題行動，問題行動を維持させる後続事象，セッティング事象の順番に質問することが役に立つと分かりました。しかし，インタビュー実施者の質問の順番はさまざまかもしれません。たとえば，問題行動の後続事象や結果について尋ねる前に，問題行動の前に起きているすべての変数（たとえば，直前の引き金，生態学的変数，セッティング事象など）を聞くこともあります。サマリー仮説を構成する要素については次で説明していきます。

1．問題行動を開始したり，引き金になっているのは何かを特定する

ここでは，問題行動が起こる一般的な状況を特定するだけでなく，その行動が起こる状況の具体的な側面について質問します。児童生徒には，「どんな重要な出来事が，問題行動を引き起こす準備となっているようですか？」「何が問題行動の引き金になっていると思いますか？」と尋ねます。そして，当てはまると思うさまざまな要因に印を付けていきます（訳注：記録用紙にその欄があります）。これにはスケジュールあるいは気晴らし時間の予測性といった**出来事**あるいは**活動**という要因，課題の難度や選択が限られているといった**カリキュラム**という要因，先生からの指示，ある

児童生徒の日常スケジュール

今話し合った行動について，それらの行動が起こりやすい時間や授業の欄に自分で「×」を付けてください。ある時間が最も大変だと思う場合は，数字の「6」の所かその近くに「×」を付けてください。ほとんど問題ないと思う場合には，「1」かその近くに「×」を付けてください。実際にマークする前に，いくつか一緒にマークする練習をしてみましょう。

	授業前	一限目	休憩	二限目	休憩	三限目	休憩	四限目	休憩	五限目	休憩	六限目	休憩	七限目	休憩	八限目	放課後
授業名		算数		理科		読み		体育		社会		買い物		自習		なし	
担任名	なし	タニグチ	なし	イケダ	なし	ヨシダ	なし	ヤマダ	なし	スズキ	なし	モトキ	なし	ヨシモト	なし		なし
かなり大変 6								×									
5				×		×				×				×			
4																	
3		×								×							
2				×								×					
ほとんど大変ではない 1	×		×		×		×		×		×		×		×		

図 2.3　日常スケジュールマトリックスの例（児童生徒に直接行う機能的アセスメントインタビュー用紙より

いは友達にからかわれたことといった**社会的**な要因，疲労，病気，空腹などといった**状況**の要因があります。以上の要因は，問題行動を生じさせます。児童生徒の視点から見た問題行動とこのような要因の関係を知っておくことは，問題行動が起こるきっかけが何かを決定するのに大いに役に立ちます。

この要因のうち，一つあるいは二つ以上の要因が，他の要因よりも強力かもしれません。たとえば，ある問題行動は，難しい課題が提示されたときには，たとえ誰がどこで提示しようといつでも起こる，といったような場合です。同様に，問題行動が起きる前のいくつかの出来事の組み合わせも重要になりやすいということを心に留めておいてください。ある問題行動は，ある特定の授業や活動中に，ある決まった先生と一緒のとき，しかもある特定の課題をしているときに一番起こりやすいかもしれません。

2. 問題行動を維持している結果・強化子を特定する

前の項目で，すでに問題行動の生起を予測できる環境上の要因についての情報を収集しました。ここでは，問題行動がどのようにその児童生徒に対して「機能している」かについて調べていきます。一貫して起きている問題行動は，どのようなものであれ何らかの望ましい結果を児童生徒にもたらしていると考えることができます。問題行動の機能，あるいは結果には大きく二つのタイプがあり，一つは望ましい何かを**獲得すること**，もう一つは望ましくない何かから**逃れること**です。児童生徒の視点から問題行動の機能が特定できれば，支援方法を立案するのに役立つでしょう。支援方法にはたとえば，問題行動の代替となりうる，望ましい行動を教えたり，促したりすることがあります。

項目Ｖ（その１） 問題行動の状況を記述する競合行動バイパスモデルの作成

この項目では，問題行動の状況の概要を記述する競合行動バイパスモデルという図式を書いていきます。これには次のa）～d）を含んでいます。

a）問題行動に関連するセッティング事象

b）問題行動に関連する事前のきっかけ

c）問題行動

d）問題行動を維持している後続事象

競合行動バイパスモデルには，これらに加えて次の二つの行動も書き込みます。一つは，問題行動が起きているときに本来なら行うべき望ましい行動で，たとえば，割り当てられた課題をする，授業にきちんと参加する，といったことです。もう一つは，問題行動を行ったときと同じ結果が得られる代替行動で，これは一つ以上書いてみてください。たとえば，援助や注目を求めるときにきちんと手をあげる，などです。「この状況で行うべき適切な行動は何かな」，「この状況でできる適切な代わりとなる行動は何かな」と児童生徒に聞いてみると役に立つかもしれません。図2.4には，競合行動バイパスモデルの例が示してあります〈訳注：これも児童生徒向

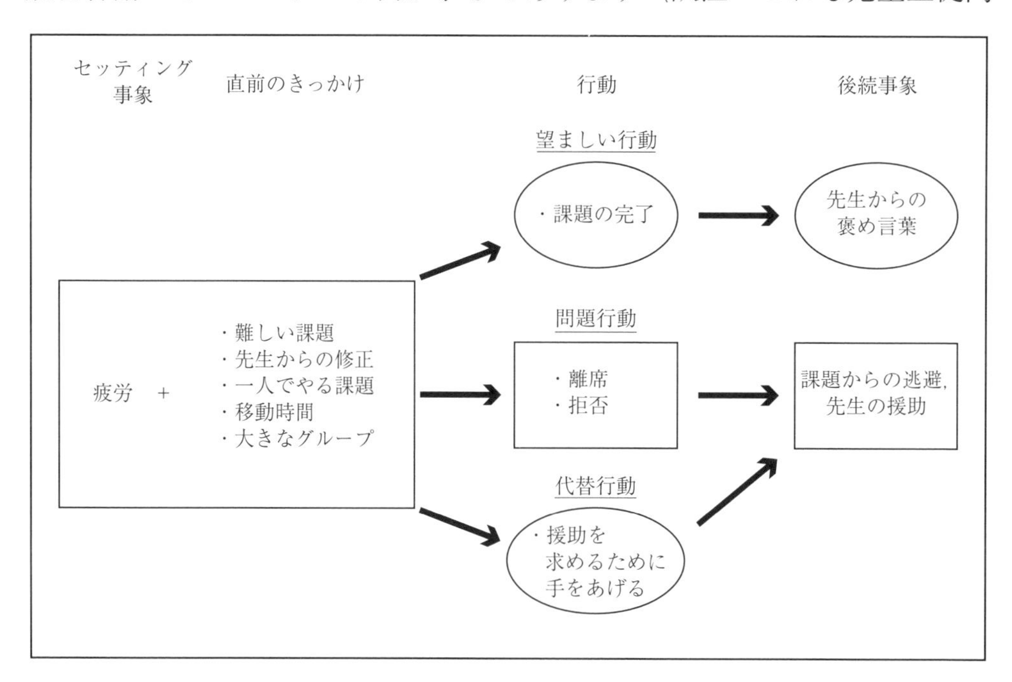

図2.4　問題行動状況のまとめ

けインタビュー用紙の一部で，241 ページの上半分の抜粋です〉。（原著者註：この「競合行動バイパスモデル」については第 4 章で詳しく解説します。第 4 章では，アセスメント情報に基づいてプログラムされた方略の立案の仕方について述べています。）

項目Ⅴ（その 2） 支援計画の重要な点と，問題行動の代替となる行動を特定する

ここではすでに四つのカテゴリーに関連して特定された，介入方略リストを簡潔に作成していきます（図 2.5 の例を参照）（訳注：図 2.5 の最後のページ，下半分に四つのカテゴリー別になった介入方略のリストがある）。この部分が完成すると，異なる視点から問題行動に対処することで，そのさまざまな介入方法が問題の起きやすい状況を未然に防いだり，改善したりするためにどのように作用するのかを容易に概観することができます。インタビューでは，適切な行動を促進し，問題行動の起きやすさを減らすには何を変えたらよいと思うかを，児童生徒本人から聞き出していきます。まず児童生徒は，以下のことがらについて一つずつ特定していくように促されます（訳注：おそらく図を見ながら促されます）

- **その状況を変える方法**（例：対象児童生徒の教室の席を変える，課題を終わらせるのにもっと時間をもらう，夜もっと睡眠をとる，朝食をきちんと食べる，など）
- **問題行動自体が起こるのを防ぐ方法**（例：課題時間を短くする，先生からの援助を増やす）
- **望ましい行動を増やす方法や代替行動を教える方法**（例：代替行動を練習する）
- **問題行動を起こすと何が起こるか**（例：ご褒美が減らされる，オフィスリフェラル）
- **望ましい行動や，問題行動の代替行動を行うと何が起こるのか**（賞賛あるいは特別な報酬）

この用紙から，児童生徒の反応を促すために使える，ある程度共通した方略が明らかになります。支援チームや先生によって明らかにされた付加的な方略が，インタビュー前にこの用紙に書き足されることもあるでしょう。インタビュー中の児童生徒の発言は，必要に応じて適切な個所にチェックされたり書き加えられたりします。

児童生徒は問題行動に代わるコミュニケーション行動を行うことができます。たとえば，大声で叫んだり，物を投げたり壊したりするのではなく，手をあげて援助を求めるなどです。さらに，児童生徒によっては，すでに行える行動の中に問題行動に代わる行動として使えるものがあるかもしれません。たとえば，ある生徒が，友達の注目を得るために大きな音を立てるとしたら，その生徒に課題が終わるまで待ってから友達とのやりとりを始めるように教えます。図 2.5-1 に示した児童生徒向けインタビュー用紙は，トモカズという生徒を担当している中学校のイナガキ先生によるものです。この項目の始めで解説した，インタビューから得られる主な五つの結果について考えながらこの例を読んでみてください。

2.3.6 児童生徒向け機能的アセスメントインタビューの結果を妥当なものにする

一度インタビューが完了したならば，児童生徒自身について，また本人がどのような支援を受けたいかという点について，多くの情報が得られたことでしょう。インタビューのデータを収集し，まとめた後に，関係者からの情報と，児童生徒からの情報を比較してみる必要があります。回答者が異なると，環境の面，行動の機能，支援計画の提案のあらゆる細かい点について，回答が一致しないことがあるかもしれません。もし重大な意見の不一致がみられたならば，直接観察でデータを収集すると，これを解決する助けになるでしょう。しかし，どの程度両者の情報が一致しているか

児童生徒向け機能的アセスメントインタビュー

児童生徒の氏名：トモカズ　　面接者：イナガキ
依頼してきた先生：ヤマグチ先生　　面接日：96年2月16日

Ⅰ．インタビューの始めに
「今日，私たちがこうして会っているのは，あなたがもっと学校を好きになるように，学校をどのように変えればいいのか，その方法を見つけるためです。インタビューは30分ぐらいかかります。もしあなたが正直に答えてくれれば，私も最大限あなたを助けることができるでしょう。あなたを問題に巻き込むような可能性のある質問は一切しません」

学校や教室で問題となっている行動を児童生徒が自分で特定できるように援助してください。助言をしたり，児童生徒が述べたことを言い替えてあげたりすれば，児童生徒が自分の考えをはっきりとさせる手助けとなるでしょう。あなたは，この児童生徒を紹介してきた先生があげている問題行動のリストを手に入れておくべきでしょう。

Ⅱ．問題行動の定義
「自分が行っていることで，自分をトラブルに巻き込んでいることや問題になっていることをあげてください」*
（プロンプト：　遅刻ですか？　授業中のおしゃべりですか？　課題が終わらないことですか？　けんかですか？）

行動	コメント
1. 課題と無関係な行動（よそ見したり教室を歩き回ったり）	
2. 拒否（「嫌だよ，何でやらなきゃいけないの」と言う）	
3.	
4.	
5.	

*注）：ここから先のインタビューでは，左側の数字を，明らかになった問題行動のコード番号として使いましょう。

Ⅲ．生徒のスケジュールの作成（次ページ）
「生徒の日常スケジュール」表を使って，生徒が問題行動を起こす時間と授業を特定しましょう。問題行動を**最も引き起こしやすい**時間に焦点を絞ってインタビューしてみましょう。

図 2.5-1　児童生徒向け機能的アセスメントインタビュー（1）

児童生徒の日常スケジュール

今話し合った行動について，それらの行動が起こりやすい時間や授業の欄に自分で「×」を付けてください。ある時間が最も大変だと思う場合は，数字の「6」のところか6に近い数字に「×」を付けてください。ほとんど問題ないと思う場合には，「1」か1に近い数字に「×」を付けてください。

実際にマークする前に，いくつか一緒にマークする練習をしてみましょう。

	授業前	一限目	休憩	二限目	休憩	三限目	休憩	四限目	休憩	五限目	休憩	六限目	休憩	七限目	休憩	八限目	放課後
授業名		読み		数学		理科		体育		社会		音楽		自習		特活	
担任名	なし	ヨシダ	なし	タニグチ	なし	イケダ	なし	ヤマダ	なし	スズキ	なし	ヤマグチ	なし	ヨシモト	なし	ヨシモト	なし
かなり大変 6				×													
5		×								×						×	
4								×	×								
3			×		×		×				×	×	×		×		
2						×								×			
ほとんど大変ではない 1	×																×

図 2.5-2　児童生徒向け機能的アセスメントインタビュー（2）

Ⅳ.　サマリー仮説記録用紙

場所・活動・出来事	直前のきっかけ		問題行動（複数可）		後続事象
トモカズが疲れていたり，注意が散漫になっているとき	先生が以下のことを提示すると ・難しい課題や ・一人で行う，長くかかる課題	→	トモカズは，課題をやるのを拒否したり，課題とは無関係な行動を行う	→	課題を行うのを避けたり，先生の注目や援助を得るために
	②		①		③

数字で示された順番にしたがって（最初に①「問題行動」，次に②「直前のきっかけ」，など），まとめの図を作りましょう。まとめに含める項目として，以下にリストしたものを考えてみましょう。新しい後続事象ごとに，一つずつ，まとめの図を作りましょう。

問題行動と関係していると思われる重要な出来事や場所は何ですか？	何が問題行動の引き金になっていると思いますか？	問題行動はどのようなものですか？	問題行動を起こすことで何を得ていますか？
睡眠不足 ✓	授業が……	遅刻	**逃避や回避**
病気	・非常にきつい ✓	授業中のおしゃべり	・先生の要求 ✓
体の痛み	・つまらない	授業妨害	・先生の叱責
空腹	・不明瞭	不適切な言葉をいう	・先生からの修正
家庭でのトラブル	先生の叱責	失礼な行動 ✓	・友達からの接触（いじめやからかい）
友達とのけんか・葛藤	友達のからかい	器物損壊	・課題（難しい，長い） ✓
騒音・妨害 ✓	友達のはげまし	武器の持ち込み	**注目を得る**
活動・授業 ✓	その他 ✓	落ち着きがない	・友達から
その他		課題を最後までやらない	・先生や大人から ✓
		盗み	**活動の機会，物を得る**
		脅迫	・ゲーム
		破壊	・おもちゃ
		不服従	・食べ物
		その他 ✓	・お金
			・課題

図 2.5-3　児童生徒向け機能的アセスメントインタビュー（3）

V．行動支援計画の作成

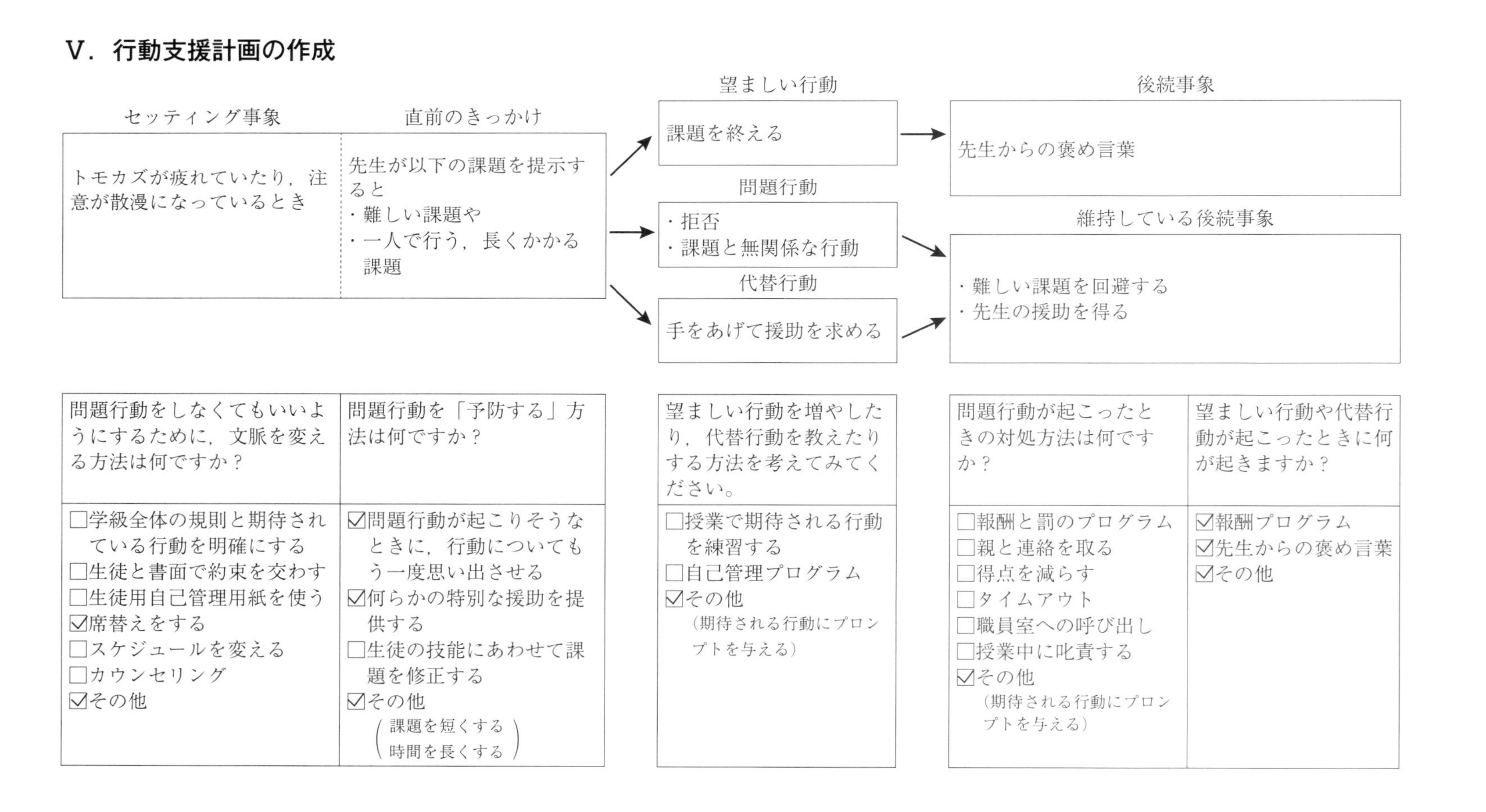

セッティング事象
トモカズが疲れていたり，注意が散漫になっているとき
直前のきっかけ
先生が以下の課題を提示すると
・難しい課題や
・一人で行う，長くかかる課題
望ましい行動
課題を終える
問題行動
・拒否
・課題と無関係な行動
代替行動
手をあげて援助を求める
後続事象
先生からの褒め言葉
維持している後続事象
・難しい課題を回避する
・先生の援助を得る
問題行動をしなくてもいいようにするために，文脈を変える方法は何ですか？
□学級全体の規則と期待されている行動を明確にする
□生徒と書面で約束を交わす
□生徒用自己管理用紙を使う
☑席替えをする
□スケジュールを変える
□カウンセリング
☑その他
問題行動を「予防する」方法は何ですか？
☑問題行動が起こりそうなときに，行動についてもう一度思い出させる
☑何らかの特別な援助を提供する
□生徒の技能にあわせて課題を修正する
☑その他
（課題を短くする
時間を長くする）
望ましい行動を増やしたり，代替行動を教えたりする方法を考えてみてください。
□授業で期待される行動を練習する
□自己管理プログラム
☑その他
（期待される行動にプロンプトを与える）
問題行動が起こったときの対処方法は何ですか？
□報酬と罰のプログラム
□親と連絡を取る
□得点を減らす
□タイムアウト
□職員室への呼び出し
□授業中に叱責する
☑その他
（期待される行動にプロンプトを与える）
望ましい行動や代替行動が起こったときに何が起きますか？
☑報酬プログラム
☑先生からの褒め言葉
☑その他

図 2.5-4　児童生徒向け機能的アセスメントインタビュー（4）

に関わらず，インタビューから得られた情報は観察データによって確認することを勧めます。実施したインタビューの種類によらず，インタビューを終了した時点で，このまま情報収集の次のステップである，計画的な直接観察を，そして，おそらく機能分析も行うかどうかを決めなければなりません。これは，インタビューから作成したサマリー仮説にどの程度確信が持てるかで決定します。複雑な問題行動の場合には，予備的に作成したサマリー仮説を妥当なものとするのに直接観察が必要であることが分かっています。実際に起こっていることを観察することは，他のどんな方法にも置き換えられません。こういったことからも，インタビューからの情報については，常に計画的な直接観察から得られたデータを追加補充するべきと思っています（キーポイント 1.1 の得られる結果，その 6 を再度参照のこと）。次の項目では，そのような観察を実施するために効率的で効果的だと分かっている手続きと記録用紙について説明します。

2.4 直接観察

直接観察は，機能的アセスメントの中でとても重要な部分です。直接観察ではっきりする最終的な結果は，問題行動を予測し維持しているのは何かについてのサマリー仮説を妥当にし，かつ明らかにするために，データを十分に収集することです。インタビューで明確かつ有用な情報がうまく得られない場合には，直接観察で得られたデータが支援計画を立案する際にその方向づけとなるサマリー仮説を作成するための基礎資料になります。

直接観察の手続きは，明確かつ有用な情報が得られるように系統立っていなければなりません。その一方で，データ収集を実際に行う人に負担をかけすぎないようにします。この両者のバランスを保つために，機能的アセスメントインタビューの結果を利用して，直接観察のやり方を決めていきます。本節では，機能的アセスメント観察記録用紙（FA 観察記録用紙）

とその使い方について解説します。

2.4.1 シンプルに行こう！

読者の皆さんは,望ましくない行動のデータを収集するいろいろな方法,たとえば,逸話的な記述,問題行動の事後報告,頻度記録法,部分または全体インターバル記録法,時間サンプリング法,スキャッタープロット,ABC（先行事象－行動－後続事象）分析など,一つあるいは複数についてよく知っていらっしゃることでしょう。これらの方法は確かに有用に違いありませんが,簡単に使ったり,結果をまとめたりすることが難しいものです。以下で紹介する機能的アセスメント観察記録用紙とその手続きは,簡潔明瞭な事象記録法の手続きでデザインされています。この記録法では,標的としている行動が生起したときのみ,そのときに起きている出来事を記録用紙に記入します。この記録用紙は,逸話的な記録のように,長い文を詳しく書いたり,まとめたりすることなく,得られる包括的な情報が最大限になるように系統立って作られています。また,長期間にわたる行動のパターンをモニターできるようになっています。

2.4.2 観察は，いつ，どこで行うべきなのか？

FA 観察記録用紙を使って,一日のうちのできる限り多くの場面や,長時間にわたってデータを収集しましょう。この記録用紙をコピーして,複数の場面で使うこともできます。つまり,一つは学校で,一つは家庭で,そして一つは仕事場で,などのように使えます。あるいは,一枚の記録用紙だけを使い,場所から場所へと対象となっている児童生徒と一緒に持っていくこともできます。ある決まった場面で一枚の記録用紙を使うときには,その児童生徒がそこにいる間のすべての時間帯にわたってデータを集めて下さい。できるだけ多くの異なる場面,および一日のうちの異なる時間に情報を集めることが大切です。このような広範囲にわたるデータベースを使うと，いつ，どこで問題行動が「起きている」のか，また，「起きていないのか」を特定する際にとても役立ちます。

FA観察記録用紙の書式は，低頻度から中頻度で生起する（一日20回未満で起きるような）行動をモニターするときに使うようになっています。このような行動については，支援者がその場で行っている作業を何ら妨げることなく，観察やデータ記録を長期間にわたって行うことが可能です。問題行動ないしは問題行動に関わる出来事がより高頻度で生起しているときには，記録用紙の使い方の修正が必要になります。この場合，一日を通して起こるすべての出来事を記録しようとすると，データ収集の責任を担った支援者にあまりにも多くの負担を強いることになります。このようなときは，時間サンプリング記録法を用いるべきでしょう。これは，データの記録は特定の短い時間だけ，たとえば一時間のうちの15分間だけというように行う方法です。もし人手があるならば，この時間サンプルの観察やデータ記録をしている間，別の支援者に依頼してもよいでしょう。高頻度に起こる行動の場合，標的となっている行動を多くの場面で観察したときと，比較的短時間の中でその行動が起こる起こり方とは似ているものです。このような時間サンプリング法を一日を通して，さまざまな場面で行えば，行動パターンの明確な状態像を描きだすことができるでしょう。行動支援の入門書には，高頻度で起こる問題行動の観察の仕方についての例が載っています（たとえば，Alberto & Troutman, 2013; Storey & Post, 2012など）。

2.4.3　誰が観察を行うべきか？

観察データの収集は，問題行動を示す児童生徒と直接接している人，たとえば先生，居住場所や仕事場の支援者，親や家族などが行うべきでしょう。複数の人がデータを記録する場合は，データ収集のガイドラインと手続きに各自がなじんでいることを確認しなければなりません。最初に何らかの訓練を行うこと，また問題が起きたとき必要に応じて支援が得られることは，記録者がFA観察記録用紙を用いてデータ収集を滞りなく行えるようになるためには必要なことです。教室のように複数の支援者がいる状況では，問題や混乱を避けるためには，一人の人がある決められた時間（授業の一時間，一日，一週間というように），責任を持って記録用紙に記入するようにします。学校や職場の支援者は，通常一回45分間のトレーニングを受けると，FA観察記録用紙のデータの収集が正確に行えるようになります。

2.4.4　直接観察によるデータ収集はどのぐらいの期間続けるべきか？

理想的には，問題行動と環境状況や出来事との関係について，明確なパターンが見えてくるまで，そして問題行動の可能性がある機能についてのサマリー仮説が確定，あるいは却下されるまで観察データの収集は続けなければなりません。普通，ここまで到達するのには，標的行動が少なくとも15～20回は生起していなければなりません。データは最低でも2～5日間は収集することが望ましいです。しかし，問題行動の起こる頻度は，観察データ収集期間の長さに影響を与えます。データ収集が最初の2～5日間以上に必要かどうかは，観察された行動－環境の関係がどのくらい一貫性があり，明確なものかによります。

直接観察によるデータ収集はどのぐらいの期間続ければ良いのかを考え

るにあたって，行動および環境的な条件は時間経過と共に変化する，ということを知っておく必要があります。機能的アセスメントは，一回やって終わりではありません。行動支援を行っているときに，直接観察による機能的アセスメントのデータの収集を定期的，さらには継続的に行うことは有用でしょう。FA 観察記録用紙やその修正版は，ある場面内で継続的に行う普通のデータ収集方法として定着してきています。

2.4.5 FA 観察記録用紙から得られる成果とは何か？

FA 観察記録用紙は，問題行動の生起に関連している先行事象と後続事象についての情報を提供します。記録用紙は，**問題行動に関連した出来事**を中心に構成されています。一つの**出来事**とは，ある問題行動が一回起こったということとは異なり，ある問題行動によって始まり，3 分後に問題行動はみられなくなり終わったというような出来事のことです。一つの出来事，エピソード内で起きたすべての問題行動を含みます。このように，問題行動の出来事には，(a) 一回だけ，ごく短く叫び声をあげた場合，(b) 5 分間泣き叫び続けた場合，(c) 10 分の間，数種類の問題行動が起き，しかも各々が何回も起こる場合，といろいろです。問題行動自体が何回起きたか（頭を何回ぶつけたか）とか，どのくらいの長さ持続したか（どのくらい泣き叫び続けたか）といったことを正確に数えたり，測定したりしようとするよりは，問題行動を「出来事」として数える方が容易で，また正確さの点でも，情報量の点でも優れています。

FA 観察記録用紙は，以下のことを示すようになっています。

- 問題行動の出来事の数
- 一緒に起こっている複数の問題行動
- 問題行動の出来事が最もよく起きた時間と最も起きなかった時間
- 問題行動の出来事が生じると予想できるきっかけ
- 問題行動を維持していると考えられる機能

・問題行動の出来事の後，実際に起きた後続事象

このばらばらの情報をまとめることは，サマリー仮説を妥当で明確なものにするのに役立ちます。ほとんどの場合で，FA 観察記録用紙からは十分な情報が得られるので，確信を持って行動支援計画の立案に移ることができます。

2.4.6 FA 観察記録用紙の内容

FA 観察記録用紙（図 2.6 を参照）には大きく八つの項目があります。この観察記録用紙の書式は，巻末付録 D にあります。以下，図中で A ～ H とラベルのついた各項目について説明します（訳注：A ～ H の記号がついた回は図 2.8）。

項目 A　氏名と日付

項目 A には，観察の対象者の名前と，データを収集した日付を記入します。一枚の記録用紙は複数の日にわたって使用可能です。

項目 B　時間枠

項目 B は複数の欄に分かれています。この欄は特定の時間間隔（1 時間，30 分間，15 分間など）や，活動や日課の場面やスケジュールに対応できるようになっています。ここには，観察時間と観察中の場面や活動を記録します。この欄は，観察対象者の一日のスケジュールによって，いろいろなやり方で変更して使用可能です。対象者が児童生徒の場合，学校の時間割を記入してもいいでしょう（たとえば，8:30 ～ 9:00 ／ホームルーム，9:05 ～ 9:50 ／国語，9:55 ～ 10:40 ／コンピューター，11:45 ～ 12:30 ／昼食，1:25 ～ 3:00 ／職業訓練など）。それほどきっちり決まった活動がない居住施設にいる対象者の場合，時間を書くだけになるかもしれません（3:00 ～ 4:00 ／

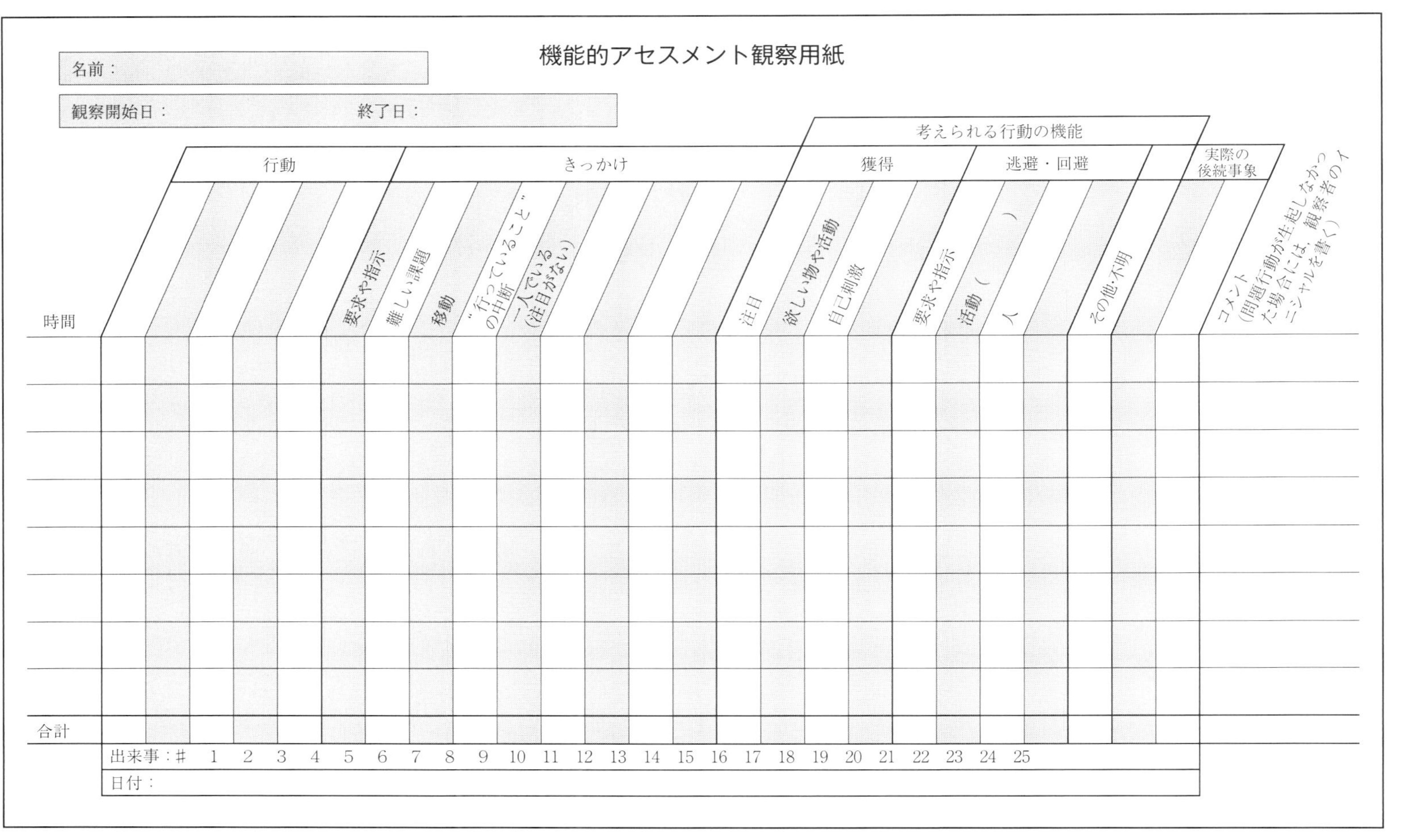
機能的アセスメント観察用紙

名前：

観察開始日：　終了日：

時間

行動

きっかけ：要求や指示／難しい課題／移動／“行っていること”の中断／一人でいる（注目がない）

考えられる行動の機能

獲得：注目／欲しい物や活動／自己刺激

逃避・回避：要求や指示／活動（　）／人（　）

その他・不明

実際の後続事象

コメント（問題行動が生起しなかった場合には，観察者のイニシャルを書く）

合計

出来事：# 1 2 3 4 5 6 7 8 9 10 11 12 13 14 15 16 17 18 19 20 21 22 23 24 25

日付：

図 2.6　機能的アセスメント観察用紙

余暇活動, 4:00 ～ 5:00 ／午後の自分の時間, 5:00 ～ 6:00 ／夕食とその準備)。観察対象者によくみられる行動パターンや，いつものスケジュールに応じて，この欄の時間間隔の長さが同じではないものを使用したい場合もあるでしょう。たとえば，慌ただしい朝の日課では 15 分間隔にし，問題行動があまり起こらない夕方の時間帯では 2 時間間隔にする，といった具合にです。ある時間帯ないしはある活動中に問題行動が頻繁にみられるというときには，複数の欄をその時間帯に当ててデータを記録することもできます。縦の列は行動や出来事の全頻度を合計するためで，記録用紙の一番下のところにある合計の欄に書き込んで下さい。

項目 C　観察対象とする行動

項目 C には，観察時間中に記録すると決めた行動を列挙します。ここに書き込む標的となる行動は，関係者とのインタビューを通して特定された行動のはずです。記録しておいた方が良い，または重要だと思われる，適切なコミュニケーション反応やコミュニケーションの試みのような，言わば適切な行動もここに項目としてあげても構いません。この記録用紙は，行動を記録する際に柔軟に対応できるようになっています。たとえば，ある特定の行動（目を突く，攻撃行動など）で，強度が強いものと弱いものの両方が起こっている場合, この二つを別の行動としてこの項目に列挙し，両方の生起パターンの相違点を見出すことができます。常に複数の行動が同時に起こるような場合は，それらをすべて一つの行動記録欄に記入し，記録することもできます（たとえば，床に倒れこみ，金切り声をあげ，足を蹴りあげ, 腕をふりまわして床をバンバン叩く, という行動は, すべて「かんしゃく」という項目のところで記録することができます)。ただし，いくつかの行動をひとまとめにして記録する際には注意が必要です。FA 観察記録用紙で得られるより有益な情報の一つは，個々の行動が一緒に起こる傾向があるかそうではないかについての情報です。最初，いつも一緒に起こると認識していた行動が，直接観察のデータでは必ずしもそうではないこともあります。

項目D　問題行動のきっかけ（先行事象とセッティング事象）

項目Dでは，インタビューで特定された，問題行動が起こるきっかけと考えられる重要な出来事や刺激（直前の先行事象やセッティング事象）を列挙して下さい（機能的アセスメントインタビューについての解説，および一般的なセッティング事象と特定の先行事象を明らかにする方法については，本章の前半（2.2.4）を参照）。そのような出来事は，普通は，問題行動の直前ないしは同時に存在していたり起こっていたりするものです。FA観察記録用紙には，よく見られるいくつかのきっかけがすでに印刷されています。これらは，これまでの研究論文や著者らの臨床経験でよく見られている，問題行動の生起と関係のあるものです。具体的には，指示や要求，困難な課題，移動（ある場所から別な場所へ，あるいはある活動から別な活動へ），行っていることを中断される，一人にされている（注目なし），です。余分にある空欄は，観察対象者に特有なきっかけと思われるものを記入するためです。たとえば，その場で支援しているさまざまな人の名前，特定の活動や課題，騒音・スケジュールの変更・周りが混乱しているといった条件，特定の同級生や同居人，仕事仲間がそこにいること，などがあるでしょう。データの記録者が，問題行動の生起と関連しているセッティング事象や先行事象を特定できない場合は，「分からない」とか「不明」といった欄を設けても良いでしょう。

項目E　考えられる行動の機能

すでにFAインタビュー記録用紙の項目Dと図2.1で，問題行動を維持している後続事象という点から問題行動の機能を特定するプロセスとして，機能的アセスメントを紹介しました。FA観察記録用紙の項目Eでは，ある一つの出来事の間で起こっている問題行動が明らかにどのような機能を持っていると思うか，観察者には「最大限の推測」をしてもらいます。

言い換えれば，なぜその行動を行ったのか，その理由を考えて記入するわけです。ここには大きく二つの分類項目があります。一つは欲しい物を得る，もう一つは望まれないものからの逃避，あるいは回避です。記録用紙にはインタビューで集められた情報を元に，対象者に具体的な「ことがら」を書き込むことができるようになっています。しかし「きっかけ」の項目Dと同様に，この記録用紙には，すでにその個人が問題行動を通じて得よう，もしくは逃避しようとしている後続事象がいくつか列挙されています。たとえば，獲得の項目には，注目，特定の物や活動（さらに具体的な物ないしは活動名をそこに記入しても構わない），自己刺激と書かれています。回避や逃避の項目には，指示／要求，具体的な活動（活動のリスト化や活動），特定の人が書いてあります。「不明」の欄があるのは，観察者が観察した行動の機能が何か分からない場合のためです。

ある行動の特定の結果に注目することや，その機能を判断することは，多くの観察者にとっておそらく新しい考え方でしょう。問題行動が起こったことを，その人の「パーソナリティ特性」や障害名のせいにすることの方がよくあるわけです（たとえば，「意地の悪い子だから，人を傷つけるのが好きなんでしょ」とか「おこりっぽいからね。だからあんなことするんだね」とか「自閉症だから，あんなことするんだよ」）。こうした傾向があるために，観察者の中には，この項目の持つ重要な目的を理解するのに繰り返し説明が必要であったり，何か特別な手助けが必要だったりする場合があります。パーソナリティの特性や特徴のために問題行動が起こっていると考えるよりは，問題行動が起こっているのは機能している理由があるからなのだ，と考える方が，より個人の尊厳に敬意を払うことにはならないでしょうか。考えられる問題行動の機能を明らかにすることを，誰かに教えたり自ら学んだりするときに，本章の図 2.1 を見返すと役に立つでしょう。

項目 F　実際の後続事象

項目 F には，問題行動に引き続いて，実際にどういう後続事象があったのかを記録します。たとえば，「だめ」と言われた，タイムアウトの場所へ連れて行かれた，無視された，再度指示が与えられた，などです。ここで列挙された実際の後続事象は，インタビューや既存の行動計画から明らかになるかもしれません。これらの情報は，ある後続事象がいつも一貫して提示されているかどうかについてのヒントとなります。また，問題行動が持っている潜在的な機能について，さらなるてがかりを与えてくれます。たとえば，逃避機能と思われる問題行動に対してタイムアウト手続きを行っているとします。その生徒をタイムアウトの場所に連れて行くことは，その問題行動を実際には強化していることになり得ます。タイムアウト後に問題行動の頻度が続いていたり増加したりしていることを示した機能的アセスメント観察用紙から，問題行動の機能が逃避であるというサマリー仮説がより確実なものとなるでしょう。

項目G　コメント欄

観察者は，所定の時間内に生起した行動に関して，この欄に短いコメントを書くことができます。所定の時間内で標的行動が観察されなかったことを示すために，この欄に観察者のイニシャルを記入することをお勧めします。そうすることで，この時間帯に観察は実施されたが，問題行動は観察されなかった，ということを示せます。本章前半でも触れましたが，いつ，どんな環境条件の下では問題行動が生起しないのかを知っておくことはきわめて有益なことなのです。

項目H　問題行動を含んだ出来事の数と日付の記録

項目Ｈには数字が横に並んでいます。これは，問題行動があった出来事の数と，それらの出来事が観察された日付を観察者がチェックしやすいように工夫されたものです。「出来事」の欄に印刷されている数字は，一つかそれ以上の問題行動があった出来事の各々を示すために使われます。初めて標的とする行動の出来事が起こったならば，記録者はこの記録用紙の適切な欄に数字の「1」を使って記入します。これで，それは最初に観察された行動の出来事であることが分かります。そして，項目Hの「出来事」の列にある数字「1」を斜線で消します。次の問題行動が起こったら，「出来事」の列にある次の数字を使ってその行動を表し，記録用紙の各項目の適切な欄に，その数字を使って記録することになります（#2は2番目に，#3は3番目に起こったことという具合にです）。数字を使うごとに，「出来事」欄にあるその番号に斜線を引いていきます。その日の記録が終わったら，「出来事」の列で最後に斜線が引かれた数字の後ろに，下に向かって縦線を引きます。そして，その下の「日付」の列に日付を記入して，それらの出来事がその日に起こったことを示します。次の日のデータ収集で最初の出来事が起こったら，「出来事」の列の次のまだ使われていない数字を使います（前日に #5 まで使ったなら #6 から使う）。その後も同様に続けていきます（#7，8，9，10）。出来事や標的とする行動の生起一つ一つに対してこのやり方で数字を付けていきますが，これによってその行動の特定のきっかけ，機能，実際の結果を関連付けてみられるようにします（つまり，ある一つの具体的な出来事のすべての要素を同じ番号で記録するということです）。同じ記録用紙を複数日使用する場合，「日付」の列の記入月日を見れば，どの出来事が何月何日に起こったのかが分かります。このような情報は，時間を越えてあるパターンを見つけ出そうとするときに役に立ちます。また，ある個人の行動について，決まった日に変化が見られるという報告（たとえば，「あの人はいつもきまって月曜日に状態が最悪なんだよね」）を受けた場合，それが妥当なのかどうかを確かめようとする際にも役立ちます。機能的アセスメント観察記録用紙を用いてデータを収集するステップについては，キーポイント 2.2 にまとめてあります。

図 2.7 では，行動，きっかけ，考えられる機能，実際の結果が記入され，すぐに活用できるようになっている記録用紙を示しています。

この記入済みの FA 観察記録用紙（図 2.7）のデータを簡単に分析・解釈してみると，いくつかの重要な情報が得られます。ヒロシの観察は 2 日間（3 月 16 日と 3 月 17 日）行われ，この間，計 17 回の問題行動を含んだ出来事が記録されました（記録用紙の一番下，「出来事」の欄を参照）。三つの問題行動が観察され，それは，他の人を平手で叩く，机に唾を吐く，叫ぶ，です。記録用紙の「きっかけ」の欄に付け加えたのは，「マミ，アキノリ，ジュン」という，ヒロシを支援している 3 人の学級の補助指導員の名前でした。ヒロシに対する実際の後続事象は，一旦ヒロシを抑えてから指示を与えなおす，あるいは無視する，でした。「時間」の欄には，データを収集していた時間の，学校の時間割が記入されています。

観察データは，問題行動の生起パターンをはっきりと示しています。問題行動を含んだ 1 番最初の出来事を見て下さい。数字の「1」を使って記録されているところです。この 1 番目の出来事は，他の人を平手で叩くと，叫ぶの二つです（「行動」の両方の欄に「1」が記入されています）。この行動は読みの授業中，指示や要求が与えられたときに生起しました（数字の「1」は，「8:50 ～ 9:35」の列に記入されています）。このときヒロシの支援は，マミが担当していました（「マミ」と記入してある欄の「1 時間目（読み）」のところに「1」が記入してあります）。マミは，ヒロシを抑えて再指示を与える対応をとりました（「マミ」と記入してある欄の「抑え込み・

キーポイント 2.2

FA 観察記録用紙を使ってデータを収集するステップ

1. 本人に関する基本的な情報と観察の日付を記入する
2. 記録用紙の左側に，時間間隔と場面／活動を記入する
3. 観察するべき行動を記入する
4. 考えられるセッティング事象や，より直接的なきっかけを「きっかけ」の項目に記入する
5. 必要があれば考えられる行動の機能を「考えられる行動の機能」の項目に追加する
6. 問題行動が生起すると大抵起こっている，実際の後続事象を記入する

機能的アセスメント観察用紙

名前：ヒロシ

観察開始日：３月１６日　　終了日：３月１７日

時間	行動					きっかけ									考えられる行動の機能：獲得				考えられる行動の機能：逃避・回避				考えられる行動の機能	実際の後続事象		
	他の人を叩く		つばを吐く（机に）		叫ぶ	要求や指示	難しい課題	移動	“行っていること”の中断	一人でいる（注目がない）	マミ	アキノリ	ジュン		注目	欲しい物や活動	自己刺激		要求や指示	活動（　）	人		その他・不明	無視	再指示	コメント（問題行動が生起しなかった場合には，観察者のイニシャルを書く）
8:50-9:35 読み	1 11		2 10		1 11	1 11				2 10	1 11				2 10				1 11					2 10	1 11	2―1人で読書 10―1人で読書
9:40-10:25 国語	3 4 5 12 13				12	3 4 5 12 13					3 4 5 12 13								3 4 5 12 13						3 4 5 12 13	
10:30-11:15 合唱																										M.J.
11:20-12:05 算数	6 7		14		6 7	6 7				14		6 7			14				6 7					14	6 7	14―着席しての作業
12:05-12:50 昼食																										B.W.
12:55-1:40 社会	8 15				8 15	8 15						8 15							8 15						8 15	
1:45-2:30 科学	17		9		16 17	17	16			9			16 17		9				17	16				9 16	17	
2:35-3:20 体育																										J.S.
合計	12		4		9																					

出来事：＃　1̸ 2̸ 3̸ 4̸ 5̸ 6̸ 7̸ 8̸ 9̸ 10̸ 11̸ 12̸ 13̸ 14̸ 15̸ 16̸ 17̸ 18 19 20 21 22 23 24 25

日付：３／１６（1–9）　３／１７（10–17）

図 2.7　記入済の観察用紙（ヒロシの場合）

再指示」のところに「1」が記入してあります)。この行動の考えられる機能は,指示や要求からの逃避でした(逃避の欄に「1」が記入してあります)。

全体的なパターンを見つけ出そうとしたところ,他の人を平手で叩く行動(2日間に12回生起)と叫ぶ行動(同9回)は,一緒に生起することが多いが,いつもというわけではない(出来事の#3,4,5参照),ということがわかりました。このことは,この二つの行動は同じ行動クラスに属していて,同じ機能を果たすために行われているということを意味しています。両方の行動の考えられる機能は,指示や要求からの逃避です。叫ぶ行動がそれだけで単独に生起したことが一回だけありますが,それは3月17日の理科の授業の時間でした(出来事#16を参照)。その行動のきっかけは難しい課題であり,考えられる機能は課題からの逃避でした。この「叫ぶ」行動は,無視されていました。この他の平手で叩く行動と叫ぶ行動に対しては,ヒロシを抑えて指示を与えなおすという対応が行われていました。机に唾を吐く行動が4回観察され,これは,注目を得るための機能を持っていると考えられました。記録されたきっかけは,ヒロシが一人で課題を行っているとき(誰も注目していない)でした。コメント欄には,出来事#2,10,14についてさらに詳しい情報も記入されています。唾を吐く行動の考えられる機能は注目を得ることにも関わらず,少なくともここに示されている観察期間内では,学校の職員はその行動を無視する対応をしました。

2.4.7 FA観察記録用紙の使い方

FA観察記録用紙は一枚のデータ収集用紙で,直接観察によるデータ収集から,先行事象,問題行動,環境要因,後続事象を評価し,またABCチャートとスキャッタープロットのデータ収集用紙の特徴が合わさっています。この一枚の用紙を使うことにより,行動パターンの分析や問題行動の機能の判断が簡単になります。

1. 記録

FA 観察記録用紙の基本的な使い方は単純明快です。記録は出来事中心で，問題行動や問題行動の生起を含む出来事が起こったらその都度記録します。問題行動がある時間帯に生起したら，まず項目 H から適切な数字を選び（初めて生起した問題行動やエピソードの場合は「1」，2 番目の場合は「2」，3 番目の場合は「3」というように），その数字を「行動」項目の該当する欄に記入します。そこからそのまま横列を見て，他の項目の該当する欄にも同じ数字を書き込みます。つまり，その行動が生起したときに示された「きっかけ」（セッティング事象，直前の先行事象），「考えられる行動の機能」，そして，その行動の後に起こった「実際の結果」の該当する欄に先と同じ数字を記入していくわけです。最後に，項目 H にある，今使った数字を斜線で消します。これで，次に用いる数字がどれかが簡単に分かります。コメントを記載する必要がある場合やしたい場合は，対応する「コメント」欄に記入します。また，継続した観察を行いやすいように，観察者は自分の観察時間の終わりのところで，自分のイニシャルを「コメント」欄に書き込むこともできます。特に，その時間に誰が観察者であったのかを特定する他の方法がない場合，このやり方は有効です。図 2.7 は，複数の問題行動が生起する場合の記録例です。

問題行動があまり頻繁に起こらない場合，行動が一回生起するたびに情報が記録されるかもしれません。そのような場合，行動が実際にどのぐらいの頻度で起こったかについては記録用紙をみれば分かります。それでも，問題行動はときに爆発的に高い頻度になったり（間をおかずに連続的にパンパンと頭や顔を叩くなど），一つあるいは複数の問題行動が重なって起こる（5 分間のかんしゃく行動で，床に倒れ込む，蹴とばす，泣き叫ぶ，何度も叩く，噛もうとするなどがみられる）場合もあるでしょう。このような場合，観察者は，そこで爆発的に起こった行動，あるいはエピソード全体を一つの「出来事」として記録するべきでしょう。つまり，一つの数字がエピソード全体を表すわけです。この方法を用いると，一つ一つの問題行動の実際の頻度ではなく，エピソードの頻度を明らかにすることができるのです。

最後に，高頻度で起こっている問題行動に対しては，ごく短い時間間隔のサンプリング法を使って記録するべきでしょう。これは，たとえある一つの時間間隔中に，問題行動やそれに関する出来事が数回とか，たった一回しか起こらなくてもチェックだけする方法です。この方法は，データ収集に関する労力を大幅に減らしてくれますが，情報が記録されない場合もあるかもしれません。こういう場合，起こった行動や出来事のすべてを記録できなかったとしても，高頻度の問題行動はかなり頻繁に生起しているので，明確な全体像を把握することはできると期待されます。

どういう記録方法を用いるかによらず，支援者や観察者は，観察記録用紙に情報を記録することに注意を払う前に，問題行動を行っている人の健康面，安全面，支援の必要性がきちんと確保できていることを確認しなければなりません。データ収集が，その人に必要な支援や介入の実施を妨げるようなことがあってはなりません。しかし，もし可能ならば，データ収集をする人は，情報の正確さを保ち，情報を失わないようにするために，問題行動が起きたらできるだけ早く，その情報を記録するべきでしょう。データ収集に使用されているFA観察記録用紙は，観察をする責任のある人たちがすぐに使えるような，便利で目立つ場所，たとえば画版にはさんでおくとか，担任の先生の机上のファイルに入れておくようにすると良いでしょう。

すでに本章の前半でも触れましたが，どこで，いつ問題行動が**生起しない**のかについて知っておくことはとても有用です。ある時間帯に問題行動が生起しなかった場合，その時間に観察が行われたことを示すため，「コメント」の適切な欄に観察者のイニシャルを記入してもらうと良いでしょう。これによって，その観察時間中にデータが記入されていないのは，問題行動が生起しなかったのか，それとも誰も観察していなかったのかという疑問は解決できます。観察者に自分のイニシャルを記入してもらうことで，その時間に誰が観察していたかが分かり，その間に起こっていたことを詳しく知ろうとする場合にも役立ちます。記録のプロセスの基本的ステップについてはキーポイント 2.3 にまとめてあります。

2. 最初のトレーニング

FA 観察記録用紙は，一人で使う前にトレーニングを受けなければなりません。トレーニングの内容は，記録用紙の個々の項目についての説明，それぞれの項目はどのように使われるのかについての解説，実際の観察を始める前に記録用紙を使って記録をとる練習です。次節では，実際にこの練習方法について説明します。この他，トレーニングには，ここで用いられている観察方法と記録方法に関する手続き上の情報も含めておくべきです。これには，実際に使う時間間隔を記録用紙に記入する方法，記録担当者の決め方，記録用紙の置き場所と保管場所を特定すること，観察日程の計画を立てること，などがあります。実際の観察が始まったら，スーパーバイザー役や監督役の人は，観察期間中に起こった問題について観察者と話し合いを持ちます。実際に記録をつけ始めてから 1，2 日経った後に，観察のやり方や記録用紙に変更を加える必要がでてくることは珍しいことではありません。たとえば最初に行ったインタビューや記録用紙を準備したときには見過ごしていたような行動，きっかけ，実際の後続事象が起こったならば，そのことを記録用紙に書き加えるべきです。行動やきっかけ（困難な課題，移動時間）については，一貫した記録のために，より明確に定義する必要があるかもしれません。他の手続き（記録用紙はどこに保管するのかなど）も変更する必要があるかもしれません。

2.4.8 記録用紙の準備，および観察，記録について事例に基づき練習しよう

ここで紹介するのは以下のことです。

キーポイント 2.3

機能的アセスメント観察記録用紙を使ってデータを記録する基本ステップ

1. 問題行動が観察時間中に起こったら，記録者は次のことを行う

a. 記録用紙の下方にある項目Hで，斜線で消されていない最初の数字を「行動」項目の該当する欄に記入する

b. 「きっかけ」，「考えられる行動の機能」，「実際の後続事象」項目の適切な欄に，同じ数字を記入する

c. 記録用紙の下にある，今使った数字を斜線で消す

d. 「コメント」欄に必要があればコメントを書く

e. 観察時間の終わりの「コメント」欄に自分のイニシャルを記入する

2. 問題行動が観察時間中に起こらなかったら，

a. その時間帯の「コメント」欄に，自分のイニシャルを記入し，必要があればコメントを書く

(a) 問題行動を示している人（ヨウコ）についての基本情報

(b) FA 観察記録用紙を準備するために必要な，インタビューからの情報

(c) 問題行動を含んだ一連の出来事を記述したもの

ここでの練習は，まず図 2.8 の FA 観察記録用紙に関連情報（名前，日付，行動，きっかけ，実際の結果など）を書き込んで，記録用紙を準備します。次に，以下に示してある，問題行動を含んだ出来事について記述されたものを一つずつ読んで，適切な数字を使って該当する欄に記入しながら，記録用紙に問題行動の生起を記録していきます。

基本情報

ヨウコは8歳です。現在，小学3年生で通常学級に在籍しており，州や学区のガイドラインによれば行動障害があるとされています。読みと国語

機能的アセスメント観察用紙

A

名前：

観察開始日：　　　　終了日：

時間	行動					きっかけ									考えられる行動の機能									実際の後続事象		コメント（問題行動が生起しなかった場合には，観察者のイニシャルを書く）
	C					D									獲得				逃避・回避 E					F		G
						要求や指示	難しい課題	移動	“行っていること”の中断	一人でいる（注目がない）					注目	欲しい物や活動	自己刺激		要求や指示	活動（　）	人（　）		その他・不明			
B																										
合計																										

出来事：♯　1　2　3　4　5　6　7　8　9　10　11　12　13　14　15　16　17　18　19　20　21　22　23　24　25　H

日付：

図 2.8　練習用の観察用紙

の授業では，ある程度学年レベルの学習ができますが，算数や他の教科では学年レベルの内容にはついていけません。ヨウコは，ほんの短時間なのですが，クラスのほとんどの子どもたちと関わろうとします。しかし，その中の 2, 3 名が, ヨウコの問題行動を「引き起こす」と報告されています。ここ数カ月間で, ヨウコの破壊的な行動は以前より多くなってきています。具体的には，何かを行うように指示されると言葉で拒否する，課題中に他の子どもの邪魔をする, 金切り声をあげる, 教材を壊す, 先生やクラスメートを殴ったり蹴ったりしようとする，というものです。ヨウコの両親や先生は，こういった行動を非常に困ったものだと思っています。

ヨウコの観察は連続 3 日間の学校のある日（1 月 30 日～ 2 月 1 日）に行われる予定になっています。ヨウコの普段の時間割は次の通りです。

8:15 ～ 8:45　朝の会，予定表確認と朝読書の時間
8:45 ～ 9:45　読み，国語（グループで）
9:45 ～ 10:45　理科，社会（学級全体で，あるいは小グループで）
10:45 ～ 11:45　算数（グループ，個別学習）
11:45 ～ 12:30　昼食と休憩
12:30 ～ 1:30　読書グループ
1:30 ～ 2:30　着席して一人で行う課題
2:30 ～ 3:15　図工

機能的アセスメントインタビューによれば, ヨウコの一番の問題行動は, 叫ぶ, 物を壊す, 先生やクラスメートを殴ったり蹴ったりすることでした。この問題行動を引き起すきっかけのうち重要と特定されたものには，「問題となっている友達」が近くにいることと，算数のグループ学習があります。ヨウコが問題行動を起こした後で実際に得ていると考えられる後続事象は，言葉による再指示と，教室の隅に着席させられることです。**ここまでで，基本情報の記入は終わり，他の項目に移る準備ができているはずです。**

問題行動と関連した出来事

以下に示してある出来事についての記述には，問題行動に関連した出来事が起こった日時，どのような行動が観察されたか，どのようなきっかけが観察されたか，なぜその行動が生起したと先生は思ったのか，実際の後続事象として何が与えられたのか，という情報が含まれています。各々の記述を読んで，練習用の記録用紙の該当すると思われる欄に印をつけて記録してみて下さい。

1月30日

出来事 #1： 午前 8:34。ヨウコが大声で叫ぶ。誰もヨウコと話していたり一緒に課題をしたりしていない。行動の機能は，注目を得ること。活動に戻るように言語的に再指示。

出来事 #2： 午前 9:50。他の子どもの足を蹴る。社会のグループ学習中。明らかな機能は不明。教室の隅に連れていく。

出来事 #3： 午前 11:15。本を破き，先生の腕を叩く。算数のグループ学習中。課題からの逃避。言葉で指示を再提示。

出来事 #4：午後 2:11。叫ぶ。着席しての作業中。注目を得ること。無視で対応。

1月31日

出来事 #5： 午前 8:40。叫び，他児を叩く。誰もヨウコと話していたり一緒に課題をしていたりしていない。注目を得ること。言葉で再指示をして教室の隅へ連れていく。

出来事 #6： 午前 10:48。叫び，本で机をこする。算数のプリント学習中。課題からの逃避。言葉で再指示。

出来事 #7： 午後 12:45。先生の足を踏む。読書グループ学習中。注目を得ること。言葉で再指示。

出来事 #8： 午後 1:42。叫ぶ。着席しての課題中。注意を得ること。

言葉で再指示。

2月1日

出来事 #9：　午前 11:40。プリントを破く。算数のグループ学習中。課題からの逃避。言葉で再指示。

出来事 #10：　午後 12:15。他児を叩く。一人で遊んでいる。注目を得ること。言葉で再指示。

出来事 #11：　午後 2:45。叫ぶ。図工の授業中。注目を得ること。言葉で再指示。

上記を記録用紙に記入したら，それを巻末付録Eと比べてみましょう（必ず記入してからにしてください！）。その記録用紙の記入例と自分が今記入した記録用紙の内容とが明らかに違っている場合は，まず上記の出来事の記述を読みなおしてください。それから再度自分の記録したものと巻末付録Eの見本を比べてみてください。自分の記録の仕方のどこが違っていたか見つけて直してみてください。

2.4.9 FA 観察記録用紙のデータの解釈

第1章で示された機能的アセスメントの6番目の結果は，作成したサマリー仮説を支持する**直接観察のデータ**を集めることです（キーポイント 1.1 を参照）。直接観察によるデータ収集の主な目的は，インタビューで集めたデータを基に作成したサマリー仮説を確証する，あるいは無効とすることです。一度，FA 観察記録用紙を使って直接観察のデータを集めたら，それらのデータを解釈する準備が整ったことになります。

行動の記述

データが得られたらまず，**どの行動**が生起したのか，またある問題行動と別の問題行動との間に何らかの一貫した関連性，あるいはパターンがないかを見ていきます。観察データから，最初に一覧にしておいた問題行動のうちのどれが，どの程度生起したのかが分かります。たとえば，ヨウコのデータをみれば，3日間に，6回叫び，3回教材を壊し，そして先生やクラスメートに向かって合計5回攻撃行動を示したことが分かります。データはまた，行動と行動の間の重要な関係性についても示しています。これまでの経験から，問題行動の型がたった一種類だけということはめったにありません。通常は，いろいろな型の問題行動，たとえば，自傷行動と攻撃的な行動を示したり，またはある特定の問題行動で違った反応型，たとえば，自傷的に頭を打ち付ける行動と，手を噛む行動を示したりするものです。あるいくつかの行動をまとめて一つの行動クラスととらえることもできます（これについては，前述したインタビューの項目で説明しました。〈訳注：2.2.4 の項目 A. 問題行動を記述する，を参照〉。こういった行動は，ある種の連鎖となって，大体一緒に生起します。いつも叫んだ次には物を投げる，または，体を揺らし始め，続いて手を噛む行動が始まる，という具合にです。このような行動クラスというのは，似たようなきっかけと関連があり，また本人にとっては似たような機能を果たしているのかもしれません。ヨウコの例では，データからは叫ぶ行動と教材を壊す行動，また，叫ぶ行動と攻撃的な行動は，一緒になって生起しているときがあり，それはヨウコが注目を得ようとしているときか，嫌いな課題や活動から逃避しようとするときであることが分かります。

先行事象

観察データから，いつ行動が**生起するのか**，いつ**生起しないのか**を一貫して予測するような，状況的な面や出来事についての情報も得られます。この際，はじめに考慮しなければならない重要な点は，時間帯とそこで行われている活動です。データから，問題行動が頻繁に起こっている，逆にあまり起こっていない時間帯とそこでの活動を見つけ出し，そこに何らかのパターンがあるかどうかが判断できます。データからは，問題行動に一貫して関係があると思われる，より具体的な出来事ないしはきっかけについての情報も得ることができるはずです。これらのきっかけや出来事は，記録用紙にあらかじめ印刷されている「標準の」出来事（たとえば「指示／要求」）の場合もあるでしょうし，インタビューをもとに追加された項目の場合もあるでしょう（ヨウコの場合はクラス内の「問題となっている友達」が追加項目でした）。

再びヨウコのデータで具体的に説明します。ヨウコは，着席して行う課題時間やほとんど自分に注意が向けられない活動中，一貫して泣き叫ぶ行動を生起させていました。また，明らかに苦手な算数の課題を行うように言われると，一貫して教材を壊す行動を起こし，一度は攻撃的な行動も起こりました。これら以外の時間（読み・国語など）は，比較的問題行動は起きていません。このようにデータは，問題行動が生起する，あるいは生起しないことの予測となる時間帯や活動，出来事を特定することができます。

問題行動の機能を決定する（行動を維持している後続事象・強化子）

問題行動を維持している強化子について知っておくことは，アセスメントの情報を使って支援計画を立案する際の大事なポイントとなります。たとえば，自傷行動や攻撃的な行動を行って，自分の欲しい物を手に入れようとしている場合，さまざまな介入方法が考えられます。同じ後続事象を手に入れられるもっと適切な方法（つまり，適切に要求を伝える方法）を教えることができるでしょう。さらに，その欲しがっていた物を適切な行動に対する随伴する強化子として使うこともできます。また，同じ物を問題行動には随伴させない条件（訳注：この場合は問題行動が起きていない条件）で頻繁に用いれば，問題行動が起こる機会は減少するでしょう（つまり，欲しい物が普通に手に入るようにすることで，欲しい物を得るために問題行動を行う必要がなくなるということです）。記録用紙の，「考えられる行動の機能」および「実際の結果」の欄をみれば，可能性のある行動の機能と，その行動を維持している強化子について，最も直接的な情報を得ることができます。ここで，再びヨウコの例で説明します。「考えられる行動の機能」の欄をみると，ヨウコの行動には二つの大きな機能があると観察者は示しています。それは，(1) 注目の獲得，(2) 苦手な課題を行うように指示されたことからの逃避，です。「実際の後続事象」の欄をみると，考えられる機能で注目の獲得と判断されたほとんどの場合，ヨウコはそれまでの活動に戻るようにと再度指示されています。この再指示は，ヨウコの問題行動に対して注目を与えることになります。そのため，介入の方略を考える際には，再指示というやり方についてはよく検討する必要があります。

ヨウコのデータはとても重要なことを示しています。研究論文や著者らのこれまでの経験では，問題行動を一種類だけ行うということはめったにないことが示されているのとちょうど同じように，多くの場合，問題行動はさまざまな理由から，いろいろなときに起こっているということも示されています。つまり，問題行動はそれを行っている人に対して，複数の機能を果たしているということです。同じ行動を行っても，別の異なるタイプの強化的な結果を手に入れようとすることがあります。たとえば，泣き叫ぶ行動で，あるときは注目を得て，別のときは嫌いな活動を回避するという場合などがそれにあたります。別の場合では，異なる強化子を手に入れるために，それぞれに対して別の行動を行うこともあります。泣き叫ぶのは注目を獲得するため，叩いたり蹴ったりするのは苦手な活動からの逃避するため，というようにです。このようなパターンの種類は実にさまざまで，膨大な数があることでしょう。大事なことは，対象者に見られるパターンの詳細な全体像を見出すことです。それによって，問題行動とそれを維持している強化子に関連している側面のすべてを取り扱うことになり，計画的な方略を立案し実施できるようになるのです。

2.4.10 最初のサマリー仮説の確認と修正

観察データを見るときには，全体的視野を持って見ることが大切です。もちろん，記録用紙のある項目を見ていくことも大事ですが，問題行動，事前のきっかけ，そして実際に起こっているかもしれないと考えられる機能に一貫した全体的なパターンがないかを見極めることはきわめて重要なことです。観察データを収集する主たる目的は，インタビューで得た情報を基に作成した，最初のサマリー仮説を確認したり無効にしたりする，あるいは，修正や変更をしたり，必要事項を付加することです。十分なデータ収集と分析が終わったら，さまざまな状況，行動，そしてそれを維持している強化子について，最初の仮説が適切だったか，それとも何らかの修正が必要かどうか判断できます。たとえば，直接観察の情報をみると，ある行動はインタビューで報告されていたような形では生起していないという場合もあります。また，インタビューの情報でははっきりと特定されて

キーポイント 2.4

FA 観察記録用紙で得られたデータを解釈するための基本的ガイドライン

1. 「行動」の欄をよく検討し，どの行動が実際に起こっており，どの程度の頻度なのか，また，そのうちいくつかの，あるいはすべての行動が通常同時に生起しているかどうかを明らかにする
2. 記録用紙をよく吟味し，特定の時間帯に一貫して起こっている行動があるかどうか，そして，それらの時間帯に起こっている特定の行動が，一貫して特定の「きっかけ」と関連しているかどうかを明らかにする
3. 「考えられる行動の機能」と「実際の後続事象」の項目から，それぞれの行動について，可能性のある機能と，維持している後続事象を特定する
4. 最初に作ったサマリー仮説は，観察データに基づいてみると妥当なものかどうか，あるいは修正したり，破棄するべきか，別のサマリー仮説を追加する必要があるのかを判断する

いなかった行動や状況のうち，直接観察によって，考慮するべき必要のあるものが浮かび上がってきます。このように，情報を明確にしていくプロセスは，計画的な方略を選んだり，それを導入する段階に移行する際にとても重要なこととなってきます。キーポイント2.4には，FA観察記録用紙で集められたデータの見方と，その解釈の仕方についての基本的なガイドラインが示してあります。

2.4.11 直接観察からのデータを分析する——事例を通して——

ここでは，直接観察から集められたデータの例をさらにいくつかあげ，読者に機能的アセスメント観察記録用紙からのデータを見る，解釈する，そしてサマリー仮説を作成する練習の機会を提示します。

事例1 モモエ

最初の例はモモエで，図2.9には作業場面におけるデータが示してあります。この例はどちらかというとわかりやすい例です。モモエのデータを見たらこれを基にして，サマリー仮説はどうなるか数分間考えましょう。自分が考えたサマリー仮説を，下記の「モモエについてのサマリー仮説」の枠内に記入しましょう。

記入が終わったら（記入が済んでからです！），巻末付録Fのサマリー仮説を見てください。自分のサマリー仮説が一致しているかをチェックしましょう。

<モモエについてのサマリー仮説>			
セッティング事象	直前のきっかけ	問題行動	後続事象

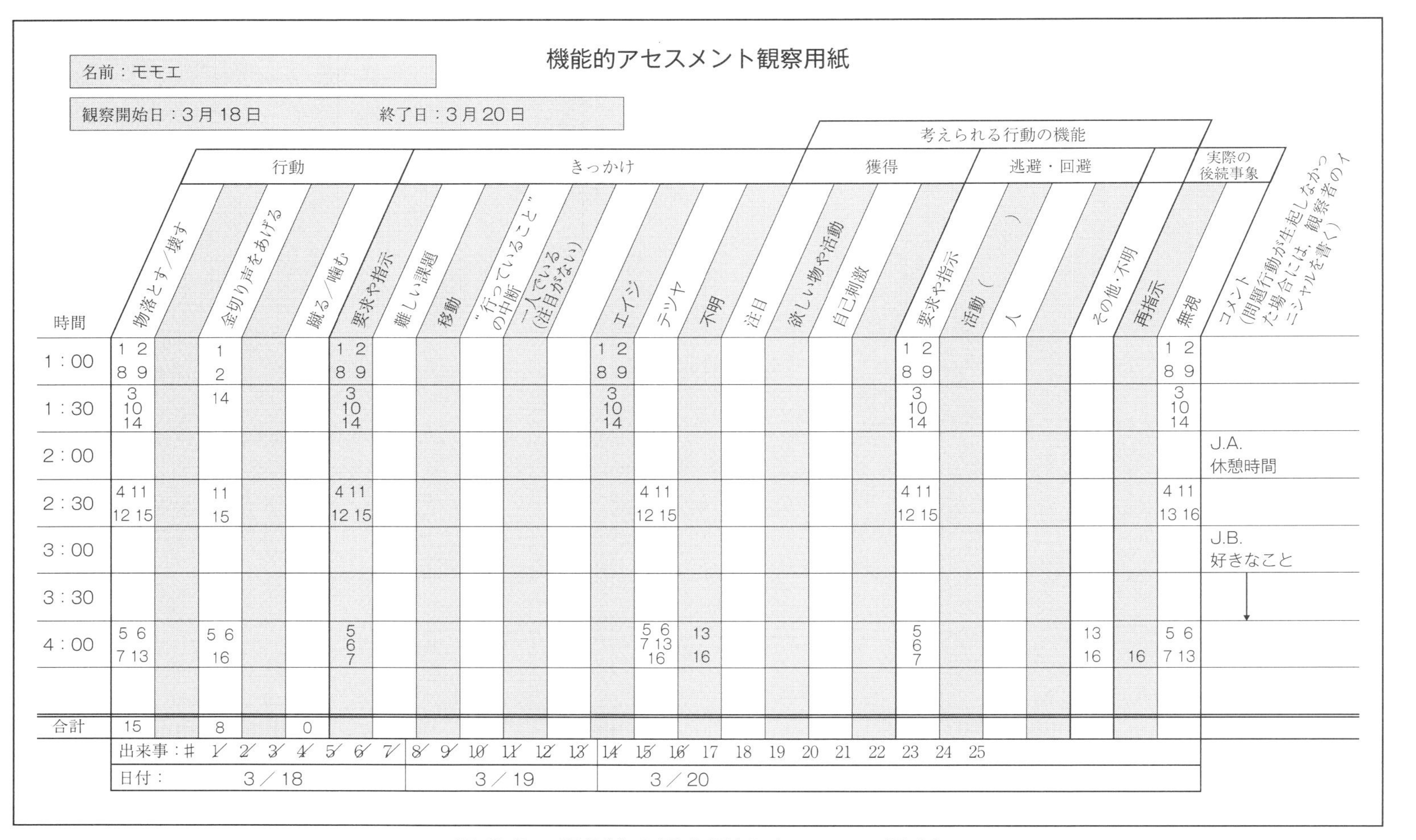

機能的アセスメント観察用紙

名前：モモエ

観察開始日：3月18日　　終了日：3月20日

	行動					きっかけ									考えられる行動の機能 獲得				逃避・回避					実際の後続事象		
時間	物落とす／壊す		金切り声をあげる		蹴る／噛む	要求や指示	難しい課題	移動	"行っていること"の中断	一人でいる（注目がない）		エイジ	テツヤ	不明	注目	欲しい物や活動	自己刺激		要求や指示	活動（　　）	人		その他・不明	再指示	無視	コメント（問題行動が生起しなかった場合には，観察者のイニシャルを書く）
1：00	1 2 8 9		1 2			1 2 8 9						1 2 8 9							1 2 8 9						1 2 8 9	
1：30	3 10 14		14			3 10 14						3 10 14							3 10 14						3 10 14	
2：00																										J.A. 休憩時間
2：30	4 11 12 15		11 15			4 11 12 15							4 11 12 15						4 11 12 15						4 11 13 16	
3：00																										J.B. 好きなこと
3：30																										↓
4：00	5 6 7 13		5 6 16			5 6 7							5 6 7 13 16	13 16					5 6 7				13 16	16	5 6 7 13	
合計	15		8		0																					

出来事：＃ 1̸ 2̸ 3̸ 4̸ 5̸ 6̸ 7̸ 8̸ 9̸ 10̸ 11̸ 12̸ 13̸ 14̸ 15̸ 16̸ 17 18 19 20 21 22 23 24 25

日付：3／18（1〜7）　3／19（8〜13）　3／20（14〜25）

図 2.9　記入済の観察用紙（モモエの場合）

問題行動の項目に関しては，物を落とす・壊す行動が最初に生起した行動ということになります。この行動と一緒に叫ぶという行動が起きることもありました。最初のインタビューで仮説的に特定されていたその他の行動（他の人を蹴る，噛みつく）は，観察されませんでした。これは，蹴る・噛みつく行動に関する情報がもっと必要だということ，もしくは，直接観察の必要があるということを示しているのかもしれません。

きっかけの項目に関しては，三つの時間帯（2:00，3:00，3:30）に問題行動の記録がありません。このときは，休憩時間かモモエが好きな作業活動に取り組んでいたときでした。問題行動はモモエを主に支援する担当者２名のどちらと一緒のときでも生起していました。問題行動のほとんどが，指示・要求があったときに生起したと記録されていました。例外は数回ありましたが，これは，きっかけが何か観察者がはっきりと確認ができなかったときでした。

きっかけについての情報が得られたので，その行動がモモエにとって指示・要求からの逃避として**機能**していたように観察者には考えられました。スタッフは一義的にはモモエに活動に戻るように指示を与えなおしましたが，この対応は，課題や活動の指示から一時的にせよ，モモエを逃避させていたと言えます。

この情報によって，可能性のあるさまざまな介入方略が浮かび上がってきます。モモエの課題や活動のスケジュールを変えたり，また，物を落としたり，壊したりする代わりに，より適切なコミュニケーション方法を教えたり，プロンプトをしたりすることもできます。もっと頻繁に短時間の休憩をとらせることも可能なはずです。こういった点については第４章で述べていきます。

事例２　ゴロウ

図 2.10 に，家庭での一日のある時間帯のゴロウの問題行動を示してあります。モモエの例と同じように，少し時間をとってゴロウのデータを見

てみましょう。それから「ゴロウについてのサマリー仮説」の枠内にサマリー仮説を記入しましょう。次に（必ずサマリー仮説を記入し終わってから！），自分のサマリー仮説と巻末付録Ｆにあるものとを比べてみます。

ゴロウのデータは興味深いパターンを示しています。**問題行動**に関して，ゴロウは一貫して，自分の腕を噛み，掴みかかる・押すという行動か，もしくは自分の腕を噛み，自分の顔を叩くという行動のどちらかを示していました。つまり，二つの行動クラスがあるようです。両方とも，日中のいろいろな時間帯に，またさまざまな状況，文脈で生起しています。噛みつく行動と掴みかかる行動には一貫した**きっかけ**があり，それはひげ剃りや身だしなみに関することを職員にさせられているときです。噛む行動と自分の顔を叩く行動の，一貫した**きっかけ**は，自分に向けて注意が払われていない，あるいは誰ともやりとりしていないという状況でした。二つの行動クラスについて**考えられる機能**は，注目の獲得（噛んで自分の顔を叩く）と，本人が嫌っていると思われる身だしなみ関係の活動からの逃避（噛んで掴みかかる・押す）です。実際の後続事象は，主にゴロウの行動を職員が抑え込んでより適切な活動をするように再指示を与えるものでした。このような対応は，ときとしてその問題行動に対して強化的な注目を与えることになっていた可能性があります。

モモエと同様にゴロウの場合も，たくさんの介入方略が考えられます。身だしなみの日課のやり方を変えてみる，注目して欲しいとか休憩したいということを伝えるために，より適切な代替のコミュニケーション行動を教える，プロンプトを行う，また，頻度という点から，「非随伴性の」注目を与える（訳注：ゴロウの行動に関わらず定期的に注目する）などがあります。

＜ゴロウについてのサマリー仮説＞			
セッティング事象	直前のきっかけ	問題行動	後続事象

機能的アセスメント観察用紙

名前：ゴロウ

観察開始日：9月12日　　終了日：9月15日

	行動					きっかけ										考えられる行動の機能：獲得				逃避・回避					実際の後続事象
時間	手首を噛む		頭を叩く		わし掴み／押す	要求や指示	難しい課題	移動	"行っていること"の中断	一人でいる（注目がない）	ひげ剃り・セルフケア				注目	欲しい物や活動	自己刺激		要求や指示	活動（　）	人（　）		その他・不明	ブロック・再指示		コメント（問題行動が生起しなかった場合には，観察者のイニシャルを書く）
8-9	1 2 8 9 13				1 2 8 9 13 16						1 2 8 9 13 16									1 2 8 9 13 16				1 2 8 9 13 16		
9-10																										V.K.
10-11	3 10 17		3 10 17							3 10 17					3 10 17									3 10 17		
11-12	4 14		4 18							4 14 18					4 14 18									4 14 18		
12-1																										V.K.
1-2	5 11 15		5 6 11 15							5 6 11 15					5 6 11 15									5 6 11 15		
2-3	7 12 19		7 12 19							7 12 19					7 12 19									7 12 19		
合計	16		12		6																					

出来事：#　~~1~~ ~~2~~ ~~3~~ ~~4~~ ~~5~~ ~~6~~ ~~7~~ ｜ ~~8~~ ~~9~~ ~~10~~ ~~11~~ ~~12~~ ｜ ~~13~~ ~~14~~ ~~15~~ ｜ ~~16~~ ~~17~~ ~~18~~ ~~19~~ 20 21 22 23 24 25

日付：　9／12 ｜ 9／13 ｜ 9／14 ｜ 9／15

図 2.10　記入済の観察用紙（ゴロウの場合）

事例３　マサシ

ここで再びマサシの例に戻ります。機能的アセスメントインタビュー（図2.2参照）のところで取り上げた事例です。図2.11は，学校でマサシを観察したデータです。少し時間を取ってこのデータを見てください。次に，図2.2の項目Ｋにある，サマリー仮説を再度見てください。このサマリー仮説は，マサシの担任の先生とのインタビューを基にして作成されたものです。観察データは最初のサマリー仮説を支持していると思いますか？　もしくは，このサマリー仮説は観察データに基づいて修正されるべきだと思いますか？　（この作業を終えてから，巻末付録Ｆにあるマサシに関するサマリー仮説を使って，あなたの結論をチェックできます）。

マサシのデータにより，主に三つのパターンが確認されています。読みと算数の時間には，マサシは叫んで物を投げるか，自分の机を叩いて大声を出す，このどちらかの行動をとっています。叫ぶ行動と物を投げる行動は，難しい課題を行うように指示された後に生起し，これらの活動から逃避する機能を果たしていると記録されています。机を叩く行動と平手打ちは，マサシにほとんど注意が払われていない状況の後で生起していました。この行動は，注目を得る機能を持っていると記録されています。定期的に叱られることが知らず知らずのうちに強化子となっていて，注目に動機づけられた行動を維持させている可能性があります。

三つめのパターンは，マサシが攻撃行動（つねる･引っかく）を行って，欲しい物を友達から手に入れようとすることです。この行動の実際の結果は大抵の場合，タイムアウトです。この対応方法は，攻撃行動を減少させることに関して実質的な効果があるとは思えないものです。結局，マサシは３日間の観察期間中，この行動を行い続けました。この観察期間には，インタビューでは報告されていた，腕を引っかく行動は生起しませんでした。ですので，引っかく行動が中断されると，その後に破壊的な行動が生起するという事態も観察されませんでした。これが単に一時的な出来事，または特殊な出来事だったのか，それとも，その期間中，おそらく医療上

機能的アセスメント観察用紙

名前：マサシ

観察開始日：5月12日　　終了日：5月14日

	行動						きっかけ									考えられる行動の機能：獲得				考えられる行動の機能：逃避・回避					実際の後続事象		
時間	金切り声	物を壊す	つねる／引っかく	平手で叩く	叫ぶ	顔を引っかく	要求や指示	難しい課題	移動	"行っていること"(引っかく)の中断	一人でいる(注目がない)	欲しい物				注目	欲しい物や活動	自己刺激		要求や指示	活動（　）	人（　）		その他・不明	叱られる	タイムアウト	コメント（問題行動が生起しなかった場合には，観察者のイニシャルを書く）
1時限 朝会																											P.C.
2時限 読み	1 5	1 5		10	10			1 5			10					10					1 5				1 5 10	1	
3時限 算数	2 6 7	2 6 7		3 11 12	3 11 12			2 6 7			3 11 12					3 11 12					2 6 7				2 3 6 7 11 12		
4時限 学校の作業																											P.C.
5時限 昼食			8 13									8 13					8 13									8 13	
6時限 体育			4 9 14									4 9 14					4 9 14									4 9 14	
7時限 地域スキル																											A.J.（5／12） B.W.（5／13） A.J.（5／14）
合計																											

出来事：# ~~1~~ ~~2~~ ~~3~~ ~~4~~ ~~5~~ ~~6~~ ~~7~~ ~~8~~ ~~9~~ ~~10~~ ~~11~~ ~~12~~ ~~13~~ ~~14~~ 15 16 17 18 19 20 21 22 23 24 25

日付：5／12（1–4）　5／13（5–9）　5／14（10–）

図 2.11　記入済の観察用紙（マサシの場合）

の，もしくは別の種類の介入があったので問題が解決していたということなのかを見極めるために，先のような知見はさらにフォローアップしていくことが大切です。

他の例と同様に，たくさんの介入方法がここでも考えられるでしょう。マサシのケースについては，第4章の支援計画の立案と実施の章でも扱っています（4.3.5，および図4.12～14）。

2.4.12 観察データに基づいた意思決定

十分なデータがそろったら，以下のことが判断できます。

(1) 行動のパターンや関係性をさらに明らかにするために，データを追加収集する必要があるかどうか

(2) ある行動パターンを明確にしたり確証したりするために，計画的な機能分析を実施するかどうか（次節2.5を参照）

(3) インタビューや収集した観察データに基づいて，介入計画の立案，実施を始めるかどうか

このような意思決定について，厳密なルールを設定することは実際には困難ですが，一般的なガイドランを次節に示します。

観察データの追加収集

観察担当者には，検証するためには最初は2～5日間，もしくは，観察している行動の生起回数が少なくとも15～20回に達するまでは，データを収集することを推奨してきました。これは，データに目を通して，観察されたパターンが，インタビューの情報を基にして作成された最初のサマリー仮説と，一貫性があるかどうかを検討するには妥当です。もし，一貫した行動パターン，きっかけ，そして機能が明確で，それが最初のサマリー仮説と一致していたならば，おそらく十分な観察データが収集されており，計画の立案と実施に着手する準備が整ったと言えます。

しかし，そういったパターンが明確には**みとめられない**ようであれば，さらに2～5日間データを追加収集して，一貫した関連性が表れるかどうかを見るといいでしょう。この時点で，二つのことが必要になってきます。まずデータ収集の手続きを見直し，必要ならば手続きの問題点を改善します。これは，観察者全員が自分たちは何を行っており，それはどのように行うべきなのかについて，明確で一貫した方針を持っているかどうかをはっきりさせるためです。同時に，インタビュー情報から作成したサマリー仮説を見直したいと思うかもしれません。サマリー仮説が直接観察後でも妥当で，直接観察のプロセスに対して適切な方向性を示しているかについて考察してみましょう。直接観察データの追加収集が終わったら，再度見直して，上記のようなことがらが整理され始めたのかどうかをはっきりさせてください。

やはり，上記の点がはっきりしないようであれば，別のステップに進むことを検討する必要があります。このステップとは，計画的な機能分析の操作を行うことで，問題行動に影響を与えている可能性のある要因を抽出，または取り除く試みです。機能分析は，この時点までに集められたアセスメント情報に基づいて，問題行動に最も関連していると思われる要因や出来事に焦点を当てます。次節では，機能分析の定義と例を示し，実施する際の手続きやガイドラインについて紹介します。

2.5 機能分析

ほとんどの機能的アセスメントでは，インタビューや直接観察から，問題行動の事前のきっかけや，問題行動を維持させている後続事象，あるいは問題行動の機能に関する明らかなパターンを特定した，サマリー仮説を作成することができます。しかし，インタビューや直接観察から得た情報では，行動の一貫したパターンが明らかにならない場合や，直接観察のデータが，サマリー仮説をはっきりと確証できない場合もあります。このような場合に考えられる次の方法は，計画的な機能分析を実施することです。機能分析は，問題行動の生起に最も強く関わる要因や出来事に関する仮説を検証できるように特別にデザインされています。たとえば，サマリー仮説が，リカは難しい課題を与えられたときに泣き叫ぶことや，他の人を叩くことが多くみられることを示しており，おそらくリカの問題行動は難しい課題からの逃避によって維持されていると考えられるとしましょう。この場合，次のようなやり方で，このサマリー仮説の一つずつの要素を検証することができます。まず，リカにやさしい課題を 10 分間与えてから，休憩をとらせます。次に，難しい課題を 10 分間与え，再びやさしい課題，難しい課題を与えるといったやり方です。リカが課題を与えられて，それをきちんと行ったならば，リカはいつものように誉めてもらえます。少しでも問題行動を始めたら，1 分間，課題を取り去り，「落ち着いてね」と指示します。やさしい課題のときより難しい課題のときの方が，問題行動が多く観察され，しかも課題を取り去ったときに問題行動が一時的に急激に減少したならば，最初の仮説が機能分析によって確証されたことになります。

もしリカについてのサマリー仮説で，どのような内容の机上課題が与えられても，リカは泣き叫んだり，人を叩いたりして，他者の注目を得ようとしているようだ，となっていたとします。この場合は，リカに対する機能分析には次のような条件が含まれることになるでしょう。

(a) リカは一人で課題に取り組む。そして，問題行動を始めるとすぐに注目を得られる

(b) 同じ課題を一対一の支援を受けながら行う

もしこの結果，問題行動はリカが注目されていないときにのみ生起し，問題行動と課題の種類とは関係がないことが示されたならば，繰り返しますが，やはりサマリー仮説で提示した仮説が確証されたことになります。

機能分析で基本的にねらっていることは，環境内の出来事（先行事象，または後続事象）と問題行動との関連性を特定することです。このプロセ

スでは，たくさんの異なる条件を比較して，サマリー仮説を検証していきます。しかし，一番基本となっている考え方は，まず問題行動が生起しやすいと予測された状況が，本当に問題行動の生起と関連しているかを検証することであり，かつ，問題行動が生起しないだろうと予測された状況では，本当に問題行動の生起が低いレベルか，まったく生起しないかという関連性も検証することです。機能分析は，問題行動と先行事象や後続事象の間の真の機能的な関係を示すことのできる，唯一の方法です。これによって，問題行動がいつ，どこで，なぜ生起するのかについての理解が，最大限正確で信頼性のあるものとなります。

機能分析の手続きは通常の学校や地域場面で使われることもありますが，これまでは研究活動の中において用いられることの方が多くありました（巻末付録 A の参考文献を参照）。文献の中で報告されている機能分析の正確さとその方法のバリエーションは，実際の応用場面で機能分析を実施するための枠組みを提示してきています。しかし，機能分析を実施する前に必ず考慮しなければならない，いくつかの配慮事項や基本的な考えがあります。

2.5.1 どのような場合に機能分析を実施するべきか？

機能分析で得られる正確さという利点は，機能分析に必要な時間，専門的な技術，機能分析に必要とされる安全面への特別な配慮のバランスを取らなければなりません。機能分析を効果的かつ安全に実施するためには高いレベルの技術が必要ですし，インフォームドコンセント（説明責任）と，人間を被験者として使う場合の承認（研究倫理審査委員会として知られています）も多くの場合で必要です。このような点が，本章の冒頭でも述べたように，機能分析を行うのは，機能的アセスメントインタビューや機能的アセスメント観察記録用紙からのデータが明確でない場合に限った方が良いという理由です。

2.5.2 誰が機能分析を実施するべきか？

機能分析は，通常はチームで行う作業です。**しかし，機能分析の実施について専門家から直接指導を受けた経験のある人が，機能分析の手続きのガイド役をすることが重要です。**この専門技術がまだチーム内にない場合や，機能分析の導入部について責任を負っている人が，機能分析の訓練を受けていない場合には，チームのリーダーは，機能分析の技術を持っているトレーニングを受けた専門家（たとえばBoard Certified Behavior Analyst（訳注：米国にある，行動分析学の専門家が有すことができる資格）や行動の専門家など）からさらに援助が受けられるようにする必要があります。この分析に参加する人の数は，主に，どの程度安全性の問題を考慮する必要があるかによります。機能分析では，深刻な問題行動の生起に関与することもありますので，安全を確保し，考えられるさまざまな困難な状況を適切にコントロールするために数名の人が必要となります。たとえば，頭を打ちつけたり，自分を噛むという自傷行動を行う可能性があれば，それを防止するために十分な人数が必要です（適切な医療関係者も含みます）。対象の人が機能分析の場面から逃げ出す傾向がある場合，その逃避行動を防止できるだけの十分な職員の確保が必要になるでしょう。**適切な安全措置が確保できないうちは，機能分析は実施するべきではありません。**これらのことについては本章の後半「2.5.6 機能分析に関する重要な配慮事項およびガイドライン」のところでもう少し詳しく解説してあります（訳注：キーポイント2.5も参照）。

2.5.3 機能分析の実施手続き

機能分析の手続きに関する広範にわたる研究は，応用の多くの研究者によって行われてきています。巻末付録Aの参考文献・リソースのリストに機能分析の研究に関する多くの参考文献がありますので，機能的アセスメントや機能分析の手続きについて詳細な情報を知りたいという場合の参考にしてください。本節では，機能分析の方法の大まかな全体像を紹介していますが，機能分析を一人で学んだり，使用したりするには十分な内容ではありません。ここでの目的は，機能分析の方法の基礎および，読者が機能分析の方法について訓練を受けた人と一緒に作業をする際に効果的に動くためには十分なレベルの詳細な情報を提供することです。

1．基本的なアプローチ

機能分析の基本プロセスは，いろいろな環境事象，あるいは状況を設定し（これが直接のコントロールや操作に相当します），それがある人の行動にどのように影響を及ぼすかを観察することです。2種類のアプローチが研究論文で報告され，また応用場面でも使われています。二つのうちの一方だけを使っている場合も，また二つを組み合わせて用いている場合もあります。アプローチの一つは，構造的な側面や先行事象を操作することです。この操作には，ある特定の要求や教示を与える，ある活動に参加するように指示する，ある特定の人と一緒にいる，ある特定の場面で他の人とのやりとりを行う，一人にしておく，一定時間まったく注目しないこと，などがあります。こういった活動は，どの出来事，あるいは要因が問題行動を予測しているのかについての考えや仮説を検証するために行われます。

第2のアプローチは主に，問題行動の後続事象を操作することに焦点を当てたものです。さまざまな状況を設定して，ある特定の問題行動の生起に随伴させて，特定の後続事象を提示します。たとえば，子ども（対象者）に一人で遊ぶように伝え，行動の専門家（または教員や保護者）はその近くで自分の仕事をします。子どもが叫び声をあげるとか叩くという行動を始めたならば，大人はそれに随伴させて，少しだけ注目し（「そんなに泣かないの」，「今は遊び時間なんだよ」と声をかけます），再び仕事に戻ります。別の例では，対象者にある特定の課題や活動を行うように伝えます。

その後，問題行動が生起したならば，それに随伴させて，休憩時間をとるか，課題から短時間離れてよいことにします。もし，こういった特定の後続事象を提示した場合に，問題行動の生起率が高くなるようであれば，提示した後続事象は問題行動を維持しているようだと結論づけることができます。

場合によっては機能分析において，この二つのアプローチを両方用いることもあります。たとえば，児童生徒に，さまざまなタイプの課題を与えると，その中のどの課題が問題行動を引き起こしやすいのかが観察者に分かります。しかし，どの条件の場合も，問題行動が生起したらそれに随伴させて，短時間の休憩という形で課題から逃避できるようにしておくこともできるでしょう。

2. 何を評価するのかを決める

インタビューと直接観察から得た結果を基に，問題行動について，少なくとも一つは予想や仮説があり，それを本書ではサマリー仮説と呼ぶようにしてあるはずです。以下は，サマリー仮説の典型例です。

- ほとんどすることがないとき，マリは指をヒラヒラとし始めて，視覚的な刺激を得ます
- 先生が他の子に注意を向けていると，ミチルは叫び声をあげて，先生の注目を得ようとします
- ジュンコは，自分の好きなものを見つけると叫び声をあげ，走っていって，それを掴みとります
- ケイコは，クラスで自分が失敗をすると，教室を飛び出して行きます。クラスメートからひやかしという形でのマイナスの注目を受けるのを避けるためです
- タカシは，課題中にいくつか間違えてしまうと，先生を叩き，その困難な課題から逃避しようとします

このようなサマリー仮説を直接検証するために，問題行動に関連していると考えられている特定の事前のきっかけや後続事象が提示されている条件下と，提示されていない条件下の両方で対象者の行動を観察する必要があります。簡単に言えば，問題行動が増加する，あるいは高い頻度で生起することが予想される条件をさまざまに設定し（事前のきっかけと後続事象のどちらか一方，あるいは両方の条件），その条件下で問題行動を観察して，最初に予想した効果が実際に起こるかどうかを見極めます。次に，問題行動の生起率が高くないと予想される条件も設定し，その場面で問題行動を観察し，先の結果と比較検討します。このような操作を行い，設定した条件間で問題行動が変化するかどうかを観察して，実際にどの要因が問題行動に影響を与えているのかを確定することができるのです。

3. いくつかの機能分析のデザイン

機能分析の実施にあたって，使われることが最も多いのは，基本の二つのタイプの単一事例実験計画法です。それは，反転デザイン（ABABデザイン）と多重要素デザイン（条件交代デザイン）です。反転デザイン（ABABデザイン）とは次のようなものです。

最初の段階である**ベースライン期（A）**には，操作しようと考えている要因は提示せずに，データを収集します。

次に第2段階として，**治療や操作の段階（B）**を始めます。ここでは操作しようと考えていた，出来事や状況を提示します。

ベースライン条件（A）と操作条件（B）を交代に繰り返して，要因を操作することと問題行動のレベルや生起率に変化がみられることを示す，明らかなパターンを確立します。

たとえば，難しい課題が含まれている指導と，やさしい課題だけの指導とを交代に設定します。これによって，課題の困難性と問題行動の関係性が特定できるわけです。問題行動が，困難な課題の間に一貫して高い頻度で起これば，その人が問題行動を行うのは，困難な課題の状況から逃避するため，あるいはその状況を終わらせたいためであるという仮説が支持されることになります。

二つ目のデザインである多重要素デザイン，または条件交代デザインでは，いくつかの異なる条件を，不規則なパターンで，比較的短い時間間隔ずつ提示します。提示するさまざまな条件とは，多くの場合，問題行動の生起に随伴している後続事象の操作です。機能分析にこのデザインを用いている場合は，イワタ他（Iwata, Dorsey, Slifer, Bauman, and Richman,1982;1994）が初めに行った条件をそのまま，もしくは，多少条件を変更させて使っていることが多いです。たとえば，本人にとって難しい指導セッション中で，問題行動が起きたら逃避を随伴させる条件や，問題行動が起きたら社会的注目を随伴させるセッション，問題行動が起きたら好みの物（おもちゃなど）を随伴させるセッションを，問題行動を生じさせにくい「対照」条件（たとえば，要求や指示などをされずに，他の人と遊んだり，やり取りしたりするセッション）に点在させて組んでいきます。セッションのうちいくつかは，本人を部屋に一人にするという場合もありますが，その際も安全のために観察は続けられます。これにより，まったく外的な後続事象が与えられないときに，問題行動が起こるかどうかを明らかにできます。一定時間にさまざまな条件を含んだセッションを交代・変化させる目的は，問題行動に対し，本質的で一貫した効果を持っている要因がどれかを特定することです。各条件は通常，少なくとも数回（3～5回）は繰り返されるので，そのことにより，条件間でどのような違いが明らかに存在しているのかが分かります。当初，明確な違いがみとめられない場合にも，追加セッションを設けることで，そういう違いが浮き彫りになるかどうかの見極めができるでしょう。

4．要因が不明瞭だった場合の取り扱い

いろいろな条件を何度か繰り返してみても，明確なパターンが見えてこ

ない場合もあり得ます。そのような場合，各条件が正確にかつ一貫して実施されていたかどうかを確認することが重要です。たとえば，困難な課題として設定されたものは，**本当に**その人にとって困難なものだったのでしょうか？ 対象の人を一人にしておいたはずのセッションで，他の人が見えたり，話が聞こえたりして，影響を受けていなかったでしょうか？ 状況や条件を修正して，再度それらを提示し，先行事象や，問題行動を維持している後続事象をはっきりとしたものにする必要があるかもしれません。または，問題行動の生起に実際に影響を与えている他の先行事象や後続事象を特定することが必要かもしれません。新しい仮説を立てて，機能分析を用いて検証することが必要になる場合もあるでしょう。

2.5.4 さまざまなサマリー仮説を検証するときのアイディア

インタビューや直接観察では問題行動の機能に関するサマリー仮説を確証するには不十分なとき，機能分析を使います。機能分析はサマリー仮説を確かなものにするための直接的で系統立った評価です。ここでは特定のタイプのサマリー仮説を評価するためのアイディアを示します。

1．内的刺激作用を得ようとしている場合

問題行動には，自己刺激の機能を持っていると思われるものがあります。つまり，行動自体がその人が好む何らかの内的な刺激やフィードバックを与えていると思われる場合です。その行動を行うことが「自動的に」強化子になることから，この種の関係を「自動強化」と呼ぶ研究者もいます（Patel, Carr, Kim, Robles, & Eastridge, 2000）。このタイプのサマリー仮説を確かめることは往々にして困難ですが，確かめる方法はあります。その一つは，教材も活動もないところにその人を一人っきりにしておいて，そこでの行動を観察することです。つまり，その人が部屋に一人でいる状態を，ワンウェイミラー，窓，開けておいたドア越し，ビデオカメラで目

立たないようにモニターします。このような条件下で，他の条件よりも問題行動が頻繁に起こるとしたら，その行動は自己刺激の機能を持っていると言えるでしょう。もう一つの方法は，その問題行動が作り出している刺激を，防止ないしブロックしてみて，この方法が問題行動の減少に役立つかどうかを見る，というものです。ある研究では，目をつついたり，こすったりして，視覚的な自己刺激を得ていた人に対して，その視覚刺激をブロックするためにゴーグルを用いました。しかし，このようなブロックは，問題行動によっては困難であったり不可能であったりします。たとえば，指をヒラヒラさせる，体を前後に揺するロッキングなどがそうで，これらに対するブロッキングは困難でしょう。こうした場合，ブロッキングの間にいろいろな相互作用の効果が生じてしまい，その中から可能性のありそうな，自己刺激の効果だけを取り出すのは困難です。

2．嫌悪的な内的刺激に反応している場合

さまざまな医学的，身体的な条件は痛みや不快感をもたらします。このような感覚から逃れようとしたり，それを軽減したりしようとすることが動機づけとなって問題行動が生起していることがあります。しかし，頭痛，副鼻腔感染症，アレルギー反応，生理の不快感等を意図的にもたらして，その効果を観察しようとするのは，困難であるだけでなく倫理的に問題があります。このような影響について評価する方法の一つは，不快な状態が起こっていると思われるときに，その状態に対してきちんとした治療を行って，問題行動が減少するかどうかを観察する，というものです。たとえば，ある人が鼻水を出していて，目が涙目になっているときに，頭叩きとロッキングという自傷行動を行っていたとしましょう。この場合，アレルギー状態の緩和薬や鎮痛剤（アスピリンやイブプロフェン）を服薬すると，その結果，問題行動が減少するかもしれません。**大変重要なことは，この種の手続きは医療の専門家と共同して行うべきである**ということです。医学的な可能性のある問題に対して，保護者，先生，プログラム職

員等が自分たちで診断や治療をしようとしては絶対にいけません。

3. 社会的な注目を得ようとしている場合

ある人が社会的な注目や関わりを得ようとして，問題行動を行っていると思われた場合，その人がうまく注目してもらえるような条件と，あまり注目してもらえない条件を設定することができます。たとえば，ある子どもに室内で静かに課題をするように，あるいは遊んでいるように言い，その間，大人は別のところで仕事をしているとします。一つの条件では，子どもが問題行動を起こしたときに，大人はその行動に反応します（「お願いだから，止めてね」と言うなど）。もう一つの条件では，その同じ問題行動に対して，大人は無視する，または無反応という対応をします。問題行動の結果，大人からの注目を得られる条件の方でその行動がより頻繁に起こっていたならば，この観察結果によって，問題行動の機能は注目の獲得であるという仮説が支持されるでしょう（注意：このような差異が明確になるまでには時間がかかり，何回ものセッションが必要な場合があります。もし，その行動がそれまでに間欠的，あるいは一貫せずに強化されていた場合は特にそうです）。

4. 欲しい物や活動を得ようとしている場合

ある人は，ある物を得ようとしているときや，ある活動を行いたがっているときに，問題行動を行うことがあります。この仮説は，欲しい物や好みの活動がその場に提示されてはいるけれども，欲しい物を手に取ったり，活動を始めたりはできない状況を設定することで検証できます。その人がその物に近づいて掴もうとしたら，その行動を大人が妨害します。欲しい物は，問題行動の生起に随伴してのみ，本人に渡されます（「はい，○○○○がもらえたね」など）。通常，少し時間をおいて，その物をその人から返してもらってから，次の新しい機会や試行が開始されます。このような状況の下での行動は，たとえばそういう物や活動が提示されていない状況や，問題行動の生起とは無関係に，自由に物や活動が手に入るような状況下の行動と比較することができます。

5．社会的な注目を回避，あるいは要求や活動を回避しようとしている場合

ある人の問題行動は，他の人からの注目（「やぁ，ミッちゃん，この頃どうしてるの？」などのあいさつに答えること）や，課題を行うようにという指示など，苦手な活動ややり取りから逃避したり回避したりすることで，動機づけられているかもしれません。この仮説は，そうした注目や課題や活動が提示されており，問題行動の生起に随伴してごく短い時間（約30秒間）そこから逃避することを許す，という状況を設定することによって検証できます。このような状況での対象者の行動は，指示されることがない，また活動が提示されていない状況（たとえば，一人でおもちゃで遊ぶ，のような条件）下での行動と比較できます。

6．日常生活の中で機能分析を実施する場合

研究論文の多くでは，機能分析は対象者をあまり知らない，トレーニングを受けた行動の専門家により，高度に統制された人工的な状況や「日常生活に似せた」状況で行われています。しかし，日常場面で，その人の普段の活動スケジュールの中で機能分析を実施することが，最も適したアプローチでしょう。たとえば，教師と一緒にいる通常の授業中に，何回か困難な課題を行うように指示するなど，望ましい機能分析を計画できます。このような課題の提示や除去を一定間隔で繰り返し，何が起こるのかを見るのです。このような操作を何回行わなければならないかは，効果の大きさや，どれだけ早くその効果が得られるかによります。このようなアプローチを行うと，問題があると見なされた状況や影響している要因は，確かに問題となっている見込みが高く，さらに，その人の日々の生活において実際に起こっていることと関連している可能性が高いということがはっきりします。近年，その場にいる支援者（たとえば，教師，保護者，指導

者）が実施した，自然な状況や条件における機能分析についての研究論文が増えています（たとえば，English & Anderson, 2006; Lang, Sigafoos, Lancioni, Didden, & Rispoli, 2010）。自然な条件における機能分析は常に，機能分析のトレーニングを受けた人の直接のガイダンスやモニタリングのもとに行うべきです。

2.5.5 機能分析の事例

ここでは，問題行動を示している人に対して，これまで行ってきた事例を基にした例を示してあります。図 2.12 のデータは，反転（ABAB）デザインを用いて先行条件を操作したときの例です。トオルは中学生で，重度の障害があります。指導中に，金切り声をあげ，攻撃行動（叩く，掴みかかる）を行うことがあります。トオルが叩くと，先生は彼を教室内の隅にあるタイムアウト用の椅子のところに連れていきました。インタビューと直接観察に基づいて，トオルの攻撃行動は，**第 1 には**何らかの形で先生から誤りを訂正されることになる（「はい，やめて。それはこうやるんですよ」），困難な課題から逃避するためである，とまとめられました。このことが事実であるかどうかを確かめるために，先生はまずトオルが慣れていて，簡単にできる課題だけで構成して指導しました。それに引き続き，あまりやり慣れていない，より難しい課題で指導しました。その後，このやさしい課題条件と難しい課題条件を繰り返して効果を確認しました。図 2.12 のグラフは，トオルの攻撃行動の頻度が，難しい課題が提示されたときに一貫して高くなることを示しています。このデータにより，攻撃行動はトオルにとって逃避の働きをしているとした当初のサマリー仮説が確証されました。

図 2.13 は，小学生であるマコトに対して行われた機能分析の結果を表したものです。マコトの問題行動は，自分の頭や顔を拳や平手で叩くことで，また，自分の手を口に突っ込んだり噛んだりする行動もあります。マ

コトは，このような行動を授業中や学級活動の間に，また担任の先生や補助指導員が近づいただけでも始めることがありました。インタビューと直接観察から導き出された仮説は，これらの行動は逃避の機能を持っているということでした。マコトの先生は, 4日間機能分析を行いました。先生は，毎日四つの異なる状況を各々5分間ずつ，条件交代デザインを用いてマコトに提示しました。四つの状況とは，①遊び条件（自分の好きな音楽を聞く），②逃避が問題行動に随伴する，指示条件（教室のコンピューターのキーを操作するように指示される), ③問題行動に注目が随伴する条件（マコトが自分の顔を叩く，口に手をつっこむ，体を揺するといった行動を開始したら,「それはやめなさい」と言われる），④同じ室内に他の人はいるけれどもマコトとは関わりをもたないという，一人でいる条件（問題行動に対して外的な後続事象は何も与えない）です。図 2.13 のデータは，マコトの問題行動は逃避条件で最も頻度が高くなることを示しています。これで，マコトの問題行動の主要な機能は，指示状況からの逃避である，ということが確認されたことになります。

機能分析で条件交代法の変形した方法を使ったのが，サオリの事例です (図 2.14)。この手続きは，簡易版機能分析あるいは簡易版機能的アセスメントと呼ばれています（Derby 他 ,1992 ; Northup 他 ,1991)。この方法の主な特徴は以下の通りです。

- 複数の条件を一つずつ（アナログ条件），短い時間枠（90 分間）内で，比較的短時間のセッション（10 分ないしはそれ以下）として提示される
- 各条件で実施されるセッション数は比較的少ない（ほとんどの場合1セッションのみ）
- 随伴性の反転は，適切なコミュニケーション反応を教える介入方法を検証するために行われる

サオリの場合，問題行動の生起率は注目を獲得する条件で最も高くなっています。これは，問題行動が注目を獲得する機能を持っているという仮

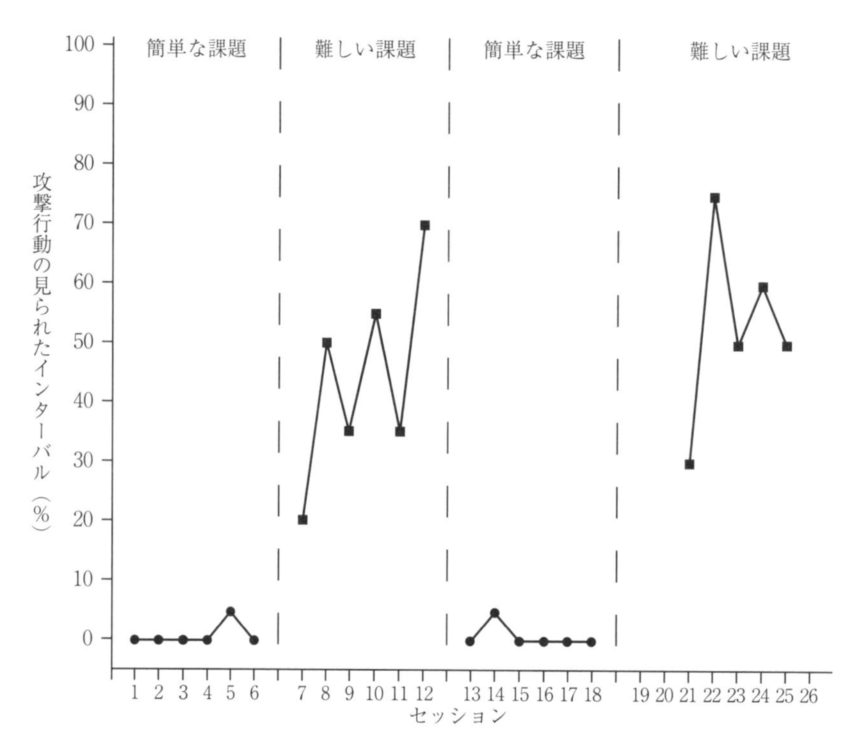

図 2.12　トオルに対する直前のきっかけ条件の機能分析操作
（簡単な課題 対 難しい課題）

説を支持しています。適切なコミュニケーション反応（「こっちに来て下さい」）は，評価時にはありませんでした。最初の随伴性反転セッションでは，サオリに対して「こっち来て下さい」と言う適切なコミュニケーション反応が，最初はモデルとして提示され，次に，その適切な反応を行うようにサオリにプロンプトを与え，適切な反応には注目して強化しました。このセッションの間は，問題行動に対して注目を与えませんでした。「こっちに来て下さい」と言ったときにのみ注目が与えられた場合に，問題行動の生起率はとても低く，適切なコミュニケーション反応の使用率は高い，ということに注目して下さい。次に，再び問題行動に対して注目を与えるセッションに戻り，その後「こっちに来て下さい」に対して注目を与える第 2 回目のセッションに入ります。これらのデータから，注目を得る機能がサオリにとって主要なものであり，適切なコミュニケーション反

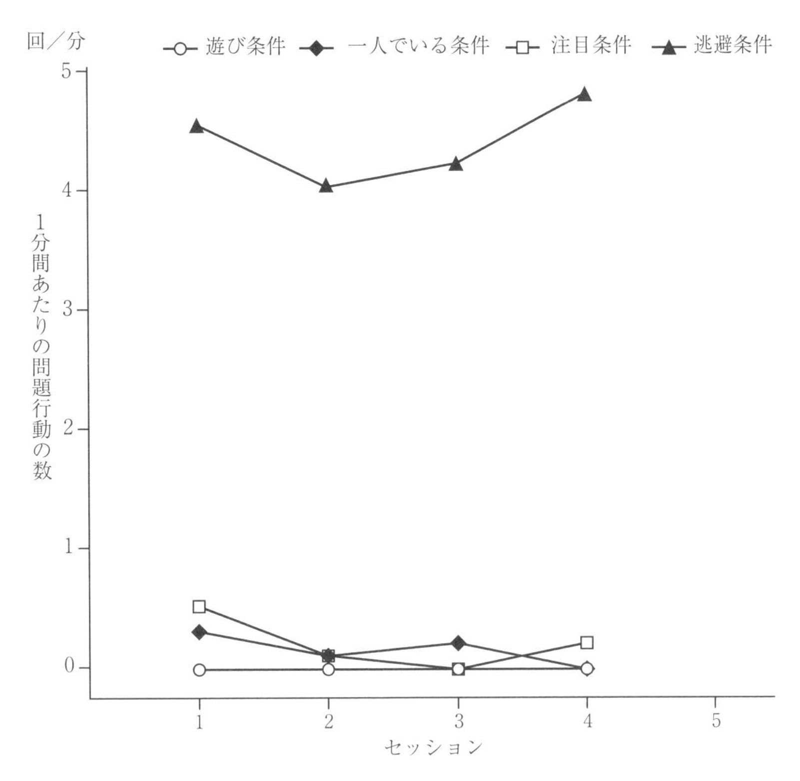

図 2.13　マコトに対する後続事象条件の機能分析操作

応を教えることは効果的な介入方法であるということが確証できます。ここに示した基本的な機能分析の手続きにはさまざまなバリエーションがあります。ぜひ更なる文献（巻末付録Aを参照）に当たるなどして，機能分析全般についてもっと多くのことを学んでみることをお勧めします。

2.5.6　機能分析に関する重要な配慮事項およびガイドライン

上述した機能分析は，以下の点について適切に配慮できた場合にのみ行ってください。

1．何を評価するのか，その具体的な特徴を特定すること

最初に行ったアセスメントで得られた情報やサマリー仮説に，機能分析

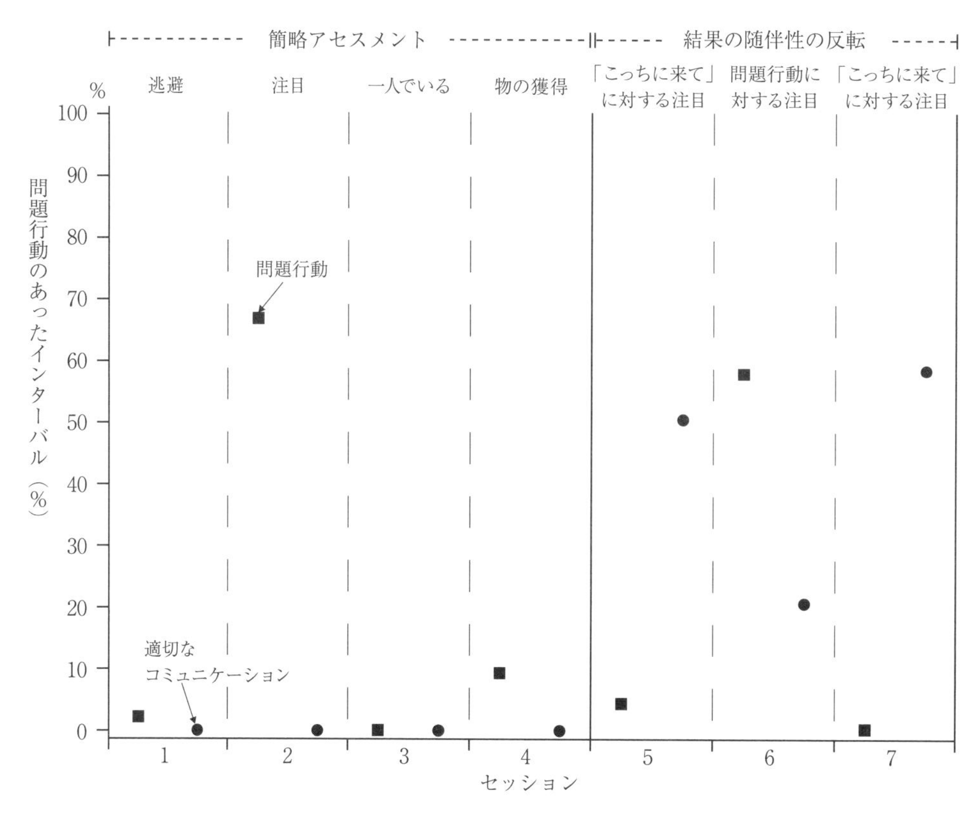

図 2.14　サオリに対する簡略版機能的分析の例

で評価しようとしている，ある特定の状況や要因について，何らかのガイダンスがない限り，機能分析を行ってはいけません。

2. どの程度のリスクがあるのかがはっきりしており，それを正当と理由づけること

重度の自傷行動や攻撃行動は，本人にとっても，先生や支援者にとっても非常に危険なものとなりえることは明らかです。こうした行動に対して何らかの操作を行う前に，どの程度の潜在的なリスクがあるのかを明らかにする必要があります。その上で，そのリスクを取ることは，機能分析から得られる成果を考慮すると，正当化されるのかどうか判断することが必要です。機能分析の実施者として，リスクを最小化し関係者全員の安全を守る能力があることが，リスクの判断を行うには重要です。

3. 関連している要因を統制すること

機能分析は，問題行動に関連した状況と要因，たとえばある課題や活動，その人を一人にしておく，特定の場面へ行く，といったことを十分に統制できる場合にのみ行われるべきです。ある状況では，問題行動と関連した状況の側面を統制することが難しい場合もあるでしょう。たとえば，問題行動が**個人内部**の身体的出来事（鼻炎や中耳炎，生理，薬の作用など）と関連しているようにみえる場合です。というのは，こういった出来事は，簡単に観察や操作をすることができないからです。こうした場合，問題行動と身体的症状や状態の間の関係を注意深く観察することが，その行動とこれらの要因との間に何らかの関係が存在するのかを明らかにする最も良い方略でしょう。前述した通り，身体の痛みを和らげる薬を処方するといったような操作は，行動に影響を与えるでしょうし，観察が，このような個人内部の身体的出来事が問題行動に対して重要な役割を果たしているという仮説を確実にするでしょう。

4. 適切な見直しと機能分析を行うための承諾を得ること

機能分析を行う前には，両親，スーパーバイザー，校長，その他関係する行政担当者など関係者全員に連絡をとり，対象者，保護者，あるいは後見人からインフォームド・コンセント（訳注：同意書，承諾書のようなもの）を得る必要があります。加えて，関連した監督委員会から適切で正式な審査と承諾を得ておかなければなりません。機能分析を行うときの要因は，介入計画を行うときに必要なものと似ている場合が多く，それに伴うリスクも同じぐらいあります。ですから，介入計画と同じような審査と承諾を得ておくことが，その後に起こりうる問題を避けるための最も望ましいやり方です。

5. 安全を確保し，そこにいる人たちを保護するための方略ができていること

危険な影響を及ぼす可能性のある行動を対象とした操作を行うときには，最大限の注意を払わなければなりません。

a）十分にトレーニングを受けた人を必要な人数，参加させておくこと

関係者全員の安全を確保するために，必ずトレーニングを受けた人を必要な人数，機能分析に参加させることを強く薦めます。これは，自傷行動や攻撃行動が観察されたときに，それをブロックし，制御するために必要となるかもしれない身体的介入を実行したり，安全でない状況に本人が走っていかないようにしたりなどの，安全を守ることを実行するために，トレーニングを受けた人が十分な人数，必要という意味です。さらに，この操作を行うに当たっては実際に機能分析を行った経験のある人が，少なくとも一人は参加していなければなりません。

b）身体を保護するための器具を使うこと

評価する目的で特定の問題行動を生起させようという場合，怪我するリスクを最小限に抑えるために，観察対象となっている本人や支援者に身体を保護する器具を身に付けてもらうことが必要な場合もあります。たとえば，頭を強く叩く人に対しては，頭を保護するヘルメットを使うことになるでしょう。攻撃的に強くつねったり，引っかいたりする人の場合，機能分析を行う支援者は，保護のためにグローブや袖が長い厚手の服を着ることになるでしょう。

ただし，気を付けておかなければならない大切なことは，こういった保護をするための器具それ自体が，問題行動の頻度に影響を与えるかもしれないということです。ですから，このことを念頭において操作を行い，結果を解釈してください。器具のあるなしが，すぐに問題行動を起こす，起こさないという合図になってしまうこともあります。たとえば，保護用のグ

ローブをはめている場合には自傷行動を起こさず，グローブをはずしたとたんに自傷行動を始めるかもしれないわけです。保護用の器具がどのような影響を及ぼすことになるのかをいつも予想できるわけではないので，器具が使われたセッションのデータは注意深く解釈しなければなりません。

c）セッションを中止する基準を決めておくこと

セッションを始める前に，どのような場合にそのセッションを中止するのかを判断するための，明確で誰にでも分かる基準を設定しておくことは非常に重要です。問題行動がどの程度の頻度，または強度になれば十分危険なレベルで，安全を維持するためにそのセッションを中止にしなければならないのかを明らかにしておかなければなりません。セッションをスーパーバイズしている人，実際に行っている人の誰もが，そうした基準について知らされており，それに同意していなければなりません。加えて，行動や生理学的な覚醒を安全なレベルまで戻すための「クールダウン」の手続きや，段階的に縮小する手続きを特定しておく必要があるでしょう。

d）「前兆」行動をセッション中止の合図として使うこと

安全を維持しておくための有効な方略の一つは，対象者がより破壊的で危険な行動をする前に示すことの多い，つまり問題行動の確かな「前兆となる」行動を特定しておくことです。この場合，機能分析は，この後者の前兆となる行動，すなわち，それほど破壊的ではなく，問題性が大きくない行動の生起，不生起の方に焦点を当てることになるでしょう。たとえば，ある人が自傷行動や攻撃行動の前に，大抵は興奮状態の兆候（たとえば，体を揺り動かすとか，テーブルを力一杯叩くとか）を示すとすれば，評価中はこれらの興奮状態を示す行動の生起に焦点を当てることができます。一度この前兆行動が起こったならば，より危険な行動が起こるところまで状況がエスカレートする前にセッションを中止することができるでしょう。

6. 適切なデータ収集法と実験デザインの手続きを使うこと

最大限有用な情報を機能分析から得るためには，問題行動について妥当なデータが収集できるようにしておかなければなりません。そのためには，セッションを動画撮影しておき，後でその動画を見て記録したり，記録方法について訓練された人がセッションを観察し，データを集めることができるようにしておいたりすることが必要でしょう。

加えて，セッションが適切な実験デザインの手続きを使って行われることも大切です。すでに述べましたが，反転デザインでは要因を提示したり除去したりしますし，また条件交代法ではセッションごとに系統立てて要因を提示していきます。こういうことに配慮することで，問題行動に影響を与えている要因について最も信頼性があり，妥当な結論を導き出すことができるでしょう。応用場面で機能分析を実施するに当たってのガイドラインは，キーポイント 2.5 にまとめてあります。

キーポイント 2.5

機能分析を行うためのガイドライン

1. 機能分析で評価する要因を具体化する
2. 起こりうるリスクのレベルを明らかにする
3. 関連している要因を確実に統制し，操作できるようにしておく
4. 研究実施についての適切な審査と承認を得る
5. セッション中，安全を確保し続けることができるのに十分な数，トレーニングを受けた人を確保する
6. 必要に応じてセッションを中止できるように，中止基準を具体的に決めておく
7. 本人や，先生，支援者に対して身体を保護する器具の使用について考慮する
8. セッションを中止するための合図として，問題行動の前兆となる行動を考慮する
9. 適切なデータ収集法と実験デザインを用いる

（訳注：No.5 ～ 8 は安全の確保の項目）

7. サマリー仮説の確認や修正，そして行動支援計画の立案へ

前述した直接観察の方略と一緒に用いた場合，機能分析の非常に重要な成果の一つは，最初のアセスメントに基づいて作られたサマリー仮説を確証する，あるいは修正するということのはずです。機能分析を行うことで，サマリー仮説を支持することになるかもしれませんし，それを修正し変更しなければならなくなるかもしれません。この場合，サマリー仮説のうちの一つあるいはそれ以上を放棄することになるかもしれませんし，収集したデータに基づいて新しい仮説を付け加えることになるかもしれません。

ここまでで，インタビュー，直接観察，機能分析といった，機能的アセスメント情報を得る主要な方法を紹介してきました。このハンドブックを通して強調したいことは，こうした情報を集めること，それ自体がゴールではないということです。こういった情報は，適応行動を促進し，問題行動を減少させるための方略を見出し，その実施を導くために使われて初めて価値があります。次章では，機能的アセスメントからの情報を統合して行動支援計画を立案することに焦点を当てていきます。

第3章
行動の機能と介入を関連づける

実践につなげるために　■事例１

タカオは，小学４年生で勉強の面はうまくいっていません。年々，タカオと同級の友達との学業的な隔たりは大きくなってきています。プラスの面として，タカオは友達からとても好かれており，野球，バスケットボール，サッカーのチームではスターです。しかし，今年，勉強の面はあきらめてしまったように見えます。タカオは，めったに宿題を提出せず，また，勉強面では，どんなに頑張っても最小現を満たす程度です。タカオは，課題を与えられると，「なぜ，これをしなければならないのですか？」「ところでこれは誰の考えなのですか？」「僕はいつかこれを使うのでしょうか？」と不満を言うことから，彼の「不平」が始まります。それからさらに数分後，天井を見たり，頭を机につけたりします。担任のナリタ先生は，できるだけそういうことは無視しますが，クラスメートや先生を邪魔するようになると，しばしばタカオを職員室に行かせることがあります。ナリタ先生はこの状態を憂い，タカオに学習障害のテストを受けさせましたが，その結果，彼には学習障害も，またはその他のいずれのタイプの障害もないということが示されました。

ナリタ先生は，副校長先生にアドバイスを求めました。副校長先生は何度か授業を観察し，タカオがそういう問題行動を起こしていること，それがとても頻繁に起きていることを確認しました。副校長先生は，タカオが床に向かって鉛筆や紙を投げ始めたことにも気づきました。副校長先生は，このような行動が心配であるという点でナリタ先生に同意し，タカオがどんな場合でもそのような行動をしたときにはすぐにオフィスにいる自分のところに送るようにアドバイスをしました。それから，副校長先生は，タカオに，もし「行儀よくする」ことをしなければ「きつく叱る」と忠告しました。ナリタ先生は，管理職からの強いバックアップをもらい安心し，その計画を実行に移しました。残念なことに，タカオの行動を観察している中で，ナリタ先生も副校長先生も，タカオの示す問題行動が，タカオにもたらしている行動の機能については考慮していませんでした。計画された介入は，問題行動の機能に対応し，その同じ機能を満たすための望ましい代替行動をタカオに提示することではなく，単に問題行動の型に注目し，当然と考えられている罰によってそのような行動をなくすことに焦点が当たっています。最終的な結果は，タカオの問題行動は現実的には減るのではなく増えてしまいました。。

実践につなげるために　■事例 2

ツバサは，まだアメリカに慣れていない小学校 1 年生で，英語は第二言語です。彼は，勉強が難しいと思い，クラスや学校の社会的側面に困惑しています。課題が与えられると，離席して歩いてどこかに行き始めます。社交的に級友のそばに近づきますが，押し始めます。担任の先生と彼の拡大家族（訳注：親きょうだいだけではなく祖父母などの親戚を含んだ意味）は心配しています。皆，ツバサがこの大切な節目の時期に学習面で遅れないように，そして級友との社会的な問題が大きくならないように，このような問題にできるだけ早く対応する必要性に気づいています。

ツバサの担任は，校内の専門家の先生と話し合いました（ツバサは障害があると認定されていませんが，専門家の先生は学習面や社会面で困難さを示している学校内のすべての児童を支援するためにいます）。担任から話を聞いた後，専門家の先生は，機能的アセスメント観察記録用紙（第 2 章に記載）を使用して，いくつかの違う時間や違う場面で，一週間にわたりツバサを観察しました。このようにして収集した観察データから，専門家の先生は，ツバサが課題を提示されたときに逃避行動に従事しているのではないかという，はじめのサマリー仮説が確証されました。ツバサが級友を押すとき，自分に注目させようとしている，ということが明白でした。このように行動の機能の特徴は明らかであったため，専門家の先生と担任の先生は，ツバサを支援するために2段階のアプローチを行うことにしました。

まず，学習面の問題については，担任の先生はさらにいくつかの分析を行い，読みに関係している課題が与えられたときに，ツバサは逃避行動に従事するということがより明確になりました。専門家の先生は，読みに対する「直接指導法（Direct Instruction）」（訳注：学力の基礎となる読み，書き，計算のスキルをスモール・ステップに細分化して，学術的に指導する方法）（Carnine, 2010）を教えるために，「直接指導法（Direct Instruction）」を使用して，読みの苦手な子へのグループ指導を行っています。ツバサをそのグループに参加させるのは容易です。さらに，ツバサの家族は，ツバサを放課後プログラムおよび地域センターで行われている「ピア・チューター（peer tutoring）」のグループ（訳注：友達同士で教え合うグループ活動）に参加させました，そうすることで，ツバサは語彙についてさらなる学習を受けることができ，また彼にとって興味のある話題について「楽しく」読むことができます。

他の人を押す行動については，担任の先生と専門家の先生は，仲間の注目を集めるための適切なやり方が，最適であることをツバサに教えることにしました。両先生は，スキル・ストリーミング，カリキュラム（Skillstreaming curriculum）（訳注：ソーシャルスキルトレーニングのプログラムの一つ）を使って指導することにしました。なぜなら，これらの方法は，効果が明確に実証されているためです（McGinnis & Goldstein, 1997）。クラスの中で社会的な関わりが苦手な生徒はツバサだけではないため，先生たちは，クラス全体に対して，一週間に3回，望ましい行動に関する短い指導をもつことにしました。先生は教室で，それから校庭やカフェテリアで子どもたちが抱えている社会的な困難と，指導セッションを関連づけました。これらの指導セッションは，子どもたちに，仲間とポジティブに関わるために必要なスキルを指導する上で効果的でした。最終的には，これらのスキルの生起頻度を増やすために，担任の先生は児童がポジティブで社会的な関わりによってチケットを得られるトークンエコノミー〈訳注：適切な行動が生起したらトークン（代用貨幣）という報酬を与え，トークンが一定量貯まったらある特定の報酬（物品や活動など）と交換できることで，適切な行動の生起頻度を増やす技法〉を導入しました。これらのチケットは，学級内のお店（class store）（訳注：学級内に設定したお店）で，欲しい品物，もしくは特別なゲーム，担任の先生や専門家の先生と一緒にランチをするといった社会的な活動と交換できます。ポジティブなスキルの指導と，このようなスキルの使用を促すための強化システムの組み合わせは，ツバサにとって（そして他の児童にも同様に）とても有益であることが示されました。ツバサは，もはや仲間からの注目を得るために仲間を押す必要はなくなり，そしていまクラスでも学校外でも友達を作り続けています。

3.1 行動の機能と介入を関連づける重要性

機能的アセスメント（以下，FBA）の目的は，望ましくない行動の機能を特定することです。サマリー仮説として，セッティング事象と問題行動の直前の先行事象およびその行動の後続事象を関連づけてその問題行動の機能が理解されると，問題行動を行う意味がなく，効率が悪く，そして効果のないものとするための複数の要素で構成される支援計画を効果的に作成することができます。行動的な支援を提供する人々が，FBA を実行した後，自分たちが消去しようとしている問題行動のその機能と自分たちの介入を関連づけないままで，介入を実行に移すことがかなり頻繁にあります。ここで述べてきたように，FBAの目的は，介入をより効果的かつ効率的にすることです。行動の機能に基づく介入方略は，問題行動が起きている文脈のすべての要素を取り扱うかもしれません。前向きで予防的な介入は，セッティング事象と先行事象に焦点を当てるかもしれません。行動を教えるという方略は，望ましくない行動をより適応的な代替行動（これはスキルの形成もしくは問題行動に置き換わる行動の指導としても知られています）に置き換えるために実行されるかもしれません。このような介入が望ましくない行動の機能に基づくとき，後続事象への介入は，問題行動を維持する後続事象を弱め，その替わりとなる望ましい代替行動の後続事象を強めるために使用されることもあるでしょう。介入の選択が問題行動の機能と関連づけられていないときには，介入は効果的でない，あるいはその問題行動を悪化させることすらあります。たとえば，小学1年生のアツシは，読みの課題（彼にとって読みはとても難しいものです）を提示されると，本を投げます。この行動の機能は読みの課題から逃避することです。彼を5分間部屋の角にやること（これは，タイムアウト方略としてよく使用されます）は，効果的な介入ではないでしょうし，実際には逆効果となるでしょう。なぜなら，それは彼の本を投げる行動を強化するだろうからです。また，それは，彼が似たような状況で適切に用いることができる機能的に置き換わるスキルを指導することにはならないでしょう。行動の機能に基づいた，より効果的な介入は，アツシに，援助を求める仕方を教え，援助を求めることを強化することでしょう。そしてまた，彼に読みのスキルを教えることに焦点を当てることでしょう。このようなポジティブな行動を用いることで，アツシは投げる行動に従事する必要がなくなるでしょう。

3.2 行動の機能と型（トポグラフィー）

よくある誤りは，行動の機能に基づくのではなく，問題行動の型（これは観察される行動のことで，たとえば，他者を蹴る，悪態をつく，教室から走って出ていくなどです）に基づいて介入手続きを選択することです。たとえば，ある先生は，生徒が他の生徒を叩いたら，職員室送りにするかもしれません。これは，ある状況においては効果的な介入かもしれませんが，ある課題や状況から逃避するためにその問題行動を起こす生徒にとっては，先生が，その逃避行動をうかつにも強化（負の強化）しているため，介入は効果のないものになりやすいです。この状況では，難しい学習課題を提示されたときや難しい社会的状況になったとき，その生徒は将来他者を叩くことになりやすいです。

この叩く行動は，先生や他のスタッフからの注目を得るための機能を果たす可能性もあります。このような場合には，オフィスに行かせるためにその生徒と関わることは，スタッフの注目により生徒を強化する（正の強化）ことになる可能性があります。注目を得る機能に基づく介入には，生徒に社会的スキルを教えること（叩かずに，仲間の注目を得るために）や，先生の注目を得るために，例えば挙手したり，質問したり，あるいは先生に，生徒が教室で適切な行動に従事しているときにより多く注目してもらったりなど先生の注目を得るための適切な代わりの方法を生徒に教えることが入っているかもしれません。

同じ行動の型（たとえば，叩く）が，違う人にとっては異なる機能を果たす可能性があり，その機能次第で人によって異なる介入が求められます。さらに，同じ行動の型が，一人の個人にとっても，状況により，複数の機能を果たす可能性があり，同じ行動の型に対処するために状況によって異なる介入が再び求められます。行動の機能について理解しなければ，介入の効果は，行きあたりばったりとなるでしょう。行動の機能を知り，機能と介入を関連づけることは，効果的な介入を選択する確率を上げ，うまく作用しない，あるいは問題行動を悪化させてしまうことになるかもしれない介入を実行する可能性を減少させます。

3.3 問題行動の機能に基づいた適切な行動を教えるという介入

問題行動の機能（または複数の機能）を理解することは，問題行動に対処するための，適切な行動を教えるという介入を特定する際の**最も**重要な要素です。新しいスキルを教えることは，行動に永続的な変化を生み出すために最も効果的な方略です。問題行動の機能が分かることにより，先生，家族，その他の人は，問題行動と同じ機能を果たし，またその機能によって問題行動と置き替わる行動として機能する適切なスキルや行動を教えることができます。たとえば，事例1で，オフィス送りにされたタカオについて考えてみましょう。FBAによれば，タカオにとって教科のいくつかが大変難しいということが明らかになるでしょう。タカオが成功できていない点と，勉強面でのフラストレーションは，彼にとっての嫌悪的な状況を生み出します。それは特に，どのように取り組めばよいか分からない課題を出されたときです。彼はオフィス送りにされたため，その問題行動により，難しい教科の課題から逃げたり避けたりすることができました。タカオにとって行動の機能に基づく効果的な介入には，課題を手伝ってほしいという適切なお願いの仕方をタカオに教えることが含まれるでしょう。表3.1に，行動を教えるという介入と，問題行動と同じ機能を果たし，それに置き替わる行動とを適合させるさらにいくつかの例を示しています。

次の章では，FBAの情報とポジティブな行動支援計画の作成をつなぐためのモデルを説明します。競合行動バイパスモデルの様式は，行動の機能に基づく行動支援計画を作成するためのテンプレートとなります。

表 3.1　問題行動と同じ機能を果たす，置き換わる行動と行動を教える介入を適合させた例

行動の機能	行動の型	行動の機能に基づく，有効可能性のあるポジティブな介入
ユウジは，先生の指示を理解できないときに，他者に対して攻撃的になる（逃避行動）	攻撃（叩く，蹴る）	指示が明確でないときに助けを要求するための方法を教える
タクヤは，仲間からの注目を受けることを好む（仲間の注目を得る）が，挨拶するときに仲間に近づきすぎることで，仲間からのネガティブな反応を引き起こす	仲間に近づきすぎる	挨拶するときの他者からの適切な距離の取り方を教える（社会的スキル指導）
ヒカルは，教示に関連しない質問をすることで授業を過度に中断させる（先生の注目を得る）	授業を中断させる	質問の回数を限定する，自己管理手続きを教え，先生からのフィードバックを自ら得る（注目を得るために）
オサムは，体育の授業中，とても不安になりやすく（過換気，発汗，震え），その授業の前にロッカールームで騒動を起こし，オフィスに送られる（逃避行動）	過換気，発汗，震え	体育の授業中の活動のためのスキルを教えることに加えて，リラクゼーション方法を教える
レナは，5～10 分より長い時間，着席して一人で課題を行うとき，その課題から逃避するために（先生が彼女にタイムアウトを行う），妨害的な行動（拳で机を叩く，私語）を起こす	拳や平手で机を叩く；不適切な言葉によるコメント	レナに，適切に休憩を要求する方法を教え，彼女がそれを要求したとき（置き換わる行動）に短い休憩を与える；いったん適切に要求し始めたら休憩を与え続けるが，休憩を与える前に彼女が課題を行う時間を徐々に増やす（「わかったわ，レナ，○分課題を行った後に休憩が取れますよ」）

第4章
行動支援計画の立案

実践につなげるために　■事例１

ミナは小学５年生です。両親と担任の先生はミナについて心配事があります。ミナは放課後に出かける所について両親に嘘をついたり，インターネットのソーシャルサイトに自分や友達に関して嘘の情報を流したり，学校ではクラスで悪ふざけをしたりするようになりました。ミナの担任の先生は両親と話し合った後，学校心理士の先生にミナに対する機能的アセスメントの実施と，両親と担任の先生に助言を依頼しました。

学校心理士の先生は，機能的アセスメントインタビュー（第２章参照）を使って，両親と担任の先生から情報を収集しました。また，一週間，さまざまな時間にミナの教室を観察しました。この情報から，ミナが同級生からの注目を得るために問題行動を起こしていたことが明らかになりました。問題行動が起きるきっかけとなる状況を変えること，かつ，問題行動が起きる状況となる可能性を減らすよう環境を再調整することによって，問題行動をできるだけ行う意味のないものにしなければならないことが分かりました。担任の先生は，授業で協同学習の方略をいくつか用いました。そして，この方略をより多く用いると，学級の児童の成績が伸びることが分かりました。また，協同学習の方略によりミナと友達との肯定的な交流の機会も増えました。さらに，児童生徒教師チーム成績班（Student Teacher-Achievement Divisions Group Investigation strategy; Johnson & Johnson, 2013）を用いることにしました。担任の先生がさまざまなグループ分けのメンバーを選び，ミナは，成績がよく，学校外でよい社会的ネットワークをもっていて，かつ，同級生の間で人気のある児童らと一緒にしました。これにより，ミナの学習スキルと共に，同級生との肯定的な社会的交流も増えました。

学校心理士の先生はまた, ミナに社会的に適切でより効率のよい方法で, 問題行動と同じ結果（仲間からの注目）をもたらす代替行動を教えることによって，問題行動を効率の悪いものにすることが重要であるとわかっていました。担任の先生はミナだけでなく他の児童も，同級生から肯定的な注目を得られる機会を増やすためのいくつかの方略を設定しました。一つ目は，「朝のジョーク時間（joke of the morning)」を設定し，午後にも同じ活動を設定しました。この活動では，名前が呼ばれた児童はジョークを言う時間を一分間もらえます（最初，担任の先生は，ミナの名前が他の児童よりもやや頻繁に呼ばれるように，朝のジョーク時間のシステムを修正しました)。ジョークを聞いたクラスの児童たちが面白かったと投票した場合，言った児童は 10 点のボーナスポイントがもらえます（もし面白くなかった場合，5 ポイントがもらえます)。このやり方は面白い活動として，午前の授業を始めるときと，午後の授業の終わりに加えられました。さらに，担任の先生は，クラスの仕事（プリントを配付する，ドアを開ける，出席を取るなど）を行う児童のために社会的な強化の要素を加え，子どもたちは仕事をした子にちょっとしたお礼を言いました（担任の先生はミナがいつもよりも多く，クラスの仕事をするように，このシステムも少し修正しました)。

また，担任の先生は，問題行動をできるだけ効果のないものにすることにしました。学校心理士の先生と担任の先生は，ミナが望ましくない行動により同級生からの注目を受ける強化の量を減らすために，クラス全体への介入を考えました。担任の先生は，クラスでポイントシステム（トークンエコノミー）を使用しました。ふざけた行動を無視した（笑わない，反応しない）ときはいつでも，児童はポイントを得ることができ，そして，ふざけた行動をしている同級生に注目を与えた児童は，毎回ポイントを取られる（レスポンスコスト）ように，システムを修正しました。この新しい決まりはすべての児童に適用されたため，ミナだけが選びだされることなく現在は，ミナの問題行動の随伴性は変更されました。

実践につなげるために　■事例２

マナブは，自閉スペクトラム症（ASD）のある高校生です。とても聡明で，パソコン，数字，数学に関する課題がよくできます。週に数時間，設立されたばかりの技術系の会社で働いており，そこではスマートフォンのアプリケーションの開発を手伝っています。指示されたパソコンで行う仕事はとてもよくできますが，職場で対人的なトラブルを起こしています。スーパーバイザーであるイトウ先生はとても心配し，次のような事案について説明するために，担任の先生と話しました。すなわち，マナブが同僚の名前をからかって呼んだり，指示されたパソコンを使わない仕事（設立したばかりの会社なので，たとえば社員は電話応対したり，人に頼まれた仕事をしたり，届いた物品を分類したり管理したりするなど，互いに仕事をカバーし合っている）を行うことを拒否したりするようになっているということです。

担任の先生は機能的アセスメント観察記録用紙を使用して，職場でのマナブを何回か観察しました。マナブの問題行動の機能は，同僚とのやり取りから逃避し，パソコンでの仕事に戻るためであることがすぐに明らかになりました。同僚は，マナブに対して非常にいらいらさせられていました。マナブに対して，失礼なことを言い直させるようにしましたが，そういう行動はマナブの失礼な発話に何の影響もありませんでした。担任の先生はマナブに対してポジティブな行動支援を行うことにしました。まず，見通しが持てるようにし，さらにマナブが選ぶことができる適切な選択肢を示すことによって，問題行動をできるだけ行う意味のないものにしなければならないと理解しました。マナブのパソコン画面に短い時間，ポップアップウィンドウが出るようにして，ある仕事を行うように指示されるかもしれないことを思い出させることで見通しを増やしました（たとえば，「今日は火曜日で，火曜日の午後に備品が届き，ミカはいくつかの箱を倉庫に運ぶように依頼するかもしれません」）。このポップアップウィンドウに続き，二つ目のポップアップウィンドウでは，マナブが選ぶことのできる適切な選択肢（「すぐに今の仕事を中断しミカと一緒に行く，もしくは，ミカにすぐに行くと伝え，30 秒のカウントダウンを視覚的に示すアプリをクリックする，そして今の仕事を中断し，30 秒経ったらミカと一緒に行く」）を思い出させるものでした。

さらに，担任の先生は，より社会的に適切で，マナブが問題行動と同じ結果（パソコンの仕事に戻る）をより効率的に達成する方法である代替行動を教えることによって，問題行動を効率の悪いものにすることとしました。先生は，マナブがどのくらいの時間，パソコンから離れていたかを記録するアプリを彼自身にセットさせました。それから，マナブは，ミカを手伝うのに十分理に適っていると同意した目標時間で行うか，それよりも短時間で行うよう頑張りました。このことにより，ミカを手伝う際にできるだけ早く仕事をすることが促進されました。

最後に，担任の先生は，問題行動をできるだけ効果のないものにすることにしました。このためには，マナブの逃避行動（失礼な態度をとることで他人がマナブに構わなくなる）が機能しないことと（マナブが失礼な態度を示したら，マナブを一人にするのではなく，適切な行動をするようにマナブをプロンプトする），効果的な代替行動を教えることを確実にすることが必要でした。担任の先生は，具体的なソーシャルスキルの流れを教えることを組み合わせたセルフ・マネジメントを導入しました。マナブとロールプレイを行って，自分のパソコンから離れることにならざるを得ない状況に対応する方法を教えました（たとえば，「パソコンの仕事を止めて，他の人の方に振り向いて，その人の存在を認め，提示されていることを自分が正しく理解できるようにその人からの指示を繰り返す，そしてできるだけ迅速にその仕事を行う」)。このセルフ・マネジメントでは，マナブは同僚からの仕事の指示に応じた回数と，その際に行った仕事の種類を自己記録しました。そういう仕事をするときは毎回パソコンに戻り，一日に行った仕事の数を自動的に記録しグラフを描き，両親と担任の先生に自動的にEメールで送るアプリをクリックします。指示された仕事を行うごとに，その日の夜に家で，5分間追加でパソコンを行う時間がもらえます。そして，その時間を学校では，マナブの好きな特別な数学の課題をするために使用することができ，また，クラスでのマナブの成績にボーナスポイントが与えられます。

4.1 行動支援計画の立案

機能的アセスメント（以下，FBAアセスメント）の主な目的は，問題行動の機能を理解することに加えて，行動支援計画の効果性と効率性を高めることです。第3章に示したように，重要なことは，収集したアセスメント情報（たとえば，問題行動の機能を理解すること）と，行動支援計画の立案との間に論理的な結びつきがあることです。研究では，行動の機能に基づいた行動支援の介入方法と計画は，アセスメントの仮説と結びついていない介入方法よりも効果的で効率的である可能性が高いことが示されています（Ingram, Lewis-Palmer & Sugai, 2005; Newcomer & Lewis, 2004)。本章では，FBAアセスメントの結果を活用して支援計画を立案するという，**競合行動バイパスモデル**（competing behavior analysis; CBA）とその手続きについて説明します。また，行動支援計画の立案と実施について，さらには介入手続きの選び方について，ガイドとなる配慮事項についても幅広く紹介します。第5章では，行動支援の介入方法を文書化し，実施し，さらにその結果を評価するための具体的な枠組みについて紹介します。

4.2 行動支援計画を立案するときの四つのポイント

行動支援計画を立案するにあたっては，以下の四つが重要なポイントとなります。

1. 行動支援計画には，教員，家族，支援者らが自らの行動をどのように変えるのかが示されていなければならない。ただ単に対象者の問題行動がどのように変わるのかにだけ，焦点を当てるべきではない
2. 行動支援計画は，FBA アセスメントの情報（問題行動の機能の理解）に直接的に基づいていなければならない
3. 行動支援計画には，技術的整合性（technically sound）がなければならない。つまり，応用行動分析学の原理と一致しており，当該領域の最適な実践（これはまたエビデンス・ベースの実践としても知られている）に基づいている
4. 行動支援計画は，それを実施する人々の価値観，使える資源，有している技能に十分見合ったものでなければならない

4.2.1 行動支援計画にはそれを実施する人の行動が記述されていること

行動支援計画は，対象とする人の問題行動のパターンを変えるために作成されます。しかし，計画を実施する上では，その対象者が支援を必要とするさまざまな場面にいる，教員，家族，支援者などの行動を変えることが含まれます。行動支援計画では，**支援者が**今までと違った形で何を行うのかを定義します。支援者の行動が変わった（たとえば，場面や活動の修正，先行子操作を行う，望ましい行動にはもっと多くの強化を行う，問題行動に対しては強化しない，問題行動と同じ機能を果たす代替行動のような望ましい行動を教える，リラクゼーションやアンガー（怒り）マネジメントといった対処スキルやセルフマネジメントスキルを使うなど）結果と

して，対象とする人の望ましい行動の改善となるのです。行動支援計画は，物理的な状況を変えたり（机の上の再調整），カリキュラムを変えたり（協同的学習グループの活用），投与する薬を変えたり（アレルギーに対する薬の追加），スケジュールを変えたり（簡単な課題をさせてから難しい課題をさせる），教え方を変えたり（「無誤学習」の活用），望ましい行動や問題行動に対する後続事象を変えたりすることに関わるかもしれません。優れた行動支援計画では，関係する先生や家族，スタッフに求められる行動の変容が詳細にわたって具体的に取り決めてあります。繰り返しますが，支援者の行動が変わったその結果として，支援を受けている人々の行動が変化するのです。

例として，数学のワークシートを行うことを拒否し，教員が課題を行うように言い続けると乱暴なことを言うようになるケンタについて考えましょう。学区の行動の専門家は，ケンタにFBAアセスメントを実施し，行動支援計画を作成することの補助が依頼されました。FBAアセスメントから，ケンタの拒否行動と乱暴な発言は，難しい課題（数学）からの逃避として機能していることが示されました。専門家の先生は教員がケンタの数学のワークシートを修正することで，ケンタが簡単な問題から始められること，そして問題ができたときに教員から褒められるようにすることが論理的であろうと提案しました。難しい課題はワークシートの後の方にし，教員はこまめにケンタを見て，より難しい課題では必要なときに，付加的な援助を提供するようにしました。数学の問題が全部できたときには，教員はケンタに好きな休み時間の活動の選択肢を提供することにしました。一度指示した後は，課題に取り組むように言い続けるのではなく，ケンタが課題に取り組んでいなかったら，援助が必要かどうかを本人に尋ねることとしました。これらは問題行動の機能と結びついた論理的な方法であり，効果的である可能性が高いものでした。また，以上のすべての方法には，教員の行動を変えることが含まれており，今では数学のワークシートを行う課題は変わっています。

4.2.2 行動支援計画は機能的アセスメントの結果に基づいて立案されなければならないこと

FBAアセスメントからの情報により，問題行動のパターンを変えるために教室，家，職場でどのようなことを具体的に変えればよいのかが特定できるはずです。FBAアセスメントは完了したものの，その情報が行動支援計画で使う手続きにまったく関与していないことが数多くあります。行動分析学とポジティブな行動支援が，適切な行動を促すよう環境をデザインすることに関するものであるならば，FBAアセスメントは効果的な環境の要となっている特徴を明らかにするための道具でなければなりません。

FBAアセスメントの結果と行動支援計画の立案をより適切に結び付けるには，二つの方法が有効であることが分かっています。一つは単純に，問題行動の機能を明示している，FBAアセスメントから得られたサマリー仮説を，確実に行動支援計画に列挙することです。このサマリー仮説が行動支援計画の基になるわけで，こうすれば行動支援計画で定義される**すべての**手続きが，サマリー仮説と論理的に一貫したものになるはずです。たとえば，サマリー仮説において問題行動が注目によって維持されていると示されたならば，介入手続きには，問題行動に随伴して注目を与える介入（たとえ「マイナスの」注目（訳注:怒ったり，叱ったりといった）であっても）は含まれないはずです。サマリー仮説によって，問題行動が課題からの逃避によって維持されていると示されたならば，問題行動に随伴して本人を課題から引き離すような介入（タイムアウトなど）は避けるべきでしょう（これは問題行動に対する負の強化となるでしょう）。

二つ目の方法は，FBAアセスメントから得られたサマリー仮説に基づく「競合行動バイパスモデル」を作っておき，そのモデルをどのように変化させれば，適切な行動と問題行動が両立しない，つまりうまく「競合する」ものとなるのかを明確にしておくことです。行動支援計画には，対象となる人が何を**するべきではないのか**（問題行動を減らすこと）を示すだけでなく，何を**するべきなのか**（ポジティブな行動を増やすこと）も示しておくべきです。FBA アセスメントさえ行えば，明確な介入計画は勝手に出現する，とは思わないで下さい。FBA アセスメントの結果から行動支援計画を立案するという，この非常に重要なプロセスは，応用行動分析とポジティブな行動支援の領域において大きな課題の一つなのです。本章に示した「競合行動バイパスモデル」はこの課題を達成するためにデザインされています。

4.2.3 行動支援計画は，技術的（テクニカル）整合性をもったものでなければならないこと

人間行動は実験によって証明された原則に従っており，行動支援のどのような臨床計画もこの原則と一致していなければなりません。行動支援は技法（先行子操作，セッティング事象の操作，正の強化，タイムアウト，レスポンスコスト，トークンエコノミー）の単なる寄せ集めではなく，さまざまな形で広く応用できる行動の基本原則の集まりなのです。強化，弱化，般化，刺激性制御といったものは，その基本原則の例であり，いかなる行動支援計画においても技術的な基礎となるものです（Alberto & Troutman, 2013）。行動支援計画では FBA アセスメントのサマリー仮説から，適応行動を支援し，問題行動を減少させる，論理的に妥当な環境を作り出すために，これらの基本原則を使わなければなりません。

また，技術的整合性のある行動支援計画にはエビデンス・ベースの介入や実践が用いられるべきです（Cook & Odom, 2013; Willingham, 2012）。支援計画に含められた介入や手続きは，その効果やそれを含めるということに対するロジックを示す，研究や臨床適用のデータがあるべきです。

技術的整合性のある行動支援計画の立案は簡単ではありません。ことを複雑にしているのは，行動支援の実施責任を担っている人々の多くが，複

雑な行動の原則を組み合わせて使ったり，現場へ応用したりすることについて十分な指導を受けていないことにあります。しかし，ほとんどの場合，行動支援計画により，問題行動が**行う意味がなく，効率が悪く，効果のないもの**になっていれば，その計画は技術的整合性があると言えるでしょう。

問題行動を「行う意味のないもの」にする

ポジティブな行動支援計画を立案する人は，問題行動のきっかけを作っている場面（刺激条件）を特定し，その条件を満たす可能性を減らすように環境を整えなければなりません。たとえば，サダオにとって数学の課題は非常に嫌悪的で，それはその問題が解けないためだとすれば，課題の複雑さを変えたり，行わなければならない課題の量を変えたりすることで，課題から逃避しようする問題行動を，行う意味のないものにすることができます。つまり，数学の課題にあった嫌悪的な特徴をなくしてしまうのです。同様に，リカが退屈な環境で注目を得ようとして叫び声をあげたり，服を脱いだりしているのなら，日課をリカにとってより活動的で興味の持てるものにすると，その問題行動を，行う意味のないものになるでしょう。問題行動を行う意味のないものにするための一般的な方法は，構造上の変更を行うことです。たとえば，物理的な場面設定を変える，環境を豊かにする，活動やカリキュラムを改善する，次に起こることなどを予測しやすくする，本人が選べる選択肢を増やす，などです。このような変更は単独では問題行動をなくすことはできないかもしれませんが，行動支援計画の他の要素（訳注：行動支援計画には四つの構成要素がある〈p. 158 参照〉）をより効果的にするでしょう。

問題行動を「効率の悪い」ものにする

行動の効率性とは，以下のことが組み合わさって出てくる作用のことで，それは（a）その行動を行うためにどれほどの身体的労力が必要か，（b）強化されるまでに何回その行動を行う必要があるのか（強化スケジュール)，(c) 最初に問題行動を起こしてから強化を得るまでにどの程度待たなければならないのか，です。たとえば，教室で奇妙な音を出す行動が，友達からの注目を得ることで強化されている児童生徒は，大変効率の良い行動を行っている典型例です。たった一つの簡単に行える問題行動をするだけで，即座に強化子（訳注:ここでは友達の注目）を得られるわけです。また，指示されたことから逃れるために延々と激しいかんしゃくを起こしている重度障害のある青年は，効果のある行動を行っています（指示がなくなるという負の強化子が得られる）が，効率の悪い行動を行っているといえます（かんしゃくは多大な労力を要し,多くの反応を行う必要があり，さらに指示がなくなるという負の強化が実施されるまでに長い時間を要する)。機能的アセスメントは何がその問題行動を維持しているのか（たとえば，教師からの注目を得る，課題から逃避する，好みのものを手に入れるなど）を特定するだけでなく，その問題行動の効率性がどの程度であるのか（つまり，身体的労力，強化スケジュール，強化子提示までの時間的な遅延）についても示していなければなりません。機能的アセスメントインタビューに問題行動の効率性についての質問項目があったことを思い出して下さい（訳注：記録用紙の項目 E)。できれば，行動支援計画には問題行動を行った場合と同じ強化子や結果が得られ，かつ問題行動にとって代わるもので，社会的に適切で**もっと効率の良い**行動が定義されているべきです。この考え方は，機能的コミュニケーション指導（もっと一般的には機能的等価性指導）という介入手続きの基礎となるもので，優れた行動支援の一般原則としてこれまでに長く用いられています。

機能的コミュニケーション指導の例をあげてみましょう。キヨシは話しことばがなく，好きなおもちゃや食べ物を手に入れようとして激しい攻撃行動を示していた少年です。キヨシがこの攻撃行動を行うと，毎回 50% の割合で欲しい物が手に入りましたが，この行動には多大な労力が必要でした。キヨシが物を要求するときにサインを用いればよいことを教わった時点で，攻撃行動の回数はほとんどゼロになりました。サインを使った要求は，横取りしたり相手を掴んだり，叩いたりするよりも少ない労力で済みますし，その上，この要求の方が成功しやすく（サインでは80％の割合で好きなものが手に入りますが，それに比べて攻撃行動では50％の成功率），もっと手早く手に入れることができました。ここでの本質的な効果は，サインの使用は攻撃行動よりも社会的に容認されていることと，労力が少なくてすむことでした。

問題行動を「効果のない」ものにする

長期間，問題行動を起こしている人は，その行動が効果的である限り，たとえ，その問題行動の代替行動を教えられたとしても，今後もその行動を行い続けるでしょう。行動支援計画では可能な範囲で，問題行動が強化子を得るには効果のないやり方となるようにしなければなりません。たとえ行動支援計画に，問題行動の代替となる，新しいより効率の良いスキルを教えることが入っていたとしても，問題行動自体をなくしていく努力も必要です。

「消去」とは，それまで得られていた強化子を計画的に止めたり，強化子への接近を妨害したりすることです。強化子が玩具や大人からの注目を得ることならば，支援計画には，問題行動が生じた後，どのようにしてこの強化子を提示しないようにするかが示されていなければなりません。あるいは問題行動が指示や難しい課題からの逃避によって強化されている場合には，消去手続きによって，問題行動を起こした後に指示や課題から逃避**できない**ようになっているはずです。多くの場合，消去手続きを使うことは「言うは行うより易し」です。単純に，注目や愛情といった後続事象の提示を控えればいい，というだけの場合もあり得ます。しかし，簡単に無視することのできない危険な問題行動を示す場合もあるでしょう。一時的に強化子の提示を止めておいて，問題行動の代替となる新しいコミュニケーション反応の方に指示し直すことができる場合もあるかもしれません。たとえば，トシキが叫び声をあげたり，頭を叩いたりするのは，求められた課題からの逃避によって維持されていたとしましょう。トシキの自傷行動を無視するのは倫理的でも実践的でもありません。しかし，その問題行動を行い始めたならば，一時的に逃避させないようにして，「正しいやり方（言葉やサイン）」で休憩を求めることを教えることができるでしょう。休憩を求めることにより，問題行動の代替となる社会的に適切なやり方で，課題を回避することができるのです。しかし，この手続きはトシキが一つの**行動連鎖**を学んでしまうという新たな問題を生み出す可能性があります。つまり，まず叫び声をあげ，そして頭を叩き，その後に，課題からの逃避ができるであろう行動の連鎖におけるいくつかの時点において期待を持って，休憩のサインをするかもしれないのです。このような問題は，問題行動が起きていない落ち着いた状況で，最初にサインの使用を教えることや，問題行動の生起と適切な反応を引き出すプロンプトとの間に短い時間差をおくことで，大体避けることができるものです。

重要なことは，行動支援計画は行動の基本原則と一致していなければならないということです。行動支援計画の諸要素に，問題行動を**行う意味がなく，効率が悪く，効果のないもの**にする作用があれば，一般に，その計画は行動の基本原則と一致しているといえるでしょう。

4.2.4 行動支援計画は，それが実施される場面に合ったものでなければならない

行動支援の手続きは，行動の原則に従ったものであり，**かつ**支援手続きを実施する人々の価値観，使える資源，実施する人の技能に合っていなければなりません。ある具体的な場面において，ある特定の個人に対して用いることが論理的でありうる行動支援計画は常にたくさんあります。ここでの目的は「100%完璧な」行動支援計画を作り上げることではなく，効果的で実行可能な計画を立案することです。技術的にはすばらしいものであっても，家族やスタッフがその手続きを実施したがらない，または実施

できない行動支援計画を作ってしまう可能性もあります。その結果，その計画は家族やスタッフの行動に最小限の影響しか及ぼさず，問題行動を示す人の行動には何の影響も与えないことになるのです。また，支援計画を実施するのにとても費用がかかったり，労力を要したり，実行するのが難しかったり，計画が実施する人の価値観や信念に反したものであれば，その人たちが計画で求められていることをきちんと行わなかったとしても，それほど驚くべきことではないでしょう。

アキラの行動支援計画は，このことをよく示している例です。アキラは重度の知的障害のある7歳の男の子です。難しい課題が出されると，それを行うように指示した人を蹴って，課題から逃げようとします。この行動は，サインの使用の指導中によく見られました。アキラは多くの状況でサインを使いましたが，サインの指導中に，サインの使用が難しいことがわかると，激しくそして正確に先生の足を蹴ることを繰り返していました。最初に先生に伝えられた支援計画では，カリキュラムそのものは適切であること，先生はアキラがサインの課題をやっているときにもっと褒めること，さらにアキラが蹴ってもそれを無視して，指導から逃避させないことが必要であるということが指摘されました。先生は数回にわたりこのアドバイスに従おうと努めた結果，足に大きなあざができてしまいました。そうするうちに，先生には多くのスケジュールが重なってしまい，サインの指導を続けられなくなってしまいました。この行動支援計画は，ずっと実行し続けていたら効果的だったかもしれませんが，そのために払う先生の犠牲は大き過ぎました。その後修正された計画では，アキラが蹴ることを防ぐことに焦点がおかれ，これは最初の計画に比べ実行しやすく，アキラにとってもよい結果がもたらされました。

行動支援計画により家族や支援者の行動が変化することを期待するのであれば，以下のような目的を達成することが必要です。

- その場面の自然な手順や慣例に合っていること
- その場にいる人たちの「価値観」と一致していること（その人たちがそ

の手続きを実施する意志があることを示す必要がある)

- 時間，お金，使える資源が十分であること
- その手続きを実施する人々の技能に合っていること
- 短期間で強化的な（弱化的ではない）結果（問題行動の減少とポジティブな行動の増加）がもたらされること

全体を再度まとめると，行動支援計画の立案にあたって四つの重要なポイントがあります。

1. 行動支援計画には，それを実施する人々に必要とされる行動変容が明確に定義されていること
2. 行動支援計画には，FBA アセスメントの結果と実施手続きとの間に論理的な関連があることが強調されていること
3. 行動支援計画は，行動の基本原則と一致していること
4. 行動支援計画は，それを実際する人々の価値観，技能，使える資源，日常の手順に十分対応していること

4.3 介入手続きの選択——競合行動バイパスモデル——

以上説明したように，行動支援計画と FBA アセスメントの結果（たとえば，問題行動の機能）との間に関連をもたせることが重要です。臨床家は通常，FBA アセスメントを行ったら，そのまま直接に行動支援計画を書き上げますが，ここでは FBA アセスメントが完成したところで，そこにもう一つステップを加えることをお勧めします。このステップでは，行動支援計画を実施する人々と積極的に協力し合って，効果的である環境の特徴を明らかにするために，**競合行動バイパスモデル**を使います。次に，これにより見出された環境の特徴を使って，行動支援計画を最終的に完成させる，具体的な介入方略を選びます。競合行動バイパスモデルが有効な

のは以下にあげた理由によります。

1. FBA アセスメントの結果と介入手続きを対応させやすくなる
2. 行動支援計画を実施する人々の価値観，技能，使える資源，日課の手順と，実施手続きを対応させやすくなる
3. 支援計画に複数の構成要素がある場合，そこではさまざまな手続きが用いられるが，それらが論理的に一貫したものとなる
4. 行動支援計画が計画通りに実施されるという適合性を高める

4.3.1 競合行動バイパスモデルを作成する

競合行動バイパスモデルの作成には，三つのステップがあります。第1ステップでは，問題行動の行動クラスそれぞれに，機能的アセスメントのサマリー仮説の図式を作成します。第2ステップでは，問題行動とその後続事象と競合する，ないしは代替となる，望ましい適切な行動や適切な代替行動を明らかにします。第3ステップでは，適切な行動を促し，問題行動を行う意味がなく，効率が悪く，効果のないものにする，四つの支援方法のカテゴリー（すなわち，セッティング事象，先行事象，行動の指導，後続事象）のそれぞれで考えられる介入方法を明らかにします。これらのステップはキーポイント4.1にまとめました。さらに以下で詳しく説明していきます。

ステップ1　機能的アセスメントのサマリー仮説を図式化する

FBA アセスメントのサマリー仮説を図式化するために，サマリー仮説で明らかになった，(a) セッティング事象，(b) 先行事象（直前のきっかけ），(c) 問題行動，(d) 問題行動を維持している後続事象，を左から右の順に単純に列挙します（訳注：図4.2も参照）。たとえば，機能的アセスメントを通して，タロウは難しい課題（特に音読が求められたとき）が

キーポイント 4.1

競合行動バイパスモデルを作るための 3 つのステップ

1. 機能的アセスメントのサマリー仮説を図式化する
2. 望ましい行動と代替行動およびそれらの行動に関連する随伴性を定義する
3. 問題行動を行う意味がなく，効率が悪く，効果のないものにする介入手続きを明らかにして選択する

提示されたときで，特に前の夜に 4 時間以下しか寝ていないときは，逃避行動（先生へ口答えする，プリントを引き裂く，教室から飛び出す）を示すことが明らかになっているとしましょう（訳注：図 4.3 も参照）。この問題行動は学習課題からの逃避により維持されています（負の強化）。そのため，タロウの FBA に関するサマリー仮説は次のようになりました。「タロウは睡眠時間が短く，難しい学習課題が提示されると，逃避行動を示す。これは難しい学習課題からの逃避によって維持されている。」このサマリー仮説を整理したものを次の図で示します。

セッティング事象	先行事象（直前のきっかけ）	問題行動	問題行動を維持している後続事象
4 時間未満の睡眠	難しい学習課題の提示	口答えする プリントを引き裂く 教室から飛び出す	課題からの逃避

以下の図は同じサマリー仮説を，矢印を使って示したものです。この矢印が，行動の一連の流れの中で，時間の経過を強調していることに注意して下さい。

セッティング事象		先行事象（直前のきっかけ）		問題行動		問題行動を維持する後続事象
4 時間未満の睡眠	➡	難しい学習課題の提示	➡	口答えする プリントを引き裂く 教室から飛び出す	➡	課題からの逃避

別な例について考えてみましょう。次の例は，レイコという12歳の生徒です。レイコは中学1年生で，生物の授業中頻繁にお喋りをしていました。機能的アセスメントではレイコのお喋りは友達からの注目で維持されており，その日のはじめの方に友達との関係でうまくいかないことがあったときに，お喋りが増加する傾向があると示されていました。サマリー仮説は次のようになります。「レイコは友達との関係でうまくいかないことがあると，生物の授業中にお喋りをする。その行動は友達からの注目を得ることで維持されている」このサマリー仮説を図式化すると以下の通りです。

セッティング事象		先行事象（直前のきっかけ）		問題行動		問題行動を維持する後続事象
うまくいかない友達との関係	➡	生物の授業	➡	おしゃべり	➡	友達からの注目

さらに別の例です。23歳のカズヤは重度の知的障害があります。カズヤは寝室の片隅に座って，体を前後に揺らしながら右手の親指で上唇をはじき続けることに多くの時間を費やしていました。機能的アセスメントでは，カズヤの体揺すりや指はじきに影響を与えている，「直前ではなく時間的に離れた」セッティング事象はないこと，体揺すりや指はじきを予測できるような一貫した出来事は存在しないことが示されました。当初，支援者はカズヤが体揺すりや指はじきを行うのは，それをすることで生じる身体的感覚を得るためだと考えていました。しかし，「機能的アセスメント観察記録用紙」を使ったところ，二つのパターンが見つかりました。一つは，カズヤの体揺すりや指はじきは，やることが決まった活動を与えられていないときに生じやすいということでした。もう一つは，「不安」反応として体揺すりや指はじきがなされているということでした。二つめの不安反応を特定した2名のスタッフは，カズヤが体揺すりをしているのを見つけたら，カズヤと一緒に座り，カズヤを慰めていたのです。このこと

により，カズヤの体揺すりと指はじきを維持していると考えられる三つの機能を明らかにすることができました。それは，(a) 身体的な感覚を求めるため，(b) 退屈を回避するため，(c) 支援者からの注目を得るため，です。単一の状況で複数の機能がみられた場合，**最も強力な機能**に着目することが有用であるとわかっています。ここでは，考えられる強化子のうち最も強力なものは「支援者の注目を得ること」であると支援者は特定しました。カズヤのサマリー仮説は，「やることが決まった活動がないとき，カズヤは体揺すりと指はじきを始め，それは支援者からの注目を得ることで維持されている」です。この図式は以下の通りです。

セッティング事象		先行事象（直前のきっかけ）		問題行動		問題行動を維持する後続事象
特定されていない	➡	行うべき活動がない	➡	体揺すりと指はじき	➡	支援者からの注目を得る

さて，あなたが支援している人の中で，セッティング事象，直前のきっかけ，問題行動，それを維持している後続事象を特定できそうだと思える人について考えてみましょう。これらの情報を一つにまとめて，サマリー仮説を作成し，以下の欄に記入してみましょう。

図 4.1 の空欄に，あなたが書いたサマリー仮説を図式化して下さい。その際，時間経過を示す矢印を入れてみて下さい。

セッティング事象	先行事象 （直前のきっかけ）	問題行動	問題行動を維持 している後続事象

図 4.1　あなたのサマリー仮説

ステップ 2　望ましい行動や適切な代替行動と，その行動に関連する随伴性を明らかにする

効果的でポジティブな行動支援の基本ルールは，問題行動の代わりに行うべきポジティブな行動を特定することなしに，問題行動だけを減少しようとするべきではない，ということです。行動支援計画では，問題行動を減少することと同時に，望ましい行動を増やすことを目標とするべきです。この 2 点を踏まえて，問題行動と競合する，つまり問題行動とは両立できない行動や，行動の筋道を明示することは有用です。これは，次の二つを自問することで達成できます。

1. そのセッティング事象ときっかけとなる条件が生起した場合，その状況で本来，行ってもらいたい適切な行動（すなわち，生起してほしいと思う望ましい行動）は何ですか？
2. そのセッティング事象ときっかけとなる条件があった場合，社会的に適切で，かつ問題行動と**同じ**結果を生み出す「機能的に等価な」代替行動は何ですか？

この質問に対する答えが，図 4.2 に示した競合行動バイパスモデルに書き加えられていくわけです。望ましい行動に関しての留意点は，望ましい行動を維持する後続事象も明らかにすることです。競合行動バイパスモデ

ルでは，望ましい行動に関する後続事象と問題行動に関する後続事象が競合していることが，図で例示されます。

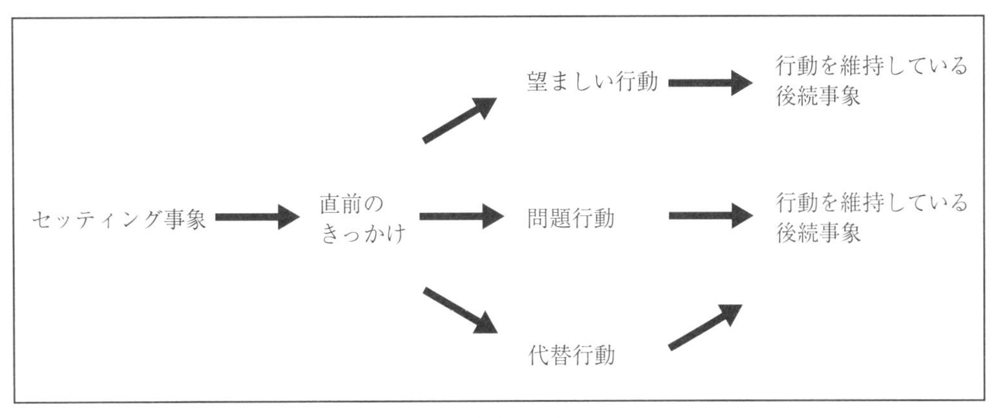

図 4.2　拡大版　競合行動バイパスモデル

ここでタロウの例に戻りましょう。タロウは難しい学習課題が提示されると逃避行動を示していました。ここでのタロウにとって望ましい行動とは，学習課題を行うことです。しかし，タロウが学習課題を終えたときに何が起こるのかを先生に尋ねたところ，大体はタロウは言葉で少し褒めてもらい，多くの場合では**さらなる課題**が与えられる，という答えでした。そして，問題行動と等価で適切な行動は何だと思うかと尋ねると，当初，先生は許容できる等価な行動はないと答えました。さらに先生と話し合うと，学習課題ではない作業（先生が使う教材の準備，ノートを職員室に持っていく，水を飲む）を行うためにタロウが休憩したいと要求する行動は，許容できる範囲の行動であり，それは数分であっても学習課題から逃避できる行動だと納得してくれました。図 4.3 には，望ましい行動（学習課題を行う），問題行動と等価な代替行動（休憩を求める），そしてそれぞれの行動に対する後続事象を加えたタロウの競合行動バイパスモデルを示してあります。

このモデルには，FBA アセスメントのサマリー仮説が示されており，(a) 望ましい行動（学習課題を行うこと）に対しては最小限のポジティブな結果しか伴わないこと，(b) タロウには休憩を求める技能など，学習課題

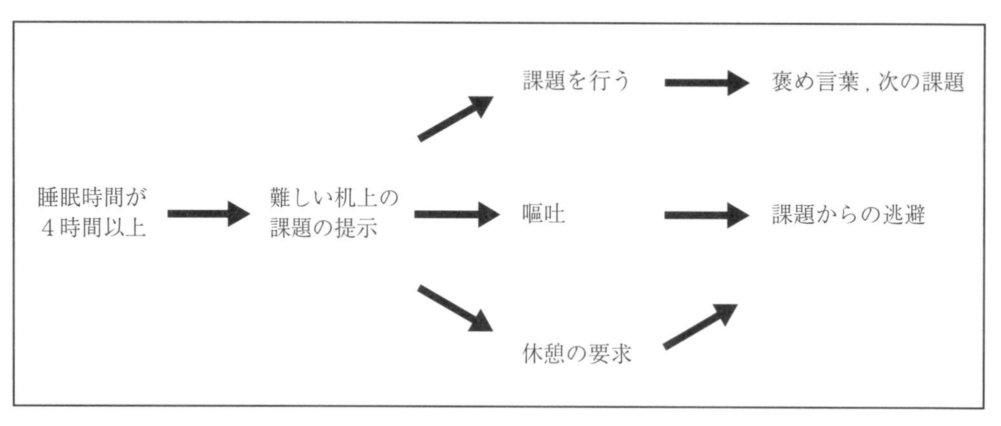

図 4.3　タロウの拡大版　競合行動バイパスモデル

から逃避できるような，問題行動と等価の技能は有していないことが分かります。またこのモデルは，タロウにとって困難な学習課題は嫌悪的であることも示しています。困難な学習課題を提示すると，逃避の機能を持つ問題行動が引き起こされるわけです。タロウが疲れている場合，つまり前日の睡眠時間が4時間以下であったら，学習課題は問題行動をさらに起こりやすくする効果を持つでしょう。このサマリー仮説はたくさんの情報を提供してくれており，これこそが，タロウに対して効果的な環境をデザインするために必要で妥当な情報なのです。

マヤについて作成された，競合行動バイパスモデルのもう一例を紹介します。マヤは8歳の小学2年生で，家庭生活に大きな問題を抱えています。障害は診断されていませんが，お喋り，ぐずり，課題の拒否，不服従，かんしゃくといった行動により，担任の先生と常に衝突していました。機能的アセスメントから，直接先生と一緒に課題を行う場合や，他の児童との小グループで課題を行う場合には，マヤの問題行動はほとんど生じないことが示されました。マヤのさまざまな問題行動は，すべて一つの反応クラスとして機能しており（つまり，それらは同じ機能を示しており，同じ後続事象によって維持されているということ），一人で行うクラス全体への課題が提示された直後の2～3分で見られることが多く，そして，先生からの直接の注目（それが褒められるなどプラスの注目，叱られるなどマイナスの注目のどちらであっても）によって維持されていました。マヤの家族と一貫したコミュニケーションがとれていなかったため，時間的に問題行動から遠くさかのぼるセッティング事象を特定することは困難でした。マヤのアセスメント情報の図式は図 4.4 に示しています。

セッティング事象		先行事象（直前のきっかけ）		問題行動		問題行動を維持している後続事象
セッティング事象は明らかにならなかった	➡	独りでの課題	➡	ぐずり，お喋り，課題の拒否	➡	先生からの注目

図 4.4　マヤの機能的アセスメント情報

競合行動バイパスモデルを作るために，まずマヤにとって望ましい（もしくはポジティブな）行動を明らかにしました。マヤの場合には，教員はマヤが一度始めた活動はどんなものであってもやり続けることを期待していました。活動を続けることに対する後続事象は，同じ活動がさらに与えられることと，ごくわずかな注目のようでした。問題行動と等価な反応は，フィードバックや助けを求めるという形で，先生の注目を言葉で要求するというものでした。マヤにはこの行動ができそうでしたが，それまでこのような技能は効果的には使っていませんでした。完成したマヤの競合行動バイパスモデルは図 4.5 に示しています。

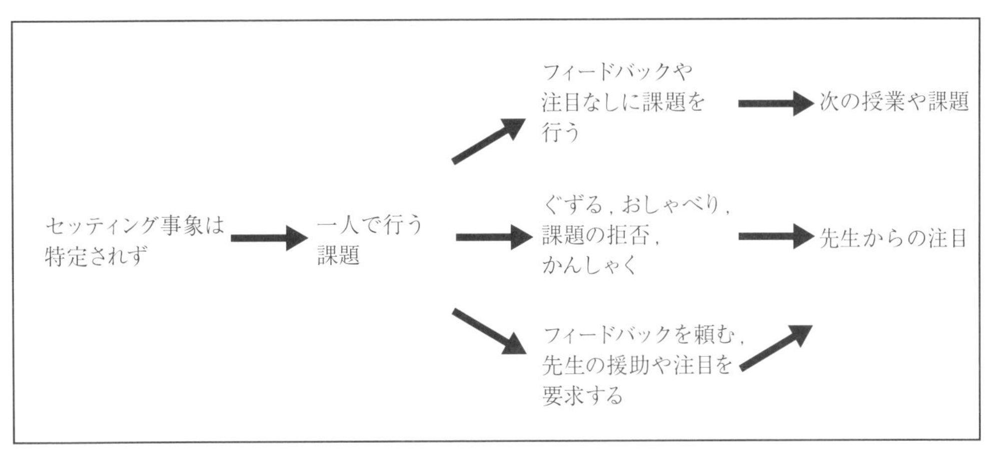

図 4.5　マヤに対する競合行動バイパスモデル

競合行動バイパスモデルを作成する際に，問題行動と同様の機能を果たす，適切で等価な代替行動を明らかにするのが難しい場合があるでしょう。そのような場合でも，競合行動バイパスモデルが効果的な支援計画を立案する助けとなることが経験上分かっています。たとえば，中学1年生のレイコの生物の先生は，生物の授業中にレイコが友達からの注目を得るために使える代替手段を積極的に見つけようとしてくれませんでした。レイコのお喋りに関する競合行動バイパスモデルは図4.6です。

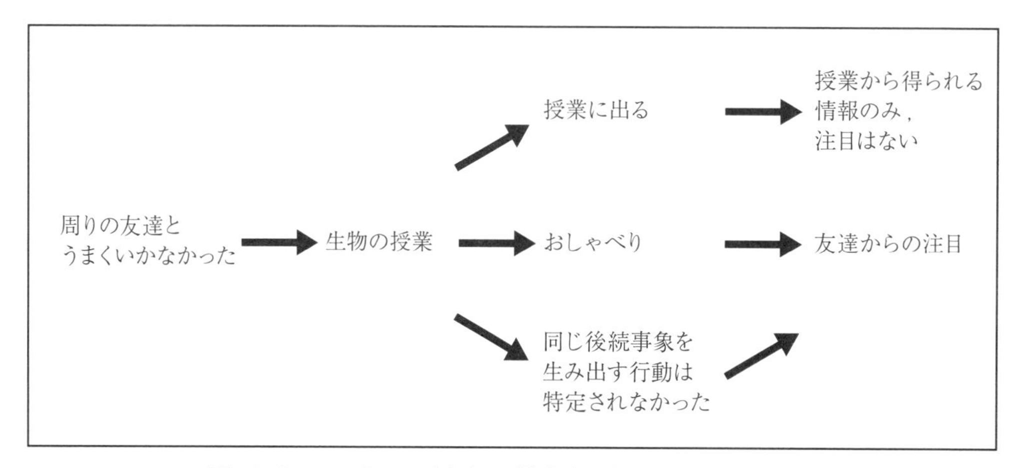

図4.6　レイコに対する競合行動バイパスモデル

ここで，あなたがよく知っている問題行動を示す人とその状況について，図4.1で作成したFBAアセスメントの図を再度見てください。図4.7にある記録用紙（巻末付録Gにもこの記録用紙があります）の上部に，図4.1で作った図を書き移して下さい。次に「望ましい（本来行うべき）」行動を決め，図中の「問題行動」の上の欄に書き込んで下さい。そしてこの望ましい行動を行うと，通常はどのような結果が生じるのかについて考えて下さい。この作業が終わったら，社会的に適切で望ましく，問題行動と**同じ**後続事象を伴い（同様の機能を果たす），問題行動よりも簡単で労力の少ない，問題行動と等価な代替行動を定義します。この代替行動を「問題行動」の下の欄に書いて下さい。これで，競合行動バイパスモデルを作る三つのステップのうち二つが終わりました。

ステップ３　介入手続きを特定して選択する

ポジティブな行動支援計画を作成する目標は，その問題行動を除去すると思われる，たとえばタイムアウトのような単一の技法を特定することではありません。ここでの目標はむしろ，問題行動が起こりにくくなり，適切な代替行動が行いやすくなり，支援計画の手続きを実施する人々の価値観，技能，使える資源に適合するように，問題となっている場面をまとめて変化させることです。繰り返しますが，行動支援計画の目的は問題行動を行う意味がなく，効率が悪く，効果のないものにすることです。これには，複数の構成要素のある支援計画が必要となる場合が多いです。

行動支援計画の一般的な作成方法は，その問題行動の後続事象のところから始めることです（たとえば，リョウは教師などのスタッフに対して失礼な態度を取ったら，すぐに職員室に連れていく）。しかし，後続事象から始めると，ときとしてその部分に過度に力が入り過ぎてしまい，問題行動を減らすための弱化に頼った，より押しつけがましい手続きの使用が支援計画に含まれてしまうことが分かってきました。そこで以下に推奨する手続きを示します。

1. **行動支援計画を実施する人たちで一同に集まる**
   重要なことは，対象とする人のことをよく知っていて，支援を提供し，支援計画を実行する責任を持つことになる人から，情報，提案，フィードバックをもらうことです。
2. **競合行動バイパスモデルを図式化し，モデルの論理と構造を再確認する**
   機能的アセスメントのサマリー仮説について，特に問題行動の機能に関して，介入実施チーム内で基本的な合意がなければなりません。
3. **より時間的に隔たったセッティング事象から検討を始め，そのセッティング事象があまり起きないように，あるいは影響しないようにするには，何を変えればよいのかを特定します。**セッティング事象を変えることは，問題行動を行う意味のないものにします。図 4.7 のセッティング事象の欄に，変えることができる点についてのアイデアを

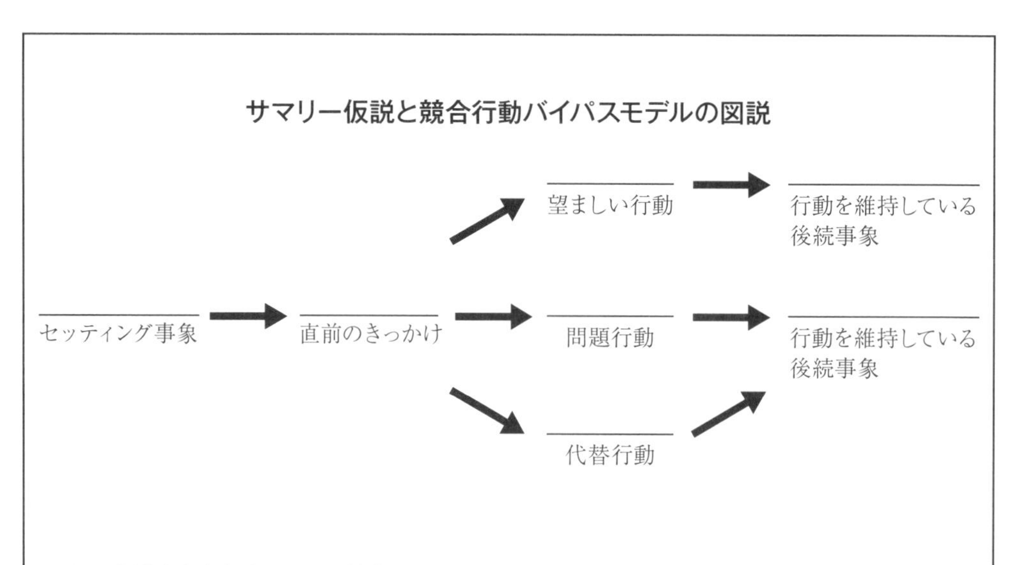

問題行動を行う意味がなく，効率が悪く，効果のないものにする方法をリストしてみましょう。

セッティング事象に関する方法	直前のきっかけに関する方法	指導に関する方法	後続事象に関する方法
・	・	・	・

図 4.7　競合行動バイパスモデルフォーム

列挙して下さい。

4. **次に，直前のきっかけをどのように変えるかについて考える**

問題行動を行う意味のないものにするために，直前のきっかけをどのように変えればよいのでしょうか？ 次のような点について考えてみましょう。毎日のスケジュール，支援やプロンプトのレベル，指示の仕方，カリキュラムや課題や活動の特徴，仕事や勉強を行うときのグループ構成，その課題はいつ行い，いつ終わるのかについてのより具体的な情報を提供すること，課題の長さを短くすること，課題を本人により関連したものにすること，難しい課題の中に簡単な課題をおりまぜること，適切な行動は何かを課題の直前に再度確認しておくこと，そこで期待されている行動をより明確にしておくこと，などです。図 4.7 の「直前のきっかけに関する方略」の欄に直前のきっかけについて変えられる点を記入して下さい（巻末付録 A に，直前のきっかけを操作することに関する参考文献が記載されていますので参照ください）。

5. **問題行動にとって代わる望ましい行動を教え，促すための方略を列挙する**

その人に望ましい行動および，問題行動と等価な代替行動を教える必要があるのでしょうか？ ここで大事なのは，ある技能を**どのように**行うのかを知っているだけでは十分ではないということです。その技能が機能するには，本人が**いつ**その技能を使えばよいのかも理解していなければなりません。ある人がある行動を行っているのを見ると，その人はその行動をすべての適切な状況で使えるだろうと思い込んでしまいがちです。たとえば，マイは目上の人（先生や校長先生ら）に適切に挨拶する方法を知っていて，それができるときもあります。しかし場合によってはできません（それによって本人はトラブルに巻き込まれますが）。

ある特定の状況でポジティブな行動を行わないのは，その人が選んでそうしていると思われがちで，その行動がその状況で機能するということを一度も教わったことがないからだとは，あまり考えられません。ここでの目標は，問題行動よりも効率が良く，かつその人に教えることのできる新しい行動を特定することなのです。指導では，その行動のやり方と，その新しい行動をいつ行うのが適切であるのかの弁別の仕方の両方に焦点を当てなければなりません。ここで，自閉スペクトラム症（ASD）のある児童であるナナミを例に考えてみましょう。ナナミは小学3年生の通常学級に在籍しています。ナナミは10分以上注目を払われないと動揺し始め，奇声を発し，次には床に寝そべります。ナナミは注目を得るためには手を挙げることを知っていますが，先生はナナミが手を挙げたときにいつも反応するわけではありません。つまり，騒いだり床に寝そべったりすることは，先生からの注目を得るための，より効率的な方法なのです。このような状況で，インクルージョンの専門家の先生は，ナナミに手を挙げるための特別なカードを渡して，先生にはナナミがそのカードを使ったらいつもすぐに注目を払い，賞賛するように教えました。

ポジティブなスキル（学業面であれ社会的な面であれ）を教えるということは，おそらく私たちが行える対応の中で，最も効果を発揮するポジティブな行動支援であるということをしっかり認識しておくことは重要です。非常に多くの状況において，問題行動を効果的に減少させる鍵は，新しい行動を効果的に指導することなのです。ぜひ，体系的な指導手続きを用いることは非常に利益があることを経験しながら，指導方法を学んでください。このような指導方法には次のようなものがあります。すなわち，指導する状況の選び方とどのような順番で指導するかのガイドライン，さらに明確な情報を相手に伝えられるようにするための指導の試行や具体例を提示する方法，集団指導（大集団と小集団）と個別指導（一対一），正反応に対する強化の仕方，間違いの修正（またはそうすることが適切な場合には間違いを無視すること），対象者が示す間違いのパターンを分析して自分の指導方法を調整していくことなどです。

競合行動バイパスモデル（図4.7）の「指導方略」の欄に指導した方がよいと思われることを列挙してみて下さい。

6. **どのように後続事象を変えれば，望ましく，かつ問題行動と競合する行動への道筋を作りやすくなるのかを検討する**

重要なことは，行動は後続事象によって増えたり減ったりすること（強化や弱化）を認識することです。ある個人の行動を強化するのであり，その人を強化するのではありません。問題行動を行うと得られる強化子の強さについて考えてみるところから始めましょう。問題行動が楽しくない出来事からの逃避によって維持されているならば（負の強化），その出来事から逃避することの本人にとっての価値を考えてみて下さい。ここで大事なのは，ある行動に引き続いて起こる出来事が，誰に対しても同じように等しく強化子であったり弱化子であったりするわけではないということです。人がいろいろな事柄をどの程度好きか嫌いかには，非常に大きな個人差があります。ある出来事はきわめて強い強化子だったり，弱い強化子だったりしますし，まったく強化子とならない可能性もあります。また，強化価（強化子の価値）自体，継続的に変わっていきます。非常に重要なのは，適切な行動に対する強化子が，問題行動に対する強化子と同じか，それ以上に強力であることを確実にすることです。たとえば，マサヤにとって先生の注目が弱い強化子として機能していること，それに対して友達からの注目はかなり強い強化子として機能している可能性が分かりました。もし，マサヤが同級生からの注目を得るために反社会的な行動をするとしたら，それに対して先生は彼の適切な行動に対して，より多くの注目を与えるようにします。しかし，先生の注目は問題行動に対して得られる友達の注目を超えるほどには十分強くないかもしれません。

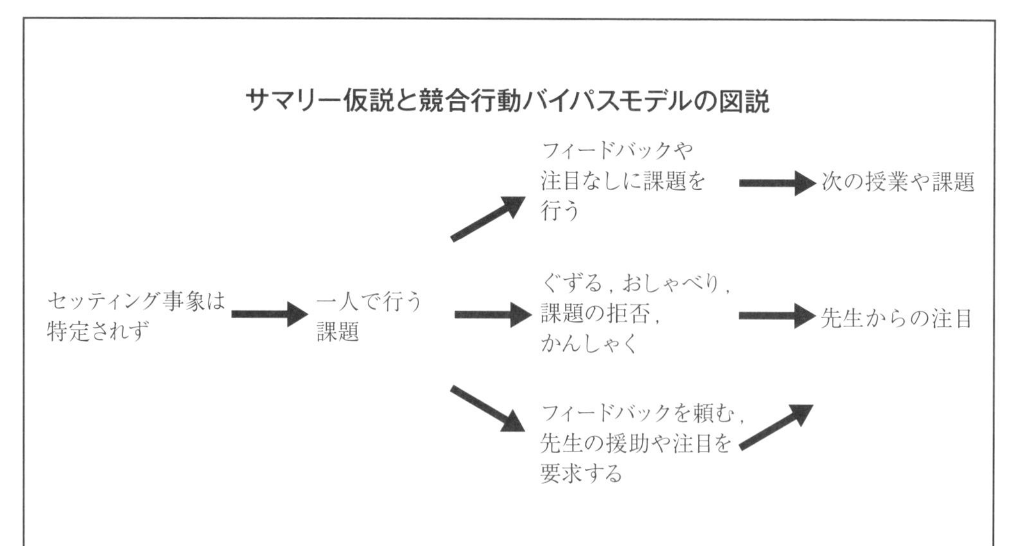

問題行動を的はずれで，無力で，効率の悪いものにする方法をリストしてみましょう。

セッティング事象に関する方法	直前のきっかけに関する方法	指導に関する方法	後続事象に関する方法
・なし	・マヤに課題を渡すときに，必要ならば適切なやり方で援助を求めるように伝える ・可能ならば，少人数のグループで課題を行なう ・課題の量を減らす	・いつ，どのようにして，先生にフィードバックや援助を適切に求めればよいかをマヤに教える	・マヤが課題をやり始めたら，注目を与える ・マヤが適切に頼んできたときに，課題の完了を褒める ・フィードバックや援助を求めるためのルールを伝える以外は，問題行動に対して注目を与えない ・マヤがかんしゃくを起こしている最中に教室の後ろに連れて行く場合，「安全な」手続きを使い続ける

図 4.8　マヤに対する競合行動バイパスモデル

問題行動の方が，望ましい行動よりも強力な強化子が得られる場合には，次の二つの方略を検討するとよいかもしれません。第1は，望ましい行動の強化価（強化子の価値）を上げることです（たとえば，トークンエコノミーの使用を通してなど）。第2は，問題行動を行うと得られる，強化子の価値（強化価）を下げることです（たとえば，強化子の提示を止める，トークンエコノミーにおけるレスポンスコストのような弱化子を加える）。ここでの目的は，行動の機能を達成するという点において，問題行動を効果のないものにすることです。問題行動と望ましい行動のそれぞれの後続事象をどのように変えれば，望ましい行動が問題行動に競い勝つようになるのかを検討してみてください。

図 4.7 の競合行動バイパスモデルの該当箇所に，後続事象で変える点についての案を列挙してください。

さて，今，介入実施チームのメンバーの目の前には，環境の中で変えることが可能な部分はどこかに関するリストができたわけです。このうち，あるものは，環境の構造を変えること，たとえば物理的な場面を変えること，薬を変えること，スケジュールを変更することなどでしょう。一方，スタッフの行動を直接変えることに関係するもの，たとえば課題の提示方法，修正や注意の与え方，強化子の使い方などを変えるなどもあるでしょう。変えるということには，望ましい行動を強めたり適切な代替行動を示したりするための指導も含むでしょう。介入実施チームは，これらのアイデアのうちどれが「実行可能」だと思えるのかを明らかにします。スケジュールの変更，教え方の変更などをどうやって行うのか，その具体的な方法をチーム内で決めていきます。大事なことは，支援計画を機能させ（うまくいかせる）維持させる（実行され続ける）ための鍵は，案外，細部に関する場合が多いということです。

図 4.8 は，前述したマヤの競合行動バイパスモデルです。マヤは先生から注目してもらえないとぐずったり，お喋りしたり，課題を拒否したりし

ます。図 4.8 の競合行動バイパスモデルはマヤの先生が書いたものです。

行動支援計画を立案するために用いられた，競合行動バイパスモデルのさらなる事例を三つ示します。それぞれについて，最初に本人についての簡単な説明とアセスメントが行われた場面について記載してあります。これらを見て，競合行動バイパスモデルがそれぞれの問題をどのように扱っているのかに注目して下さい（たとえば，望ましい行動を特定していない，問題行動と等価な行動が特定されていないなど）。競合行動バイパスモデルの記録用紙は巻末付録 G にもありますので，コピーをとって実際に介入実施チームで使ってみて下さい。

4.3.2 エリカの競合行動バイパスモデル（図 4.9）

エリカは，重度知的障害と診断されている 11 歳の女の子です。エリカは一語文を使ってコミュニケーションでき，言語理解は良好です。家族はエリカをよく支援してくれています。エリカは 5 年生の通常学級に在籍しており，学級にはピアチューターや，授業を共に教え，教室内の他の児童を含めてエリカに対してカリキュラムの調整や変更をすることを援助するインクルージョンの専門家がいます。エリカの学校の大きな長所は，エリカが障害のない友達と一緒に築いてきた強い社会的な関係があることです。しかし一つの問題は，エリカが一人で課題を行わなければならない時間になると騒がしくなり（おしゃべり），離席しては他の児童にちょっかいを出すことでした。先生は，この行動はクラス全体を大変邪魔するものであると感じていました。先生のアセスメントによれば，この問題行動は友達からの注目によって維持されており，さらにエリカが長時間友達と直接やり取りをしておらず，一人で行う課題が与えられたときに最もよく見られるということでした。担任，インクルージョンの専門家，エリカの両親は，図 4.9 の競合行動バイパスモデルを作成しました。

サマリー仮説と競合行動バイパスモデルの図説

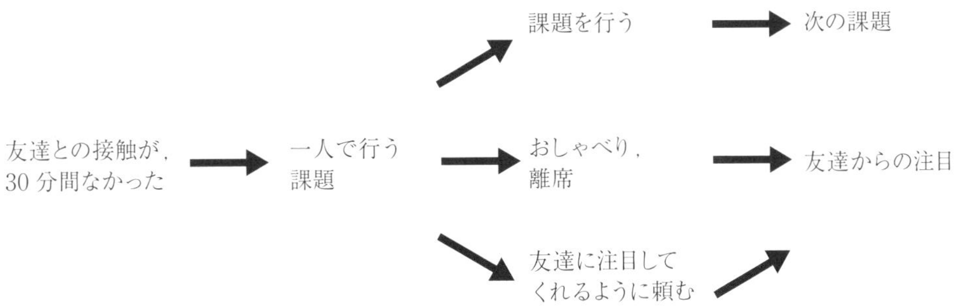

友達との接触が，30 分間なかった → 一人で行う課題 → 課題を行う → 次の課題

一人で行う課題 → おしゃべり，離席 → 友達からの注目

一人で行う課題 → 友達に注目してくれるように頼む → 友達からの注目

問題行動を的はずれで，無力で，効率の悪いものにする方法をリストしてみましょう。

セッティング事象に関する方法	直前のきっかけに関する方法	指導に関する方法	後続事象に関する方法
・昼食時や休憩時間の後に（直前ではなく），一人で行う課題をスケジュールする	・一人で行う課題の長さを短くする ・10 分毎に先生に終わった課題を持ってくるようにさせる ・小グループで課題を行う	・友達に分からないところを教えてほしいと頼むときの頼み方をエリカに教える	・もしエリカがおしゃべりをしたり，離席をしたら，教室の孤立した場所に移す ・エリカが少しでも課題を行ったら，友達に見てもらえる

図 4.9　エリカに対する競合行動バイパスモデル

4.3.3 ユウジの競合行動バイパスモデル（図 4.10）

ユウジは6歳の本当に愛らしい子どもです。自閉症，最重度の知的障害など多くの障害がありました。言葉を話すことができず，他人のことばを理解する程度もまちまちでした。ユウジは，座って右手のこぶしで右のこめかみのあたりを軽く叩いていました（なぐっていた)。この動きはとても常同的で，一定していました。この頭叩きは，他に決まった活動がないときに最もよく見られました。登校前に薬を服用してないとさらにそれが多くなります。先生は，ユウジの頭叩きを維持している要因を探しましたが，結局この行動はそれ自体が自動的に生み出す効果によって維持しているのだろうと考えました。つまり，頭叩き行動は，ユウジにとってなんらかのプラスの効果を生み出しているのだろうというわけです。ユウジの競合行動バイパスモデルは図 4.10 の通りです。

4.3.4 ヒデキの競合行動バイパスモデル（図 4.11）

ヒデキは12歳で，「心ときめく」中学1年生です。背が高く，かっこ良く，おしゃべりで，クラスでの成績はBやCです。ヒデキは障害があるとはされていませんが，ここ3年以上，学校でけんかをするという問題が悪化してきています。大体2週間に一回程度の割合でけんかをしています。2カ月前にも相手に大けがをさせ，自分もさまざまな場面での切り傷とあざが絶えず，治療を受けています。ヒデキは中学校の先生たちにとって大きな悩みの種です。先生たちとの話し合い，あるいはけんかの後のヒデキから教頭先生への報告，予備的な観察の結果を元に，けんかが始まるのは，相手の生徒の言動に腹を立てたときということが分かりました。ヒデキは言葉でまず脅し，そうすると相手も多くの場合は言い返してきます。そして，どちらの生徒も「吹っ掛けてきた」のは相手だ，というわけで手が出るのです。このけんかが始まるまでの一連の流れは，ヒデキが家でごたご

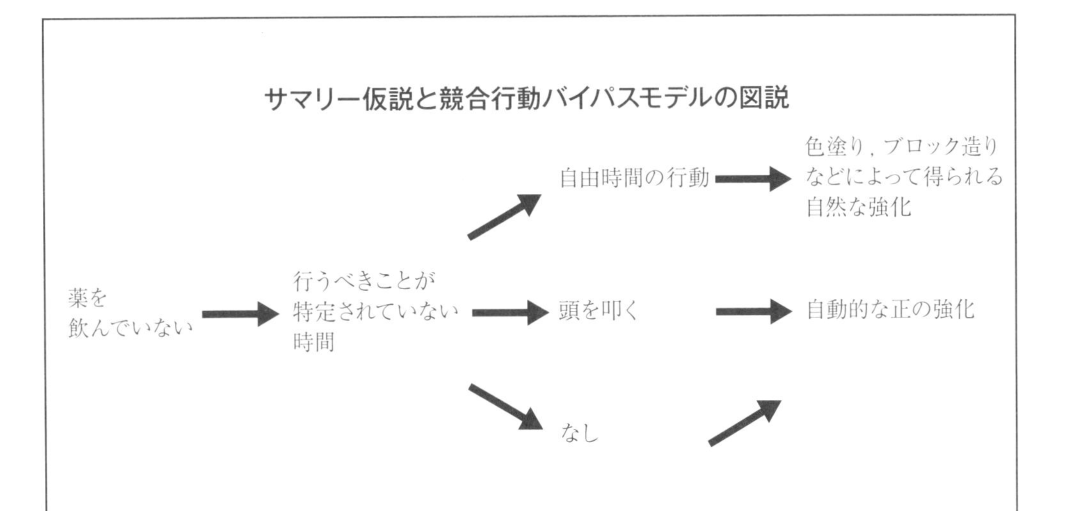

問題行動を的はずれで，無力で，効率の悪いものにする方法をリストしてみましょう。

セッティング事象に関する方法	直前のきっかけに関する方法	指導に関する方法	後続事象に関する方法
・ユウジが服薬を忘れていないかどうかをはっきりさせるために，家族との連絡方法を確立する ・薬を飲んでいないのであれば，薬を学校に持ってくるようにアレンジする	・ユウジに内容がはっきりしている活動の選択肢を与える	・自由時間に行うことができる三〜五つの活動をユウジに教える ・ユウジが活動を選択しやすいように，スケジュールを作る	・ユウジが頭を叩くのを物理的に妨害し，別な活動の選択肢が載っている絵カードにユウジの注目を向ける

図 4.10　ユウジに対する競合行動バイパスモデル

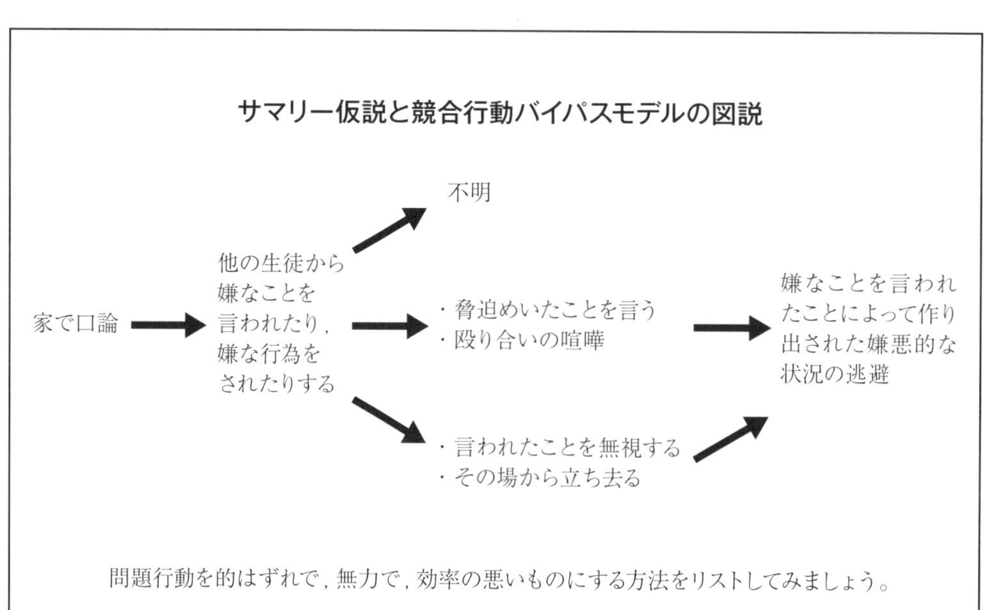

問題行動を的はずれで，無力で，効率の悪いものにする方法をリストしてみましょう。

セッティング事象に関する方法	直前のきっかけに関する方法	指導に関する方法	後続事象に関する方法
・家族に対する支援のネットワークを提供する	・朝と昼の２回，ヒデキの状態をチェックする ・ヒデキが「良好な状態」かどうかをはっきりさせ，状態を見ておく	・口論や殴り合いをしないですむような方法をロールプレイする ・喧嘩をせず，友達の悪口を無視できたかどうか，カードを使って自分でチェックする	・喧嘩をしたら停学処分 ・自己チェックの報告で，悪口を無視できていたら，ヒデキに得点を与える

図 4.11　ヒデキに対する競合行動バイパスモデルフォーム

たがあったときにさらに多いようです。ヒデキの競合行動バイパスモデルは図4.11です。

4.3.5 マサシの競合行動バイパスモデル（図4.12，4.13，4.14）

競合行動バイパスモデルのプロセスの最後の例です。先にあげたマサシ（第2章　2.3, 図2.2〈FAインタビューの結果〉, 2.4.11事例3, 図2.11〈FA観察記録用紙〉を思い出してみましょう。以下にあげた三つのサマリー仮説が作られ，直接観察で確認されました。

1. マサシは，難しいあるいは好きではない算数や読みの課題を行うように言われると，わいせつな言葉を叫んだり，ものを投げたりして，課題から逃れようとする
2. 友達がマサシの欲しいおもちゃや物を持っていると，友達をつねったり，引っかいたりしてその物を自分に渡すように強要する
3. グループ学習やその他自分があまり注目されない状況になると，マサシは先生の名前を叫んだり，机を平手で叩いて，注目を得ようとする

図4.12，図4.13，図4.14にそれぞれのサマリー仮説に対応する競合行動バイパスモデルと介入方略を示してあります。留意することとして，サマリー仮説が複数ある場合は（つまり問題行動が異なる状況でそれぞれ別な機能を持っている場合），競合行動バイパスモデルはそれぞれのサマリー仮説に対して作るようにします。全体の行動支援計画は，この複数の競合行動バイパスモデルから作られた各方略を合わせたものとなります。

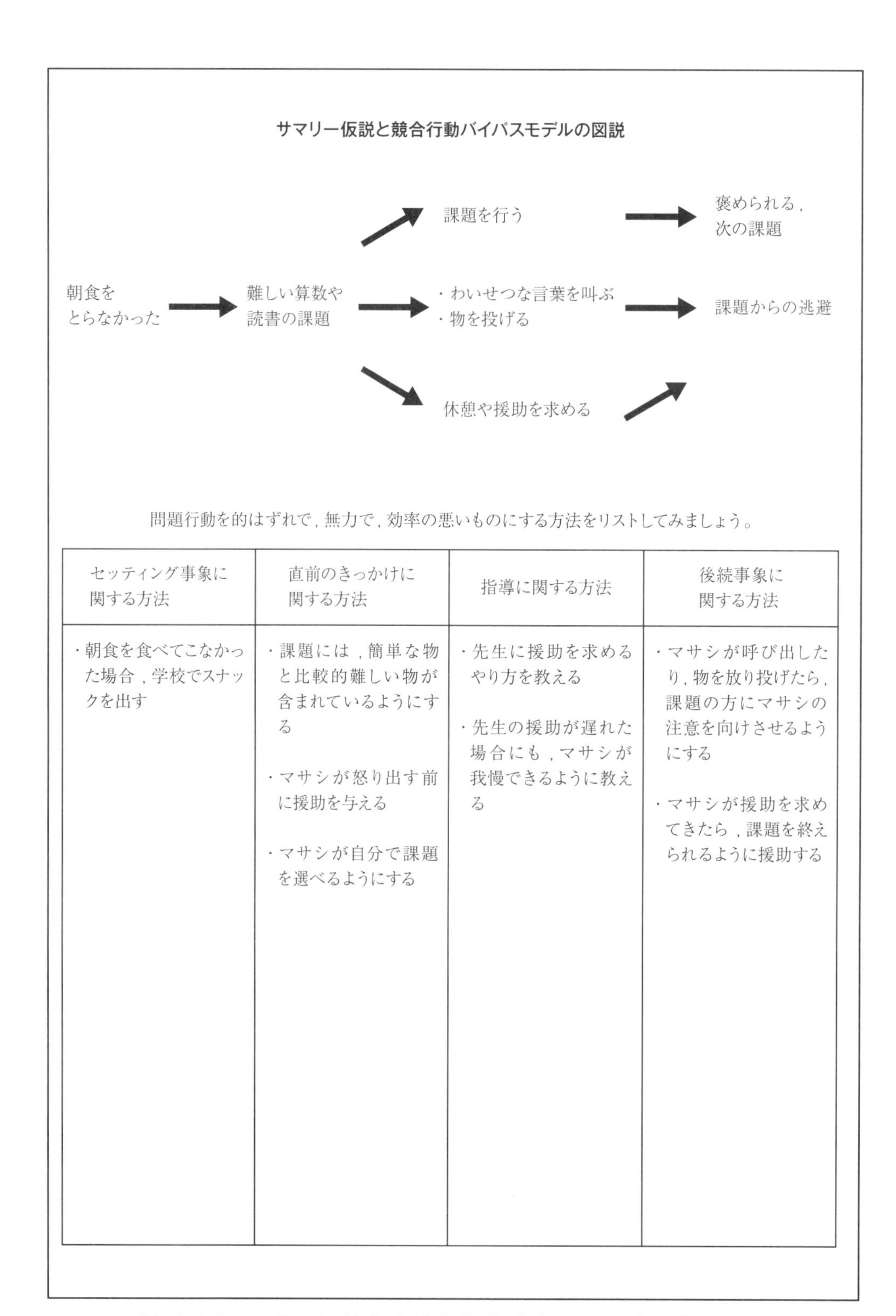

問題行動を的はずれで，無力で，効率の悪いものにする方法をリストしてみましょう。

セッティング事象に関する方法	直前のきっかけに関する方法	指導に関する方法	後続事象に関する方法
・朝食を食べてこなかった場合，学校でスナックを出す	・課題には，簡単な物と比較的難しい物が含まれているようにする ・マサシが怒り出す前に援助を与える ・マサシが自分で課題を選べるようにする	・先生に援助を求めるやり方を教える ・先生の援助が遅れた場合にも，マサシが我慢できるように教える	・マサシが呼び出したり，物を放り投げたら，課題の方にマサシの注意を向けさせるようにする ・マサシが援助を求めてきたら，課題を終えられるように援助する

図 4.12　マサシに対する競合行動バイパスモデル（その 1）

サマリー仮説と競合行動バイパスモデルの図説

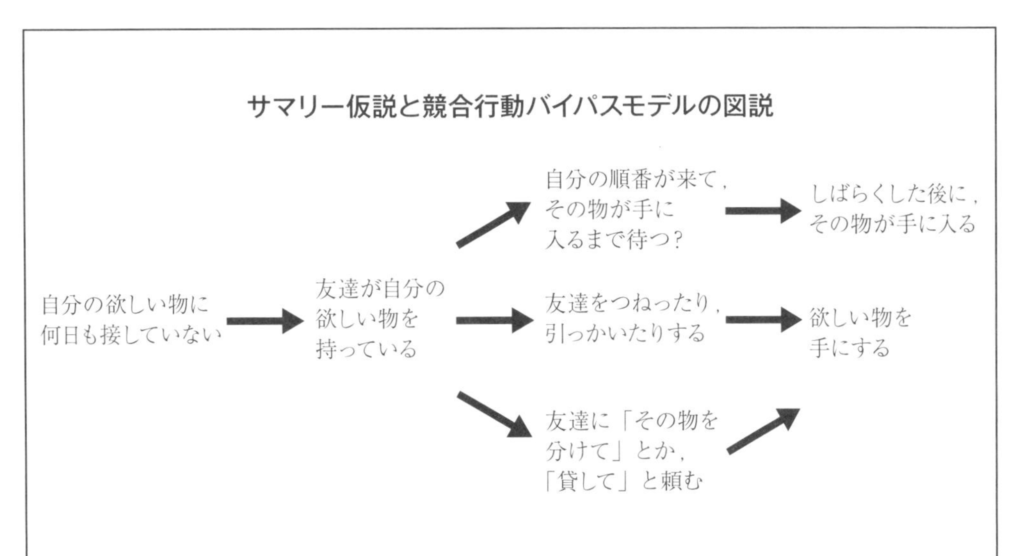

問題行動を的はずれで，無力で，効率の悪いものにする方法をリストしてみましょう。

セッティング事象に関する方法	直前のきっかけに関する方法	指導に関する方法	後続事象に関する方法
・マサシがいつでも欲しい物が手に入れられるようにしておく	・「一緒にその物を使わせて」と友達に頼んだり，先生にその物が欲しいと頼むことを忘れないように，マサシに前もって伝えておく	・「それを一緒に使わせて」と友達に頼む方法をマサシに教える ・マサシに自分の番まで待つ方法を教える ・マサシに先生にその物が欲しいと頼む方法を教える	・マサシが友達をつねったり引っかいたりしても，その物を手に入れることができないようにする ・マサシが適切に要求した場合，その物を彼に渡すように，友達に伝えておく ・マサシが適切に先生に要求してきたら，その物を渡す

図 4.13　マサシに対する競合行動バイパスモデル（その 2）

サマリー仮説と競合行動バイパスモデルの図説

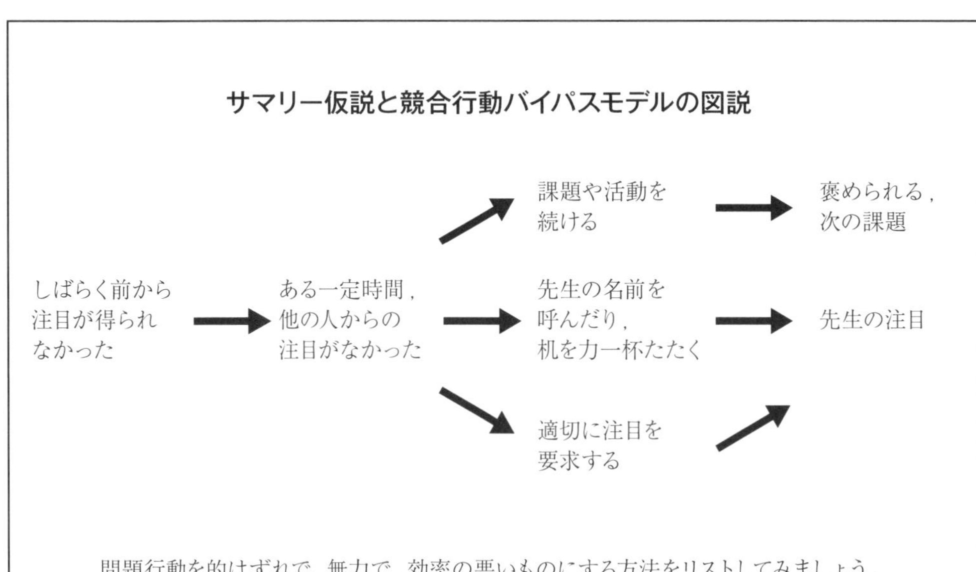

問題行動を的はずれで,無力で,効率の悪いものにする方法をリストしてみましょう。

セッティング事象に関する方法	直前のきっかけに関する方法	指導に関する方法	後続事象に関する方法
・一日の中で,友達と協同して行う活動をスケジュールする	・課題を行っている最中に,一定時間ごとにマサシに様子を尋ねる ・課題の時間が始まる前に,マサシに適切に注目を要求するように思い出させる(事前の修正)	・適切に注目を要求する方法を教える ・すぐに注目されなくても我慢できるように教える ・一人で課題を終えられるように,マサシの能力を伸ばす	・マサシが叫びだしたり,机を叩き出したら,それらの行動を無視する ・マサシが適切に要求をしてきたら,注目する

図 4.14　マサシに対する競合行動バイパスモデル（その 3）

第5章
行動支援計画の文書化

実践につなげるために　■事例その１

第２章の冒頭の事例その１で紹介した，10歳で小学４年生のシンゴの事例に戻りましょう。シンゴの学校の特別支援教育の先生であるワタナベ先生は，シンゴの担任の先生，教室アシスタント，シンゴのお母さんにインタビューをして，計画していた機能的アセスメントを終えました。そのインタビュー時に，シンゴはお母さんと一緒に短時間は座っていましたが，落ち着きがなくなり，そして遊ぶためにその場を離れました。それに加えて，ワタナベ先生は，授業全体，グループ活動，個別学習を含むいくつかの時間で，機能的アセスメントの直接観察記録用紙（FAOF）を使って教室でのシンゴを観察しました。お母さんは家庭でのシンゴの主な問題をまったく報告せず，家庭での介入計画に対するニーズもまったく示さなかったので，シンゴの家庭での観察はされませんでした。シンゴの行動支援計画は学校に関連した問題に特化することに決定しました。お母さんは必要に応じて計画立案のプロセスや計画の実行に参加することに賛同しました。インタビューで得た情報を見返した後，特別支援教育担当のワタナベ先生は，機能的アセスメントから分かった結果とシンゴの問題行動の機能に関するサマリー仮説を再検討するために，担任の先生，アシスタントとお母さんに会いました。ワタナベ先生の仮説は以下の通りでした。

シンゴはグループ活動に参加しているとき，もしくは自分の席で個別課題を行うように指示されたときに，指示に注意を払わなかったり，課題に取り組まなかったり，教材で遊んだり，もしくは注意をそらしたり，先生やクラスメイトの注目を得るために友達に下品なことを言ったりします。このような行動は，活動や机上課題を行う前に先生や友達の注目をほとんど得ていなかったときに，より起こりやすいです。

ワタナベ先生は，サマリー仮説に高い確信を持っていると述べており，関係者の中でもこの仮説は正確であるということで一致していました。

そのため，ワタナベ先生は，その関係者で作成した競合行動バイパスモデルのための根拠として，この仮説を引き続き使いました。シンゴがグループ活動や机上の個別課題で行うことを期待されている望ましい行動や，シンゴがそういう行動を行ったときに大抵受けることができる後続事象に関する情報を，先生は教室のスタッフから得ていました。また，シンゴが友達や先生の注目を得るために行うことができる，可能な代替行動についての情報も求めました。担任の先生とお母さんの両者共，シンゴが行動の自

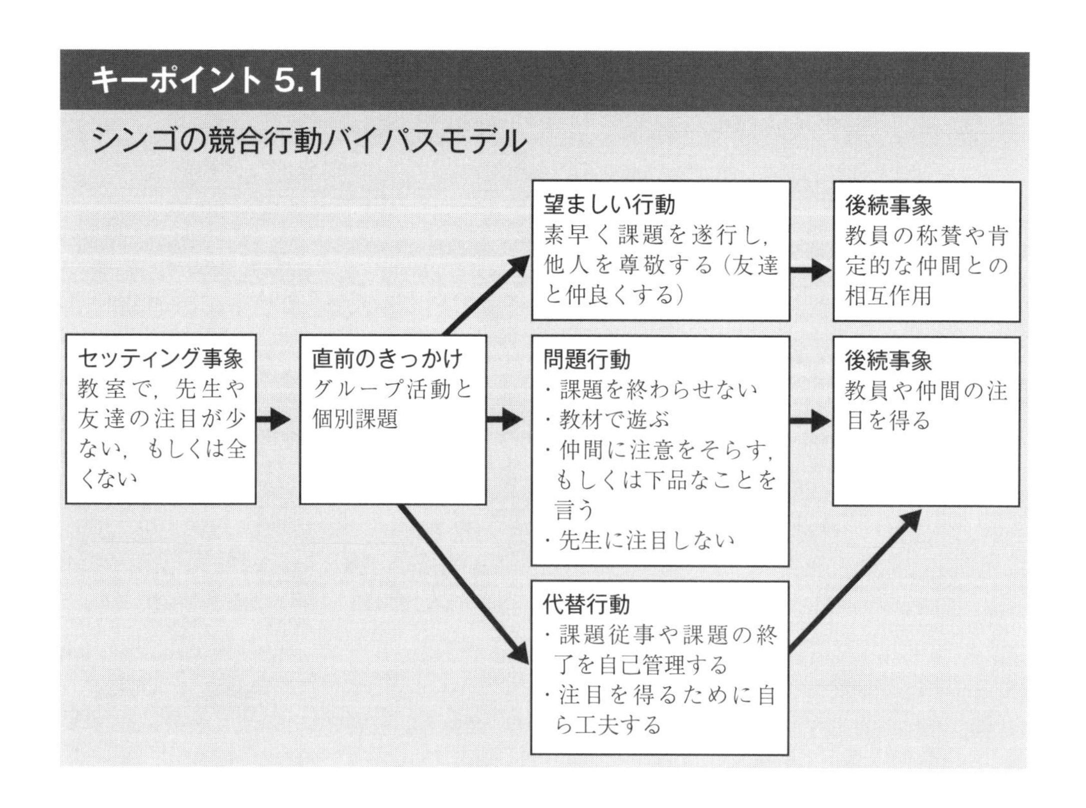

己管理を学ぶことができ，自己管理の介入から大きな成果を得るであろうということで同意しました。この経過は，キーポイント 5.1 の競合行動バイパスモデルに示しています。

それから先生とお母さんらは支援計画を作成するのに，以下に示すような次のステップが必要であることを確認しました。

1. 行動支援の専門的知識のあるワタナベ先生は，競合行動バイパスモデル（CBM）の書式（ CBM のブランクフォームである図 4.7 を参照）に記入するために，考えられるセッティング事象，直前のきっかけ，後続事象の介入方略を同定する
2. ワタナベ先生と担任の先生は，教室で実行する方略を完成させるための作業のスケジュールを立てる
3. 担任の先生は計画の実行方略を共有するためにお母さんと会い，親としてのフィードバックと承認を得る
4. ワタナベ先生は，その学区の行動支援計画（BSP）の書式に書かれた計画を作り，実行されるべき方略のリストが書かれている記入済みの競合行動バイパスモデルの書式と結びつける
5. IEP ミーティングは，シンゴの IEP の一部として行動支援計画を承認するために開催される

シンゴの行動支援計画に結び付けられた，完成した競合行動バイパスモデルを，キーポイント 5.2 に示しています。

実践につなげるために　■事例その 2

コウジは，かわいらしく，優しくて明るい 5 歳の少年で，家族（両親，兄，姉，弟）と家に住んでいます。そして，早期介入プレスクールプログラムに参加しています。彼には発達障害があり，それは言語発達や学習に影響を及ぼしています。また，家や学校でたくさんの問題行動（攻撃，かんしゃく，混乱を起こさせる破壊的な行動，叫ぶこと，他の子どもたちの玩具を投げることなどを含む）を起こしたことがあります。そのために，両親，

キーポイント 5.2

行動支援計画：シンゴの競合行動バイパスモデル

名前：シンゴ

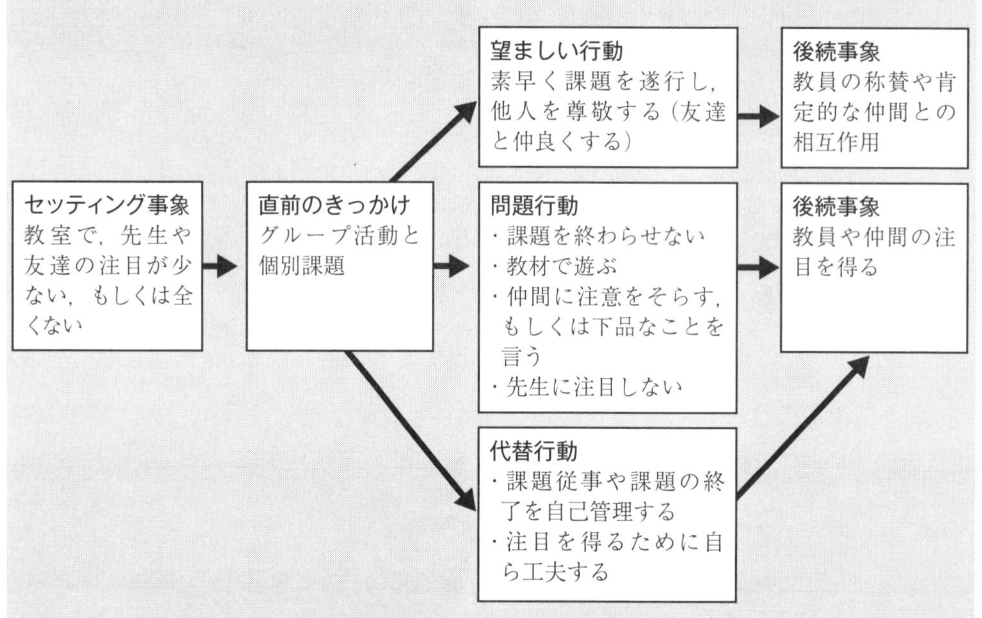

問題行動を的外れで，行う意味がなく，効果のないものにする，方略のリスト

セッティング事象に関する方略	直前のきっかけに関する方略	指導に関する方略	後続事象に関する方略
週ごとに，進捗状況を家庭に報告する 母親は学校での進歩に対して家庭で特別な注目を与える	自己管理カードとタイマーを得ることができることを思い出させる 自己管理カードに三つのポイントが貯まった後に，自ら先生の注目を得るために，挙手することを思い出させる 活動や個別課題の前に素早く課題に取り組み，クラスメイトを尊敬することをクラス全体に思い出させる	自己管理のルーティンを指導する： 1. 課題に取り組む 2. 課題を終わらせる 3. 他の人に敬意を表する 4. 三つポイントが貯まったら先生の注目を自ら得る 5. 必要ならば助けを求める	タイマーが鳴ったとき，良く行っていたことに対して，自らカードで評価する よくできたことに対する先生の称賛 クラスメイトの注目に対する自己管理承認ステッカー 課題を終えたことに対する特別な自由時間

プレスクールの教員，早期介入スペシャリスト，言語聴覚士，行動の専門家からなる行動支援チームが結成されました。コウジの機能的アセスメントでは，彼が示す問題行動には次の三つの機能があることが分かりました。それは，①大人や他の子どもたちからの否定的な注目を得ること，②大人からの助けや再指示といった形の肯定的な注目を得ること，③自分が欲しいアイテム（玩具）を得ることです。問題行動の直前のきっかけは，①プレイルームに大人がいないこと（自分一人でいること），②自分が欲しいおもちゃで遊んでいる他の子ども，③コウジとは一緒ではなくおもちゃで遊んでいる子ども，④彼を仲間に入れないで一緒に遊んでいる他の子どもたちでした。支援チームから援助と承認を得ている，行動の専門家は，コウジの包括的な行動支援計画書を作成しました。この計画書は，両親やプレスクールのスタッフの指針となり，プレスクールから幼稚園への移行のための指針にもなっています。

コウジの支援計画書には，①彼の実態についての簡潔な記述，②機能的アセスメントの結果の概要，これには，問題となる行動の定義，問題行動の機能に関する三つのサマリー仮説（一つ一つの機能に対するサマリー仮説が含まれています，③以下の項目で示したコウジのポジティブな行動支援計画の記述が，書かれています。

- **生態学的な／ライフスタイルの方略**

  これは，コウジのコミュニケーション，予測可能性，選択の基礎となる問題に対処するためのものである（たとえば，学校で絵カードを使って示す毎日のスケジュールや学校や家庭で絵カードを使った選択ボードの使用，学校で休憩場所や作業場所を設けること，学校でコウジのために「友達の輪」を作り上げること）

- **予防的な方略**

  これはコウジが問題行動を起こす必要がない（すなわち，問題行動をその場と無関係なものにする）ようにさらなる支援を提供するために計画

されたもので，次のことを含む

- 「安全な合図」の使用（たとえば，「これから1分間サリーと話します。それから再びあなたと話します」）やその状況に入る前にコウジに望ましい行動やスキルのプロンプト，もしくは助言といった，「事前修正」（たとえば，自由時間に，「コウジ，玩具が欲しいならば，シェアしてとお願いすることを思い出しなさい」）
- 望ましい行動やスキルのモデリング（必要に応じて，1～2分のミニ指導セッションを行う）
- 行動やスキルを行うためのプロンプトを与えること
- 必要に応じて，コウジを支援すること
- 問題行動が起こる可能性が高いと分かっている，難しい状況や課題に対して，コウジが家や学校で示す行動や努力を褒めること

● **指導の方略**

これは，問題行動よりも効率的に（つまりは，問題行動を非効率的にする），欲しい物を得るためのやり方を教えるために計画されたものである。これらには，核となる言語スキル（休憩を求める，嫌だと表現する，注目や助けを求める，活動やアイテムを要求する）を教えることが含まれている

● **効果的な後続事象**

これは，コウジを支援し，望ましい適切な行動を増やし，問題行動を減らす（つまりは，問題行動を効果のないものにする）ために計画されたものである。それらには，つまりは，適切な行動に対する正の強化子を使用すること（コウジが人に受け入れられる言葉を用いたら，それに随伴して自分の欲しい物が与えられること，また彼が試みようとしたこと，進歩したこと，あるいは成功したことに対して言語称賛をすること），問題行動に対する後続事象（コウジが「前兆行動」，もしくは典型的に起こす大きな問題行動よりも先に起こる小さな問題行動を示しているとき，再び指示をしたり，その問題行動がエスカレートすることを抑える

こと）を活用することである

コウジの後続事象の項目の計画書は，中くらいの問題行動からとても激しい問題行動へとエスカレートする場合の，三つの決まった反応の起こり方も示されていました。この三つとは，①回避や逃避の問題行動，②注目や助けを得るための問題行動，③アイテムや活動を得るための問題行動で，それぞれに決まった反応パターンがありました。

コウジの計画書は評価の項目で最後となります。この項目では，データの収集，およびデータのまとめはいつ，誰が責任をもって行うのか，またコウジの進歩や支援計画の振り返りをするためのチーム会議はいつ行うのかが明記されていました。

5.1 行動支援計画を文書にする

行動支援計画書は専門的な文書で，これには対象となっているある個人が示している，望ましくない行動の起こりやすさを変えようとする際に，周囲の者が何を行うのか，またその方法で効果があったかどうかをどのようにチェックしていくのかが明確に記載されています。多くの州や学区，支援団体には，独自の行動支援計画書用の書式があります。ほとんどの場合，こういった書式は役に立つでしょうし，また効果的な支援計画を明確に記載できるように修正することもできるでしょう。

本書で扱っている，行動支援に対するアプローチでは，行動支援計画は，競合行動バイパスモデルにある介入方略について専門的に記述し，さらに拡大したものです。競合行動バイパスモデルは，いわば青写真のようなものとして使われ，支援計画を立案する人は，その青写真を使って完全な家を建てることができます。同様に，競合行動バイパスモデルは，正式な支援計画の立案と，その計画の実施の両方に対する青写真です。

5.2 なぜ行動支援計画書を書かなければならないのか？

行動支援計画書は，いくつかの機能を果たしています。ある面では，この計画書は支援計画自体が首尾一貫し，理にかなったものであることを示している専門的な文書なのです。この文書は，法的，行政的，専門的な質の基準の一部となります。

別な面では，行動支援計画書は，問題行動を減少させ，望ましい行動を増やすために，今後一体何を行おうとしているのかを明記するための書式です。この計画は，それを実行するであろう人々のために書かれており，その進むべき道を示すものです。そこには支援計画の根拠となる仮説が定義されていること，計画を実行するであろう者全員が計画書を読み，それぞれが自分の責任を理解していることが必須です。計画書は，その実行に責任のある者全員をトレーニングするためのガイダンスとなります。効果的な計画書があれば，ある場面に複数のスタッフがいる場合においても，計画書で提案された手続きは一貫して実施されやすくなるでしょう。また，効果的な計画書には，介入の進捗状況を逐次チェックするための方法が明記されています。そして最後に，効果的な計画書は，対象者の行動やその人の行動が起こる場面がどんどん変化していくのに対応して，支援手続きを修正できるような枠組みも提供しています。

5.3 可能性のある介入を同定する

問題行動の機能が分かったとき，その機能と論理的に合った複数の介入方略を特定することが可能となります。対象者にとって適切であり，効果的でありそうなさまざまな介入があります。競合行動バイパスモデルは，可能性のある介入方略を同定するための枠組みを提供します。介入方略を同定するための重要な要素は，その状況のすべての考慮すべき側面をカバーする可能性について論理的な方法で分析できることです。図 5.1 は，可能

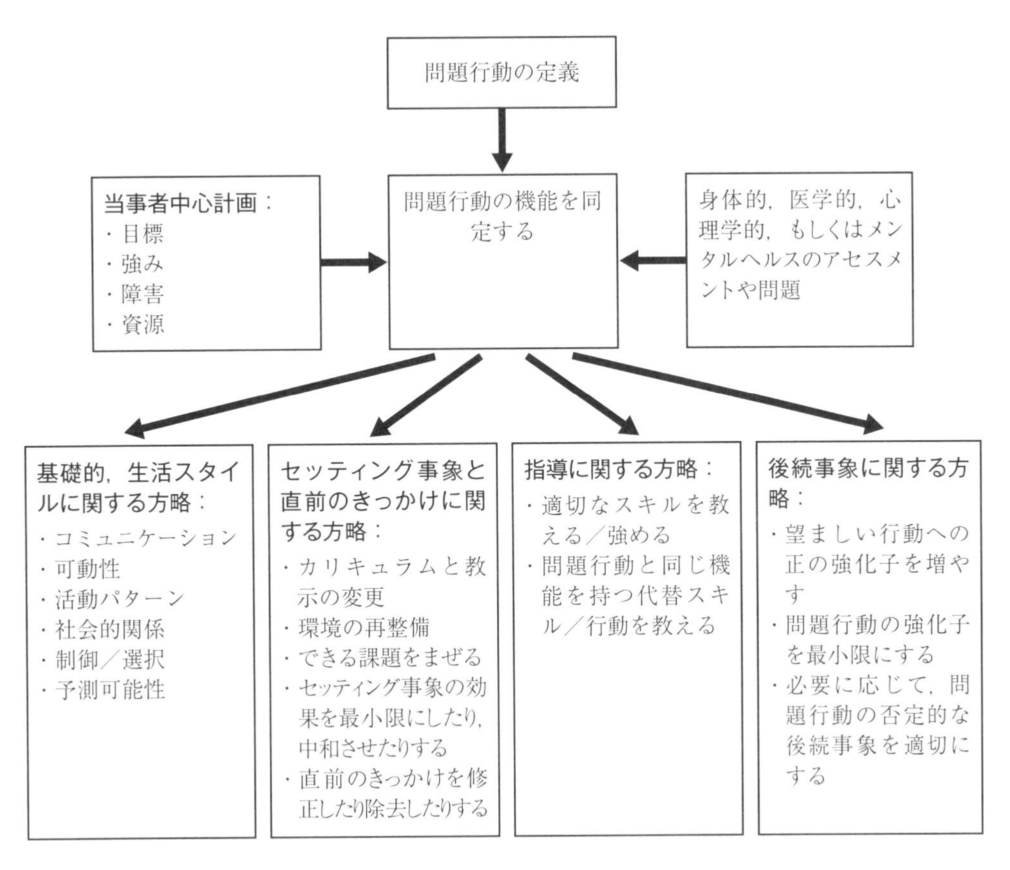

図 5.1 可能性のある介入を同定するために考える変数のフローチャート

性のある介入を特定するのに考慮すべき変数のフローチャートを示しています。図 5.1 に示す方略は，可能性のある例を示しており，完全なリストではありません。具体的な介入方略について紹介しているたくさんのテキストや資料があります。巻末付録 A の文献リストを参照してください。

5.4 行動支援計画に必要な要素

行動支援計画の質は，その計画がどの程度，機能的アセスメントの結果に基づき，関連しているのか，どの程度，行動の基本原則と一致しているか，どの程度，その実行に関与している，その状況にいる人全員の価値観やスキル，使える資源と文脈的にうまく対応しているか，にかかっています。計画の効果は，その計画がスタッフや家族といった，それを実行する人の行動をどの程度変化させたのか，スタッフや家族の行動の変化が支援を受けている対象者の行動をどの程度変化させたのか，ということで明らかにできます。支援計画書にはさまざまな書式がありますが，それぞれが同じ様に有用であることがこれまでに分かっています。計画書の形式上の書式に関わらず，優れた行動支援計画には以下の鍵となる特徴が含まれているはずです。

1. 問題行動の操作的な定義
2. 機能的アセスメントから得られたサマリー仮説
3. 問題行動を無関係で，非効率的で，効果のないものにするための全般的なアプローチ
   - 基礎的な生活スタイルへの介入（日課，活動や場面にわたって起こる問題に対処する）
   - セッティング事象や直前のきっかけへの方略（問題行動を無関係なものにする先行事象への予防的な方略）
   - 教示的な介入（何を教えようしているのか）
   - 後続事象への介入（望ましい行動および問題行動の代わりとなる代替行動を維持する，そして問題行動を減らす後続事象）
4. 安全，もしくは危機介入の計画。これは，安全や健康を脅かしたり深刻な危機に関することを引き起こしたりする，激しい問題行動（自傷行動，攻撃行動，もしくは激しい破壊的行動）を起こす（もしくは起こしそうである）児童生徒や大人に対する計画
5. 典型的な一日の日課と困難な問題状況についての具体的な記述
6. 記録のモニターと評価の計画
7. 行動支援計画に対する実行計画

5.4.1 問題行動の操作的な定義

行動支援計画には，問題行動について明確に記述されていなければなりません。問題行動を記述するにあたっては，観察，測定可能な用語で行動を記述するといった，従来の行動論のやり方に従うのがよいでしょう。計画書を読んで実行する支援の提供者が，各々の問題行動について実例（どれが問題行動であるか）とそうではない例（どれがそうでないか）ということがはっきりと特定できるほどに，十分明確であることが必要です。行動についての具体的な実例とそうではない例を示すことは，一般に使われる方略です。支援計画を実行する際の一貫性は，計画の効果の重要な要素です。明確な操作的定義は，計画を実行する人に一貫性を持たせるための第一歩です。

5.4.2 機能的アセスメントから得られたサマリー仮説

行動支援計画書には，機能的アセスメントから導き出されたサマリー仮説が入っていなければなりません。ここは，行動支援計画の要素の中で最も見過ごされることの多い部分です。これまでの経験から，サマリー仮説について計画を実行する人が同意していると，計画の実施の一貫性が高まります。そして行動支援計画にサマリー仮説が記載されている場合には，介入方略のすべての要素と機能的アセスメントから得られた情報とが概念的に一貫しやすくなる，ということが分かっています。サマリー仮説が単に所定の用紙に書き込まれているだけといった場合もあるでしょう。サマリー仮説が計画書の完全な競合行動バイパスモデルの図表を作るのに役立つ場合もあるでしょう。支援を提供する人が行動支援計画の書式や記述に競合行動バイパスモデル用紙（図 4.7 と巻末付録 G を参照）を単に添付するだけの場合もありました。

多くのやり方が可能ですが，ポイントはサマリー仮説とそこで示されている仮説が，行動支援計画の中で一目見てはっきりと分かるようにすることです。

5.4.3 問題行動を無関係で，非効率的で，効果のないものにするための全般的なアプローチ

行動支援計画にある，全般的なアプローチの項目とは，競合行動バイパスモデルを通して立案された介入手続きに関する記述のことです。介入の大きな目標は，問題行動を無関係なものにし，非効率的で，効果のないものにする介入手続きのいくつかを決定することです。大抵の場合，この部分には，少なくとも以下の四つの下位項目を含むでしょう。

(1) 基礎的な生活スタイルに関する方略。その人の，健康や生理的な問題と同様に，効果的にコミュニケーションを行う能力，移動能力，環境の予測可能性，その人が現在行っている制御や選択の幅，社会的関係，活動パターンといったものです

(2) 予防的な先行子操作。これは，同定された問題行動のセッティング事象や直前のきっかけに対処するものです

(3) 指導に関する方略

(4) 後続事象に関する方略。ここでは，支援を提供する人が適切な行動を促し支援したり，問題行動を減らしたりなくしたりする，効果的な生活環境や場面を作り出すために，何を行うのかを明確に定義し，記述していなければなりません

個別のポジティブな行動支援のほとんどには，ここで示した方略のすべてのカテゴリーから引き出された介入の，複数の要素を示した支援計画が記述されるでしょう。しかしながら，行動支援計画で示された介入方略の方法や数を決定づけるのは，計画を実行する人々の価値，そしてスキルやリソースと同様に，対象者のニーズと問題行動の機能であることを心に留めておくことが重要です。

5.4.4 安全性や危機介入の計画

効果的な行動支援計画にはまた，危険で困難な行動のほとんどについて，それらが起きたときの対応の仕方が詳細に記述してあります。もちろん，今後は問題行動の起こりやすさを減少させるための予防的な手続きを開発するのに全力が注がれるわけですが，家族やスタッフは，過去に観察されたいかなる問題行動も，将来も起こり得ると思っていなければいけません。このような最も危険な状況に対応する手続きを明確に定めていない行動支援計画は，完全なものではありません。

安全性や危機介入の計画は，その人自身や他の人（スタッフ，級友，一緒に働いている人，家族メンバー，地域の人々）がけがをしたり危害を被ったりするリスクのある問題行動を示す人の，行動支援計画の一部であるべきです。この計画の第一義的な目的は，問題行動を示す人やその状況におけるすべての人の健康や安全を守ることです。緊急事態における目標は，行動を教えたり変えたりすることではありません。安全性や危機介入の計画には，危機や緊急事態を作り出す行動を明確に定義し，それらが起こったときに実施される手続きを詳細に記述すべきです。また，この計画はデータ収集や危機や緊急事態で用いられる手続きを報告することについて言及すべきです。

5.4.5 典型的な一日の日課

行動支援計画に，関係のありそうなやりとりや出来事すべての詳細な記述を含めることなど出来ません。しかし多くの場合，最も普通の日々の日課と，最も大変な問題のある状況についての筋書きを計画書に含めることが重要で，役に立ちます。

たとえば，ユタカという自閉症スペクトラムのある成人で，支援つき生活アパートに他の人とシェアして住んでいる人について考えてみましょう。ユタカは，朝の日課（トイレを使う，シャワーをあびる，ひげを剃る，服を着る，朝食を食べる，歯を磨く，お弁当を作る，それからラジオ局での仕事に向かうためにアパートから出てバスに乗る）が，何らかの方法で乱されることを嫌がっています。朝食後に歯を磨きたいのにルームメイトが風呂場を使っている，といったようにです。この活動の日課が崩れると，ユタカは興奮し，激しい問題行動に発展するかもしれない行動を順番に起こし始めます（怒りに震え始め，アパートの住人をののしり，それから泣き叫び，最後に手の付け根で自分の頭を叩く）。ユタカの行動支援計画は，そこで支援するスタッフのために，ユタカの朝の日課である活動やタイミングの順序について明確に記述してあります。また，ユタカが怒りの合図を示したり，アパートの住人にののしり始めたりしたときにすぐに実施される，「落ち着かせる」日課についての記述もあります。最後に，泣き叫ぶ（そしておそらく頭を叩く）といったようにエスカレートし続けるときに実行される危機介入の計画も含んでいます。

5.4.6 記録のモニターと評価の計画

行動支援計画は，継続的に評価されなければなりません。どのような計画に対しても以下の二つの鍵となる質問をしてみましょう。

1. この計画は，問題となっている場面にいる，スタッフや家族などの行動に何らかのプラスの影響を及ぼしているだろうか？
2. この計画は，対象者の行動に対して何らかのプラスの影響を与えているのだろうか？

これまでのやり方では，対象者の行動を記録することで，その計画がスタッフや家族の行動に影響を与えているかどうかを推測してきました。しかしながら，その計画がきちんと実施されているかを調べるためには，もっと直接的に計画を実行している人の行動をモニターすることが有用であることが多くあります。

行動支援計画のこの部分は，モニター方法と評価手続きとを定義しているわけですが，これにはデータ収集に使われるシステムと，データをチェックするプロセス（誰がどの程度の頻度で行うか）が明記されていなければなりません。一例として，対象者の行動におけるデータ収集のために機能的アセスメント観察記録用紙を使い，毎朝クラスのスタッフがそれをチェックし，週に一度の短いミーティングで担任の先生と行動の専門家が正式にデータを見直します。データの一週間のまとめが，その生徒の家庭へと届けられ，要となる個別教育計画（IEP）チームのメンバーとのミーティングが1カ月，または3カ月に一度，開かれることになるでしょう。実行チェックリストは，計画の実行の忠実さを自己モニターするために，学校のクラスのスタッフが使うことが可能です。

行動支援計画は，書式がさまざまなだけではなく，その長さもさまざまです。生命に危険をもたらすような問題行動を扱った複雑な計画の場合には，何ページにもわたるかもしれません。その一方で，1～2ページくらいの短い計画もあります。計画の長さは，さまざまな要因によりますが，その計画の一部だけが効果的な行動変化に関連しています。必ずしも，長い計画の方が効果的だとか，望ましいというわけではありません。

5.4.7 行動支援計画に対する実行計画

行動支援計画書には，問題行動を示す生徒や成人の行動を変えるために，支援を行う人がいつ，何をすべきかが記述されています。このような行動支援計画書に加えて，支援計画を実行するために別の実行計画も同様に準備されることをお勧めします。実行計画には，行動支援計画を実行するためになされる活動，各々の活動に責任を持つ人，行動支援計画を実行するために必要とされている活動が完了する期限のアウトラインが記述されているべきです。これは，行動支援計画を適切に実行する際に，計画を実行する人にとってのガイドラインとして役立ちます。実行計画は，一般に，行動支援計画とは別の様式や書式であり，行動支援計画自体の一部ではありません。

5.5 事例――マヤに対する行動支援計画書――

本書の第4章で，マヤという8歳の女の子が2年生の学級で困難な状況にあることを紹介しました（図4.4，図4.5，図4.8）。マヤには，障害の診断はありませんが，教室で頻繁にかんしゃくを起こすことが多くなってきていました。担任の先生は，マヤは何らかのアセスメントを受け，一時的にもう少し制限のある学級に移ることを要請していました。機能的アセスメントインタビューと観察が実施され，その結果，図4.8にある競合行動バイパスモデルができました。この競合行動バイパスモデルから，担任の先生と行動分析の専門家は，図4.8に列挙されている介入方略を特定しました。この介入方法に関する行動支援計画書が，次の図5.2です。

マヤのための行動支援計画

1. 問題行動の操作的な定義

1. ぐずる：奇声を上げげたり，声の調子を不愉快そうに上げ下げする
2. おしゃべり：着席して一人で行う課題を行っているときに，先生の許可なく話し出す
3. 課題の拒否：課題に取りかからなかったり，行わなかったりする
4. かんしゃく：叫び出したり，他の子を叩いたり，噛みついたり，蹴ったりする周りの物を壊す。物を投げる

2. 機能的アセスメントから得られたサマリー仮説

着席して一人で行う課題が与えられ，先生や友達からの注目が5～10分間ないと，マヤはぐずり出したり，おしゃべりしたり，課題を拒否したり，かんしゃくを起こしたりする。これらの行動は，先生が注目してしまうことで維持されている。先生自身は明らかに，マヤに問題行動を起こさないでほしいと思っていることをマヤに示しているのにも関わらずである。明らかなセッティング事象は特定できていない。行動支援計画を整理するために用いられた競合行動モデルは以下のとおりである。（訳注：この図は図4.5と同じものである）

図5.2-1 マヤに対する行動支援計画書（その1）

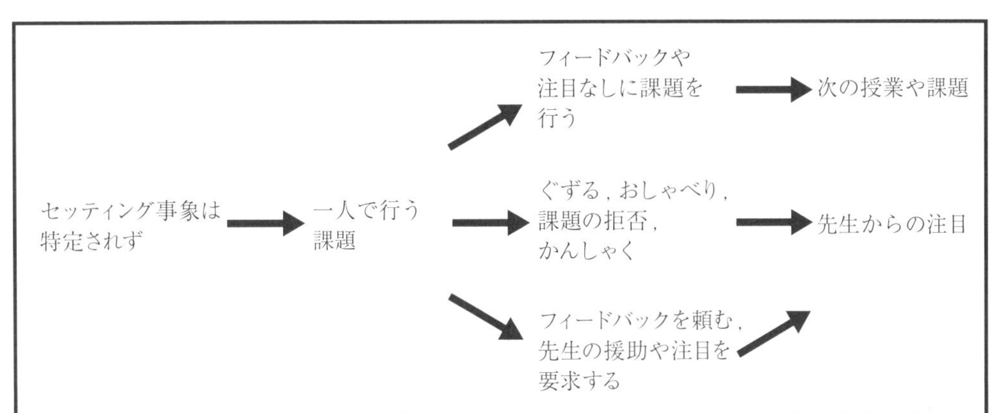

3. 問題行動を無関係で，非効率的で，効果のないものにするための全般的なアプローチ（訳注：図 4.8（p.182）介入方略参照）

1. セッティング事象への方略：なし
2. 直前のきっかけへの方略：以下の具体的な手続きを用いる
   - マヤに課題を手渡すときに，事前指導をする。ここでマヤは先生の注目を要求するやり方を練習する
   - マヤが一人で行う課題を変更する。課題をいくつかの小さいセットに分けておき，それをマヤに渡す。このとき，各々のセットの課題が終わったら先生のところに持って来るように，と指示する（注：この課題がマヤにとって難し過ぎるということはまったく示されていないので，課題の内容そのものを変更する必要はない）
   - 他の方法として，課題を小グループで行うことを考えておく。これは，先生の注目を得ることを的はずれなものにするためである

3. 指導方略:10 分間の指導をマヤと行う。小さいセットになった課題が，教材の中でどのように示されているのか，先生に援助を求めるやり方（手をあげる），課題を終えたときに先生のところに来るやり方を教える。必要に応じて，指導セッションを繰り返す
4. 後続事象への方略：
   - マヤが最初に一人で行う課題をやり始めたら，先生はマヤを褒める
   - マヤが課題の一部を終え先生のところに持ってきたら，先生は手を止め，マヤがその課題を終えたことをほめ，次の課題も終えるように確認する
   - マヤがぐずったり，おしゃべりしだしたり，課題を拒否したら，先生はその行動を無視し，「手伝って欲しいときにはどうすれば良いのかな？」，「終わったのを先生に教えるときの正しいやり方は何だっけ？」とマヤに尋ねる。問題行動が続くようであれば，助けや注目をお願いするためのより直接的なプロンプトをマヤに与える。「マヤ，手伝ってほしかったり，見てほしかったりするときには手をあげなさい」
   - マヤがかんしゃくを起こし始めたら，先生はその学区で承認されている安全

図 5.2-2 マヤに対する行動支援計画書（その 2）

プログラム（以下に示す）を使って，マヤが自分自身や他の生徒を傷付けないようにする。マヤの行動が他の子どもに危害を加えそうであれば，先生は他の生徒全員をホールに避難させ，スタッフ室からの援助を要請する

4．安全性や危機介入の計画

かんしゃく：マヤが叫んだり，ものを投げたり，他の子を叩き始めたら，マヤを教室の後ろに連れて行き，他の児童から引き離す。必要な場合は，内線電話を使って援助を求める。必要であれば，学区で認められている保護のための身体的な介入を行って，マヤを再び誘導し，児童の安全を確保する。かんしゃくが持続するようであれば，他の児童をホールに移し，教室を空にする。かんしゃくを起こしている最中の目標は，マヤ自身が怪我をしないようにする，他の児童やスタッフが怪我をしないようにする，器物の破損を最小限にする，である。マヤのかんしゃくは，注目によって維持されていると考えられるが，現在の状況では，これを安全に無視することは不可能である。現時点では，マヤのかんしゃくはごくまれなものであるし，より強行な手続きを用いるのは適当ではない。マヤのかんしゃくが終わり，状況が許されるのであれば，機能的アセスメント観察用紙にかんしゃくについて記入する。もし保護のための身体的な介入が用いられたならば，インシデント・レポートに記入する。

5．典型的な一日の日課

一人で行う算数の課題：算数の課題は，通常30問である。10問目と20問目の後にそれぞれ線を引いておき，その課題を配付するときに，マヤに最初の10問目が終わったら課題を持って来るように指示する。援助が必要なときには，手をあげて，援助を求めていることを先生に示すようにマヤに言う。自立課題のリマインダーを配付したら，マヤが課題を始めたかどうかをチェックする。もし始めていれば，マヤ（そして他の児童）が課題を始めたことをほめる。マヤが問題を終えて持ってきたら，課題をやったことをほめ（この時点では答えの誤りは直さない），マヤが進歩していることを認め，次に先生のところに来るまでに後何問やるのかを再確認する。

6．記録のモニターと評価の計画

機能的アセスメント観察記録用紙を使って，マヤのぐずり，おしゃべり，課題の拒否，かんしゃくの頻度を記録する。もしかんしゃくが起こっているならば，かんしゃくの強度，保護のための身体的な介入が必要だったかどうか，手続きを実行する際に何らかの問題があったかどうかも記録する。担任の先生が，毎朝授業を始める前にデータをチェックする。週に一度，担任と行動の専門家が計画の変更をした方がいいかどうかを明らかにするために会って打ち合わせをする。行動の専門家は，最初の月は週に2，3回観察し，その後は週に少なくと

図 5.2-3 マヤに対する行動支援計画書（その3）

も一回は観察し，毎週のミーティングで計画の実行がきちんと行われているかのフィードバックをする。担任，行動の専門家，親，学校の管理者が，計画を実施してから3カ月以内に，そのプログラムの結果について正式にチェックする。

図 5.2-4 マヤに対する行動支援計画書（その 4）

巻末付録 A

文献

ポジティブな行動介入・支援のアプローチに関する参考文献

Alberto, P. A., & Troutman, A. C. (2013). *Applied behavior analysis for teachers* (9th ed.). Englewood Cliffs, NJ: Prentice-Hall.（日本では，佐久間徹・谷善三，大野裕史訳（2004）はじめての応用行動分析　日本語版第２版　二瓶社が刊行されている）

Albin, R. W., Horner, R. H., & O'Neill, R. E. (1994). *Pro-active behavioral support: Structuring environments.* Eugene: Educational and Community Supports, University of Oregon.

Albin, R.W., Lucyshyn, J. M., Horner, R. H., & Flannery, K. B. (1996). Contextual fit for behavioral support plans: A model for "goodness-of-fit." In L. K. Koegel. R. L. Koegel, & G. Dunlap (eds.), *Positive behavioral support: Including people with difficult behavior in the community* (pp. 81-98). Baltimore: Paul H. Brookes.

Albin, R.W., O'Brien, M., & Horner, R. H. (1995). Analysis of an escalating sequence of problem behaviors: A case study. *Research in Developmental Disabilities, 16,* 133-147.

AIgozine, B., & Kay, P. (2002). *Preventing problem behaviors.* Thousand Oaks, CA: Sage Publications.

Allen, D. (2008). The relationship between challenging behaviour and mental ill-health in people with intellectual disabilities: A review of current theories and evidence. *Journal of Intellectual Disabilities, 12,* 267-294.

Anderson, J. L., Russo, A., Dunlap, G., & Albin, R. W. (1996). A team training model for building the capacity to provide positive behavioral supports in inclusive settings. In L. K. Koegel, R. L. Koegel, & G. Dunlap (eds.), *Positive behavioral support: Including people with difficult behavior in the community* (pp. 467-490.). Baltimore: Paul H. Brookes.

Anderson, S. (2011). No more bystanders = *No more bullies: Activating action in educational professionals.* Thousand Oaks, CA: Corwin Press.

Ardoin, S. P., Martens, B. K., & Wolfe, L. A. (1999). Using high-probability instruction sequences with fading to increase student compliance during transitions. *Journal of Applied Behavior Analysis, 32,* 339-351.

Arndorfer, R. E., Miltenberger, R. E., Woster, S. H., Rortvedt, A. K., & Gaffeney, T. (1994). Home-based descriptive and experimental analysis of problem behaviors in children. *Topics in Early Childhood Special Education, 14,* 64-87.

Asher, M. J., Gordon, S. B., & Selbst, M. C. (2010). *The behavior problems resource kit: Forms and procedures for identfication, measurement, and intervention.* Champaign, IL: Research Press.

Axelrod, S. (1987). Functional and structural analysis of behavior: Approaches leading to reduced use of punishment procedures. *Research in Developmental Disabilities, 8,* 165-178.

Bambara, L. M., & Kern, L. (2005). *Individualized supports for students with problem behaviors: Designing positive behavior plans.* New York: Guilford Press.

Bambara, L. M., & Knoster, T. (2009). *Designing positive behavior support plans* (2nd ed.). Washington, DC: American Association on Mental Retardation.（日本では，三田地真実訳（2005）プラス思考でうまくいく行動支援計画のデザイン，学苑社が刊行されている）

Benazzi, L., Horner, R.H., & Good, R. H. (2006). Effects of behavior support team composition on the technical adequacy and contextual fit of behavior support plans. *Journal of Special Education, 40(3),* 160-170.

Berotti, D., & Durand, V. M. (1999). Communication-based interventions for students with sensory impairments and challenging behavior. In J. R. Scotti & L. H. Meyer (eds.), *Behavioral intervention: Principles, models, and practices* (pp. 237-50). Baltimore: Paul H. Brookes.

Bijou, S. W., Peterson, R. F., & Ault, M. H.(1968). A method to integrate descriptive and experimental field studies at the level of data and empirical concepts. *Journal of Applied Behavior Analysis, 1,* 175-191.

Borgmeier, C., & Horner, R. H. (2006). An evaluation of the predictive validity of confidence ratings in identifying accurate functional behavioral assessment hypothesis statements. *Journal of Positive Behavior Interventions, 8,* 100-105.

Brown, F., Michaels, C. A., Oliva, C. M., & Woolf, S. B. (2008). Personal paradigm shifts among ABA and PBS experts. *Journal of Positive Behavior Interventions, 10,* 212-227.

Burke, M., Hagan-Burke, S., & Sugai, G. (2003). The efficacy of function-based interventions for students with learning disabilities who exhibit escape-maintained problem behaviors: Preliminary results from a single-case experiment. *Learning Disability Quarterly, 26,* 15-26.

Cale, S. J., Carr, E. G., Blakeley-Smith, A. S., & Owen-DeSchryver, J. S. (2009). Context-based assessment and intervention for problem behavior in children with Autisrn Spectrum Disorder. *Behavior Modification,* 33, 707-742.

Carnine, D. W. (2010). *Direct instruction reading, 5th ed.* Upper Saddle River, NJ: Merill Prentice Hall.

Carr, E. G. (1988). Functional equivalence as a mech-anism of response generalization. In R. H. Horner, G. Dunlap, & R. L. Koegel (eds.), *Generlalization and maintenance: Lifestyle changes in applied settings* (pp. 221-41). Baltimore: Paul H. Brookes.（日本では，小林重雄，加藤哲文監訳（1982）自閉症，発達障害の社会参加をめざして―応用行動分析学からのアプローチ，二瓶社，が刊行されている）

Carr, E. G. (2007). The expanding vision of positive behavior support: Research perspectives on happi-ness, helpfulness, hopefulness. *Journal of Positive Behavior Interventions, 9,* 3-14.

Carr, E. G., & Carlson, J. I. (1993). Reduction of severe behavior problems in the community using multicomponent treatment approaches: Extension into community settings. *Journal of Applied Behavior Analysis, 26,* 157-172.

Carr, E. G., Dunlap, G., Horner, R. H., Koegel, R. L., Turnbull, A. P., Sailor, W., Anderson, J. L., et al. (2002). Positive behavior support: Evolution of an applied science. *Journal of Positive Behavior Interventions, 4,* 4-16.

Carr, E. G., & Durand, V. M. (1985). Reducing behavior problems through functional communication training. *Journal of Applied Behavior Analysis, 18,* 111-126.

Carr, E. G., Levin, L., McConnachie, G., Carlson, J. L., Kemp, D. C., & Smith, C. (1993). Communication-based treatment of severe behavior problems. In R. Van Houten & S.Axelrod (eds.), *Behavior analysis and treatment* (pp. 231-267). New York: Plenum.

Carr, E. G., Levin, L., McConnachie, G., Carlson, J. I., Kemp, D. C. & Smith, C. E. (1994). *Communication-based intervention for problem behavior: A user's guide for producing positive change.* Baltimore: Paul H. Brookes.

Carr, E. G., Reeve, C. E., & Magito-McLaughlin, D. (1996). Contextual influences on problem behavior in people with developmental disabilities. In L. K. Koegel, R. L. Koegel, & G. Dunlap (eds.), *Positive behavioral support: Including people with difficult behavior in the community* (pp. 403-423). Baltimore: Paul H. Brookes.

Carr, E. G., Robinson, S., & Palumbo, L. W. (1990). The wrong issue: Aversive vs. nonaversive treatment. The right issue: Functional vs. nonfunctional treatment. In A. C. Repp & N. N. Singh (eds.), *Perspectives on the use of nonaversive and aversive interventions for persons with developmental disabilities* (pp. 361-379). Sycamore, IL: Sycamore.

Carter, D. R., & Horner, R. H. (2007). Adding functional behavioral assessment to First Step to Success: A case study. *Journal of*

Positive Behavior Interventions, 9, 229-238.

Carter, D. R., & Horner, R. H. (2009). Adding function-based behavioral support to First Step to Success: Integrating individualized and manualized practices. *Journal of Positive Behavior Interventions, 11,* 22-34.

Chandler, L. K., & Dahlquist, C. M. (2010). *Functional assessment: Strategies to prevent and remediate challenging behavior in school settings* (3rd ed.). Upper Saddle River, NJ: Merrill/Pearson.

Chafouleas, S., Riley-Tillman, T. C., & Sugai, G. (2007). *School-based behavioral assessment: Informing intervention and instruction.* New York: Guilford Press.

Cipani, E. (2004). *Punishment on trial: A resource guide to child discipline.* Reno, NV: Context Press.

Cipani, E. (2011). *Decoding challenging classroom behaviors: What every teacher and paraeducator should know!* Springfield, IL: Charles C. Thomas.

Cipani, E., & Schock, K. M. (2011). *Functional behavioral assessment, diagnosis, and treatment: A complete system for education and mental health settings (2nd ed.).* New York: Springer Pub.

Congola, L. C., & Daddario, R. (2010). A practitioner's guide to implementing a differential reinforcement of other behaviors procedure. *Teacihing Exceptional Children, 42,* 14-20

Cook, B. G., & Odom, S. L. (2013). Evidence-based practices and implementation science in special education. *Exceptional Children, 79,* 135-144.

Cook, C. R., Rasetshwane, K., Sprague, J., Collins, T., Dart, E., Grant, S., & Truelson, E. (2011). Universal screening of students at-risk for internalizing disorders: Development and validation of the student internalizing behavior screener. *Assessment for Effective Instruction, 36,* 71-79.

Cooper, L. J., & Harding, J. (1993). Extending functional analysis procedures to outpatient and classroom settings for children with mild disabilities. In J. Reichle & D. P. Wacker (eds.), *Communicative alternatives to challenging behavior: Integrating functional assessments and intervention strategies* (pp. 41-62).Baltimore: Paul H. Brookes.

Cooper, J. O., Heron, T. E., & Heward, W. L. (2007). *Applied behavior analysis* (2nd ed.). Upper Saddle River, NJ: Pearson/Merrill/Prentice Hall.（日本では，中野良顕訳（2013）応用行動分析学，明石書店が刊行されている）

Cowick, B., & Storey, K. (2000). An analysis of functional assessment in relation to students with serious emotional and behaviour disorders. *International Journal of Disability, Development and Education, 47,* 55-75.

Crone, D. A., Hawken, L. S., & Bergstrom, M. K. (2007). A demonstration of training, implementing, and using functional behavioral assessment in 10 elementary and middle school settings. *Journal of Posttive Behavior Interventions, 9,* 15-29.

Crone, D. A., Hawken, L. S., & Horner, R. H. (2010). *Responding to problem behavior in schools: The behavior education program* (2nd ed.). New York: Guilford Press.

Crone, D. A., & Horner, R. H. (2003). *Building positive behavior support systems in schools: Functional behavior analysis.* New York: Guilford Press.（日本では，野呂文行・三田地真実・大久保賢一，佐藤美幸（2013）スクールワイドPBS―学校全体で取り組むポジティブな行動支援，二瓶社 が刊行されている）

Day, H. M., Horner, R. H., & o'Neill, R. E. (1994). Multiple functions of problem behaviors: Assessment and intervention. *Journal of Applied Behavior Analysis, 27,* 279-289.

Day, R. M., Rea, J. A., Schussler, N. G., Larsen, S. E., & Johnson, W. L. (1988). A functionally based approach to the treatment of self-injurious behavior. *Behavior Modification, 12,* 565-589.

Derby, K. M., Wacker, D. P., Peck, S., Sasso,

G., DeRaad, A., Berg, W., Asmus, J., et al. (1994). Functional analysis of separate topographies of aberrant behavior. *Journal of Applied Behavior Analysis, 27,* 267-278.

Derby, K. M., Wacker, D. P., Sasso, G., Steege, M., Northup, J., Cigrand, K., & Asmus, J. (1992). Brief functional assessment techniques to evaluate aberrant behavior in an outpatient setting: A summary of 79 cases. *Journal of Applied Behavior Analysis, 25,* 713-721.

Donnellan, A. M., LaVigna, G. W., Negri-Shoultz, N., & Fassbender, L. L. (1988). *Progress without punishment: Effective approaches for learners with severe, behavior problems.* New York: Teachers College Press.

Donnellan, A. M., Mirenda, P. L., Mesaros, R. A., & Fassbender, L. L. (1984). Analyzing the communicative functions of aberrant behavior. *Journal of the Association for Persons with Severe Handicaps, 9,* 201-212.

Downing, J. (2005). *Teaching communication skills to students with severe disabilities.* Baltimore, MD: Paul Brookes.

Drasgow, E., Martin, C. A., O'Neill, R. E., & Yell, M. L. (2009). Functional behavioral assessments and behavioral intervention plans. In M. L. Yell, N. B. Meadows, E. Drasgow, & J. G. Shriner (eds.), *Evidence-based practices for educating students with emotional and behavioral disorders* (pp. 92-123). Upper Saddle River, NJ: Pearson.

Dunlap, G., & Carr, E. G. (2007). Positive behavior support and developmental disabilities: A summary and analysis of research. In S. L. Odom, R. H. Horner, M. E. Snell, & J. Blacher (eds.), *Handbook of developmental disabilities* (pp. 469-82). New York: Guilford Press.

Dunlap, G., Carr, E.G., Horner, R. H., Koegel, R. L., Sailor, W., Clarke, S., Koegel, L., et al. (2010). A descriptive, multiyear examination of positive behavior support. *Behavioral Disorders, 35,* 259-79.

Dunlap, G., Iovannone, R., Kincaid, D., Wilson, K., Christiansen, K., Strain, P., & English, C. (2010). *Prevent-teach-reinforce: The school-based model of individualized positive behavior support.* Baltimore, MD: Paul Brookes.

Dunlap, G., & Kern, L. (1993). Assessment and intervention for children within the instructional curriculum. In J. Reichle & D. Wacker (eds.), *Communicative approaches to the management of challenging behavior* (pp. 177-203). Baltimore: Paul H. Brookes.

Dunlap, G., Kern-Dunlap, L., Clarke, S., & Robbins, F. R. (1991). Functional assessment, curricular revision, and severe behavior problems. *Journal of Applied Behavior Analysis, 24,* 387-397.

Dunlap, G., Kern, L., dePerczel, M., Clarke, S., Wilson, D., Childs, K. E., White, R., Falk, et al. (1993). Functional analysis of classroom variables for students with emotional and behavioral challenges. *Behavioral Disorders. 18.* 275-91.

Durand, V. M. (1990). *Severe behavior problems: A functional communication training approach.* New York: Guilford.

Durand, V. M., & Carr, E. G. (1987). Social influences on "self-stimulatory" behavior: Analysis and treatment application. *Journal of Applied Behavior Analysis, 20,* 119-132.

Durand, V. M., & Carr, E. G. (1988). Identifying the variables maintaining self-injurious behavior. *Journal of Autism and Developmental Disorders,* 18, 99-117.

Durand, V. M., & Crimmins, D. B. (1988). Identifying the variables maintaining self-injurious behavior. *Journal of Autism and Developmental Disorders, 18,* 99-117.

Durand, V. M., & Kishi, G. (1987). Reducing severe behavior problems among persons with dual sensory impairments: An evaluation of a technical assistance model. *Journal of the Association for Persons with Severe Handicaps, 12,* 2-10.

Eisenberger, R., & Cameron, J. (1996). Detrimental effects of reward: Reality or myth? *American Psychologist, 51,* 1153-1166.

Elvén, B. H. (2010). *No fighting, no biting, no screaming: How to make behaving positively possible for people with autism and other developmental disabilities.* Philadelphia, PA: Jessica Kingsley Publishers.

English, C. L., & Anderson, C. M. (2006). Evaluation of the treatment utility of the analog functional analysis and the structured descriptive assessment. *Journal of Positive Behavior Interventions, 8,* 212-29.

Ervin, R. A., Radford, P. M., Bertsch, K., Piper, A. L., Ehrhardt, K. E., & Poling, A. (2001). A descriptive analysis and critique of the empirical literature on school-based functional assessment. *School Psychology Review, 30,* 193-209.

Filter, K. J., & Horner, R. H. (2009). Function-based academic interventions for problem behavior. *Education and Treatment of Children, 32,* 1-19.

Flannery, B. K., O'Neill, R. E., & Horner, R. H. (1995). Including predictability in functional assessment and individual program development. *Education and Treatment for Children, 18,* 499-509.

Foster-Johnson, L., & Dunlap, G. (1993). Using functional assessment to develop effective, individualized interventions for challenging behaviors. *Teaching Exceptional Children, 25,* 44-50.

Gable, R. A., Hendrickson, J. M., Van Acker, R. (2001). Maintaining the integrity of FBA-based interventions in schools. *Education and Treatment of Children, 24,* 248-260.

Gershoff, E. T. (2002). Corporal punishment by parents and associated child behaviors and experiences: A meta-analytic and theoretical review. *Psychological Bulletin, 128,* 539-579.

Glasberg, B. A. (2006). *Functional behavior assessment for people with autism: Making sense of seemingly senseless behavior.* Bethesda, MD: Woodbine House.

Glasberg, B. A. (2008). *Stop that seemingly senseless behavior! FBA-Based interventions for people with autism.* Bethesda, MD: Woodbine House.

Gresham, F. M., McIntyre, L. L., Olson-Tinker, H., Dolstra, L., McLaughlin, V., & Van, M. (2004). Relevance of functional behavioral assessment research for school-based interventions and positive behavioral support. *Research in Developmental Disabilities, 25,* 19-37.

Groden, G. (1989). A guide for conducting a comprehensive behavioral analysis of a target behavior. *Journal of Behavior Therapy and Experimental Psychiatry,20,* 163-169.

Gunsett, R. P., Mulick, J. A., Fernald, W. B., & Martin, J. L. (1989). Indications for medical screening prior to behavioral programming for severely and profoundly mentally retarded clients. *Journal of Autism and Developmental Disorders, 19,* 167-172.

Halle, J. W., & Spradlin:, J. E. (1993). Identifylng stimulus control of challenging behavior: Extending the analysis. In J. Reichle & D. P. Wacker (eds.), *Communicative alternatives to challenging behavior: Integrating functional assessments and intervention strategies* (pp. 83-109). Baltimore: Paul H. Brookes.

Hanley, G. P., Iwata, B. A., & McCord, B.E. (2003). Functional analysis of problem behavior: A review. *Journal of Applied Behavior Analysis, 36,* 147-185.

Haring, T. G., & Kennedy, C. H. (1990). Contextual control of problem behavior in students with severe disabilities. *Journal of Applied Behavior Analysis, 23,* 235-243.

Harvey, K. (2012). *Trauma-informed behavioral interventions: What works and what doesn't.* Washington, DC: American Association on Intellectual and Developmental Disabilities.

Harvey, M. T., Lewis-Palmer, T., Horner, R. H., & Sugai, G. (2003). Trans-situational interventions: Generalization of behavior support across school and home environments. *Behavioral Disorders, 28,* 299-313.

Hawken, L. S., O'Neill, R. E., & Macleod, K. S. (2011). An investigation of the impact of function of problem behavior on effectiveness of the Behavior Education Program (BEP). *Education and Treatment of Children, 34,* 551-574.

Helmstetter, E., & Durand, V. M. (1991). Nonaversive interventions for severe behavior problems. In L. H. Meyer, C. A. Peck, & L. Brown (eds.), *Critical issues in the lives of people with severe disabilities* (pp. 559-600). Baltimore: Paul H. Brookes.

Horner, R. H. (1991). The future of applied behavior analysis for people with severe disabilities: Commentary I. In L. H. Meyer, C. A. Peck, &, L. Brown (eds.), *Critical issues in the lives of people with severe disabilities* (pp. 607-612). Baltimore: Paul Brookes.

Horner, R. H. (1999). Positive behavior supports. In M. L. Wehmeyer & J. R. Patton, (eds.), *Mental Retardation in the 21st Century* (pp. 181-96). Austin, TX: PRO-ED.

Horner, R. H., Albin, R. W., Todd, A. W., Newton, J. S., & Sprague, J. R. (2011). Designing and implementing individualized positive behavior support. In M.E. Snell & F. Brown (eds.), *Instruction of students with severe disabilities,* (7th ed.) (pp. 257-303). Upper Saddle River, NJ: Pearson Education.

Horner, R. H., & Billingsley, F. F. (1988). The effect of competing behavior on the generalization and maintenance of adaptive behavior in applied settings. In R. H.

Horner, G. Dunlap, & R. L. Koegel (eds.), *Genenalization and maintenance: Lifestyle changes in applied settings* (pp.197-220). Baltimore: Paul H. Brookes.

Horner, R. H., & Carr, E. G. (1997). Behavioral support for students with severe disabilities: Functional assessment and comprehensive intervention. *Journal of Special Education, 31,* 84-104.

Horner, R. H., Close, D. W., Fredericks, H. D., O'Neill, R. E., Albin, R. W., Sprague, J. R., Kennedy, C. H., et al. (1996). Supported living for people with profound disabilities and severe problem behaviors. In D. H. Lehr & F. Brown (eds.), *People with disabilities who challenge the system* (pp. 209-240). Baltimore: Paul H. Brookes.

Horner, R. H., Day, H. M., Sprague, J. R., O'Brien, M., & Heathfield, L. T. (1991). Interspersed requests: A nonaversive procedure for reducing aggression and self-injury during instruction. *Journal of Applied Behavior Analysis, 24,* 265-278.

Horner, R. H., Dunlap, G., & Koegel, R. L. (1988). *Generalization and maintenance: Lifestyle changes in applied settings.* Baltimore, MD: Paul Brookes.

Horner, R. H., Dunlap, G., Koegel, R. L., Carr, E. G., Sailor, W., Anderson, J., Albin, R. W., et al. (1990). Toward a technology of "nonaversive" behavioral support. *Journal of the Association for Persons with Severe Handicaps, 15,* 125-132.

Horner, R. H., Sugai, G., Todd, A. W., & Lewis-Palmer, T. (1999-2000). Elements of behavior support plans: A technical brief. *Exceptionality, 8,* 205-216.

Horner, R. H., Vaughn, B., Day, H. M., & Ard, B.(1996). The relationship between setting events and problem behavior. In L. K. Koegel, R. L. Koegel, & G. Dunlap (eds.), *Positive behaviral support: Including people with difficult behavior in the community* (pp. 381-402). Baltimore: Paul H. Brookes.

Ingram, K., Lewis-Palmer, T., & Sugai, G. (2005). Function-based intervention planning: Comparing the effectiveness of FBA indicated and contra-indicated interventions plans. *Journal of Positive Behavior Interventions, 7,* 224-236.

Iwata, B. A., Dorsey, M. F., Slifer, K. J., Bauman, K. E., & Richman, G. S. (1982). Toward a functional analysis of self-injury. *Analysis and Intervention in Developmental Disabilities, 2,* 3-20. Reprinted in *Journal of Applied Behavior Analysis, 27* (1994). 197-209.

Iwata, B. A., Pace, G. M., Dorsey, M. F.,

Zarcone, J. R., Vollmer, T. R., Smith, R. G., Rodgers, T. A., et al. (1994). The functions of self-injurious behavior: An experimental epidemiological analysis. *Journal of Applied Behavior Analysis, 27,* 215-240.

Iwata, B. A., Vollmer, T. R., & Zarcone, J. R. (1990). The experimental (functional) analysis of behavior disorders: Methodology, applications, and limitations. In A. C. Repp & N. N. Singh (eds.), *Perspectives on the use of nonaversive and aversive interventions for persons with developmental disabilities* (pp. 301-330). Pacific Grove, CA: Brooks/Cole.

Janney, R., & Snell, M. E. (2000). *Teachers' guides to inclusive practices: Behavioral support.* Baltimore, MD: Paul H. Brookes.

Janney, R., & Snell, M. E. (2008). *Behavioral support* (2nd ed.). Baltimore, MD: Paul H. Brookes.

Johns, B. H. (2005). *Getting behavioral interventions right: Proper uses to avoid common abuses.* Horsham, Pa: LRP Publications.

Johnson, D. W., & Johnson, F. (2013). *Joining together: Group theory and group skills, skills* (11th ed.). Boston, MA: Pearson.

Kearney, A. J. (2007). *Understanding applied behavior analysis: An introduction to ABA for parents, teachers, and other professionals.* Philadelphia, PA: Jessica Kingsley.

Kennedy, C. H. (2005). *Single-case designs for educational research.* Boston, MA: Pearson.

Kennedy, C. H., Horner, R. H., & Newton, J. S. (1990). The social networks and activity patterns of adults with severe disabilities: A correlational analysis. *Journal of the Association for Persons with Severe Handicaps, 15,* 86-90.

Kennedy, C. H., Horner, R. H., Newton, J. S., & Kanda, E. (1990). Measuring the activity patterns of adults with severe disabilities living in the community. *Journal of the Association for Persons with Severe Handicaps, 15,* 79-85.

Kern, L. (2005). Responding to problem behavior. In L. M. Bambara & L. Kern (eds.), *Individualized supports for students with problem behaviors: Designing positive behavior plans* (pp. 275-302). New York: Guilford Press.

Kern, L., Childs, K. E., Dunlap, G., Clarke, S., & Falk, G. D. (1994). Using assessment-based curricular intervention to improve the classroom behavior of a student with emotional and behavioral challenges. *Journal of Applied Behavior Analysis, 27,* 7-19.

Kern, L., & Clarke, S. (2005). Antecedent and setting event interventions. In L. M. Bambara & L. Kern (eds.), *Individualized supports for students with problem behaviors: Designing positive behavior plans* (pp. 201-236). New York: Guilford Press.

Kern, L., Dunlap, G., Clarke, S., & Childs, K. E. (1994). Student-assisted functional assessment interview. *Diagnostique, 19,* 29-39.

Knoster, T. P. (2000). Understanding the difference and relationship between functional behavioral assessments and manifestation determinations. *Journal of Positive Behavior Interventions, 2,* 53-58.

Koegel, L. K., Koegel, R. L., & Dunlap, G. (1996). *Positive behavioral support: Including people with difficult behavior in the community.* Baltimore: Paul H. Brookes.

Lane, K. L., Oakes, W. P., & Menzies, H. M. (2010). Systematic screenings to prevent the development of learning and behavior problems: Considerations for practitioners, researchers, and policy makers. *Journal of Disability Policy Studies, 21,* 160-172.

Lang, R., O'Reilly, M., Machalicek, W., Lancioni, G., Rispoli, M., & Chan, J. M. (2008). A preliminary comparison of functional analysis results when conducted in contrived versus natural settings. *Journal of Applied Behavior Analysis, 41,* 441-445.

Lang, R., Sigafoos, J., Lancioni, G., Didden, R., & Rispoli, M. (2010). Influence of assessment setting on the results of functional analyses of problem behavior. *Journal of Applied Behavior Analysis, 43,* 565-567.

LaVigna, G. W., & Donnellan, A. M. (1986). *Alternatives to punishment: Solving behavior problems with nonaversive strategies.* New York: Irvington.

Lever, C. (2011). *Understanding challenging behavior in inclusive classrooms.* New York: Pearson Education.

Lewis, T. J., Colvin, G., & Sugai, G. (2000). The effects of pre-correction and active supervision on the recess behavior of elementary students. *Education and Treatment of Children, 23,* 109-121.

Lucyshyn, J. M., & Albin, R. W. (1993). Comprehensive support to families of children with disabilities and behavior problems: Keeping it "friendly." In G. H. S. Singer & L. E. Powers (eds.), *Families, disability, and empowerment: Active coping skills and strategies for family interventions (pp. 365-407).* Baltimore: Paul H. Brookes.

Lucyshyn, J. M., Albin, R. W., Horner, R. H., Mann, J. C., Mann, J. A., & Wadsworth, G. (2007). Family implementation of positive behavior support with a child with autism: A longitudinal, single case experimental and descriptive replication and extension. *Journal of Positive Behavior Interventions, 9,* 131-150.

Lucyshyn, J. M., Albin, R. W., & Nixon, C. D. (1997). Embedding comprehensive behavioral support in family ecology: An experimental, single-case analysis. *Journal of Consulting and Clinical Psychology, 65,* 241-251.

Lucyshyn, J. M., Dunlap, G., & Albin, .R. W. (2002). *Families & positive behavior support: Addressing problem behavior in family contexts.* Baltimore: Paul H. Brookes.

Maag, J. W., & Kemp, S. E. (2003). Behavioral intent of power and affiliation: Implications for functional analysis. *Remedial and Special Education, 24,* 57-64.

Madden, G. J. (2012). *APA handbook of behavior analysis.* Washington, DC: American Psychological Association.

March, R. E., & Horner, R. H. (2002). Feasibility and contributions of functional behavioral assessment in schools. *Journal of Emotional and Behavioral Disorders, 10,* 158-170.

March, R., Horner, R. H., Lewis-Palmer, T., Brown, D., Crone, D., Todd, A. W., & Carr E. (2000). *Functional Assessment Checklist for Teachers and Staff (FACTS).* Eugene: Department of Educational and Community Supports, University of Oregon.

Marquis, J. G., Horner, R. H., Carr, E.G., Turnbull, A. P., Thompson, M., Behrens, G. A., et al. (2000). A meta-analysis of positive behavior support. In R. M. Gerston & E. P. Schiller (eds.). *Contemporary special education research: Syntheses of the knowledge base on critical instructional issues* (pp. 137-178). Mahwah, NJ: Lawrence Erlbaum Associates.

Martella, R. C. Nelson, J. R., Marchand-Martella, N. E., & O'Reilly, M. (2012). *Comprehensive behavior management: Individualized, classroom, and schoolwide approaches (2nd ed.).* Los Angeles, CA: Sage.

McConnell, K., & Synatschk, K. O. (2012). *Positive alternatives to restraint and seclusion for aggressive kids.* Austin, TX: Pro-Ed.

McGinnis, E., & Goldstein, A. P. (1997). *Skillstreaming the elementary school child: New strategies and perspectives for Teaching prosocial skills.* Champaign, IL: Research Press.

McIntosh, K., Borgmeier, C., Anderson, C., Horner, R. H., Rodriguez, B., & Tobin, T. (2008). Technical adequacy of the Functional Assessment Check-list for Teachers and Staff FBA intervention measure. *Journal of Positive Behavior Interventions, 10,* 33-45.

Meyer, L. H., &, Evans, I. M. (1989). *Nonaversive intervention for behavior problems: A manual for home and community.* Baltimore: Paul H. Brookes.

Meyer, L. H., &, Evans, I. M. (1993). Science

and practice in behavioral interventions: Meaningful outcomes, research validity, and usable knowledge. *Journal of the Association for Persons with Severe Handicaps, 18,* 224-234.

Miltenberger, R. G. (2012). *Behavior modification: Principles and procedures (5th ed.).* Pacific Grove, CA: Wadsworth Cengage Learning.（日本では，園山敏樹・野呂文行，渡部匡隆・大石幸二訳（2006）行動変容法入門，二瓶社が刊行されている）

Moore, J. W., Edwards, R. P., Sterling-Turner, H. E., Riley, J., DuBard, M., & McGeorge, A. (2002). Teacher acquisition of functional analysis methodology. *Journal of Applied Behavior Analysis, 35,* 73-77.

Mount, B. (1991). *Person-centered planning: A sourcebook of values, ideals and method to encourage person-centered development.* New York: Graphic Futures.

Munk, D. D., & Repp, A. C. (1994). Behavioral assessment of feeding problems of individuals with severe disabilities. *Journal of Applied Behavior Analysis, 27,* 241-250.

Newcomer, L. L., & Lewis, T. J. (2004). Functional behavioral assessment: An investigation of assessment reliability and effectiveness of function-based interventions. *Journal of Emotional and Behavioral Disorders, 12,* 168-181.

Newsom, C., Favell, J. E., & Rincover, A. (1983). Side effects of punishment. In S. Axelrod & J. Apsche (eds.), *The effects of punishment on human behavior.* New York: Academic Press.

Newton, J. S., & Horner, R. H. (2004). Emerging trends in methods for research and evaluation of behavioral interventions. In E. Emerson, T. Thompson, T. Parmenter, & C. Hatton (eds.), *International handbook of methods for research and evaluation in intellectual disabilities* (pp. 495-15). New York: Wiley.

Northup, J., Wacker, D., Sasso, G., Steege, M., Cigrand, K., Cook, J., & DeRaad, A. (1991). A brief functional analysis of aggressive and alternative behavior in an out-clinic setting. *Journal of Applied Behavior Analysis, 24,* 509-522.

O'Neill, R. E., Horner, R., H., O'Brien, M., & Huckstep, S. (1991). Generalized reduction of difficult behaviors: Analysis and intervention in a competing behaviors framework. *Journal of Developmental and Physical Disabilities, 3,* 5-20.

Park, J. H., Alber-Morgan, S. R., & Fleming, C. (2011). Collaborating with parents to implement behavior interventions for children with challenging behaviors. *Teaching Exceptional Children, 43,* 22-30.

Patel, M., Carr, J., Kim, C., Robles, A., & Eastridge, D. (2000). Functional analysis of aberrant behaviour maintained by automatic reinforcement: Assessment of specific sensory reinforcers. *Research in Developmental Disabilities, 21,* 393-407.

Reichle, J., & Wacker, D. P. (1993). *Communicative alternatives to challenging behavior: Integrating functional assessment and intervention strategies.* Baltimore: Paul H. Brookes.

Reid, R., & Nelson, J. R. (2002). The utility, acceptability, and practicality of functional behavioral assessment for students with high incidence problem behaviors. *Remedial Special Education, 23,* 15-23.

Repp, A. C., Felce, D., & Barton, L. E. (1988). Basing the treatment of stereotypic and self-injurious behaviors on hypotheses of their causes. *Journal of Applied Behavior Analysis, 21,* 281-289.

Risley, T. (1996). Get a life! Positive behavioral intervention for challenging behavior through life arrangement and life coa ツバサ g. In L. K. Koegel, R. L. Koegel, & G. Dunlap (eds.), *Positive behavioral support: Including people with dtfficult behavior in the community (pp. 425-437).* Baltimore: Paul H. Brookes.

Ross, S. W., & Horner, R. H. (2009). Bully prevention in positive behavior supports. *Journal of Applied Behauior Analysis, 42,*

747-759.
Sadler, C., & Sugai, G. (2009). Effective behavior and instructional support: A district model for early identification and prevention of reading and behavior problems. *Journal of Positive Behavior Interventions, 11,* 35-46.
Sailor, W., Dunlap, G., Sugai, G., & Horner, R. H., eds. (2009). *Handbook of positive behavior support.* New York: Springer.
Sasso, G. M., Reimers, R. M., Cooper, L. J., Wacker, D., Berg, W., Steege, M., et al. (1992). Use of descriptive and experimental analyses to identify the functional properties of aberrant behavior in school settings. *Journal of Applied Behavior Analysis, 25,* 809-821.
Scott, T. M., Anderson, C. M., & Alter, P. (2012). *Managing classroom behavior using positive behavior supports.* Boston, MA: Pearson.
Scott, T. M., Anderson, C., Mancil, R., & Alter, P. (2009). Function-based supports for individual students in school settings. In W. Sailor, G. Dunlap, G. Sugai, & R. H. Horner (eds.), *Handbook of positive behavior support (pp. 421-441).* New York: Springer.
Scott, T. M., Bucalos, A., Liaupsin, C., Nelson, C. M., Jolivette, K., & DeShea, L. (2004). Using functional behavior assessment in general education settings: Making a case for effectiveness and efficiency. *Behavioral Disorders. 29,* 189-201.
Shukla, S., & Albin, R. W. (1996). Effects of extinction alone and extinction plus functional communication training on covariation of problem behaviors. *Journal of Applied Behavior Analysis, 29,* 565-568.
Shukla-Mehta, S., & Albin, R. W. (2003). Twelve practical strategies to prevent behavioral escalation in classroom settings. *Preventing School Failure, 47,* 156-61.
Singh, N. N., Lloyd, J. W., & Kendall, K. A. (1990). Nonaversive and aversive interventions: Issues. In A. C. Repp &N. N. Singh (eds.), *Perspectives on the use of nonaversive and aversive interventions for persons with developmental disabilities (pp. 3-16).* Sycamore, IL: Sycamore.
Skiba, R. J., & Peterson, R. L. (2000). School discipline at a crossroads: From zero tolerance to early response. *Exceptional Children, 66,* 335-346.
Sprague, J., & Golly, A. (2005). Best behavior: Building positive behavior support in schools. Longmont, CO: Sopris West.
Sprague, J. R., & Horner, R. H. (1992). Covariation within functional response classes: Implications for treatment of severe problem behavior. *Journal of Applied Behavior Analysis, 25,* 735-745.
Sprague, J. S., & Horner, R. H. (1995). Functional assessment and intervention in community settings. *Mental Retardation and Developmental Disabilities Research Reviews, 1,* 89-93.
Sprague, J. S., & Horner, R. H. (1999). Low frequency, high intensity problem behavior: Toward an applied technology of functional assessment and intervention. In A. C. Repp & R. H. Horner (eds.), *Functional analysis of problem behavior: From effective assessment to effective support (pp. 98-116).* Pacific Grove, CA: Brooks/Cole.
Sprague, J., & Perkins, K. (2009). Direct and collateral effects of the First Step to Success program. *Journal of Positive Behavior Interventions, 11,* 208-221.
Sprague, J., & Walker, H. (2000). Early identification and intervention for youth with antisocial and violent behavior. *Exceptional Children, 66,* 367-379.
Sprague, J., & Walker, H. (2005). *Safe and healthy schools: Practical prevention strategies.* New York: Guilford Press.
Steege, M. W., Wacker, D. P., Berg, W. K., Cigrand, K. K., & Cooper, L. J. (1989). The use of behavioral assessment to prescribe and evaluate treatments for severely handicapped children. *Journal of Applied Behavior Analysis, 22,* 23-33.
Storey, K., Lawry, J. R., Ashworth, R., Danko, C. D., & Strain, P. S. (1994). Functional analysis and intervention for disruptive behaviors

of a kindergarten student. *Journal of Educational Research, 87,* 361-370.

Storey, K., & Post, M. (2012). Positive behavior supports in classrooms and schools: *Effective and practical strategies for teachers and other service providers.* Springfield, IL: Charles C. Thomas.

Sturmey, P., Carlsen, A., Crisp, A. G., & Newton, J. T. (1988). A functional analysis of multiple aberrant responses: A refinement and extension of Iwata et al.'s (1982) methodology. *Journal of Mental Deficiency Research, 32,* 31-49.

Sugai, G. (2004). Commentary: Establishing efficient and durable systems of school-based support. *School Psychology Review, 32,* 530-535.

Sugai, G., & Horner, R. H. (1999). Discipline and behavioral support: Practices, pitfalls, promises. *Effective School Practices, 17,* 10-22.

Sugai, G., Horner, R. H., Dunlap, G. Hieneman, M., Lewis, T. J., Nelson, C. M., Scott, T., et al. (2000). Applying positive behavioral support and functional behavioral assessment in schools. *Journal of Positive Behavioral Interventions and Support, 2,* 131-143.

Sugai, G., Horner, R. H., & Gresham, F. (2002). Behaviorally effective school environments. In M. R. Shinn, G. Stoner, & H. M. Walker (eds.), *Interventions for academic and behavior problems: Preventive and remedial approaches (pp. 315-350).* Silver Spring, MD: National Association for School Psychologists.

Sugai, G., Lewis-Palmer, T., & Hagan-Burke, S. (1999-2000). Overview of the functional behavioral assessment process. *Exceptionality, 8,* 149-160.

Tincani, M. (2011). *Preventing challenging behavior in your classroom: Positive behavior support and effective classroom management.* Waco, TX: Prufrock Press.

Todd, A. W., Horner, R. H., & Sugai, G. (1999). Selfmonitoring and self-recruited praise: Effects on problem behavior, academic engagement, and work completion in a typical classroom. *Journal of Positive Behavior Interventions, 1,* 66-76, 122.

Todd, A. W., Horner, R. H., Sugai, G., & Colvin, G. (1999). Individualizing school-wide discipline for students with chronic problem behaviors: A team approach. *Effective School Practices, 17(4),* 72-82.

Umbreit, J., Ferro, J., Liaupsin, C., & Lane, K. (2007). *Functional behavioral assessment and function-based intervention: An effective, practical approach.* Upper Saddle River, NJ: Pearson Merrill Prentice Hall.

Van Houten, R., Axelrod, S., Bailey, J. S., Favell, J. E., Foxx R. M., Iwata, B. A., & Lovaas, O. I. (1988). The right to effective behavioral treatment. *The Behavior Analyst, 11,* 111-114.

Vollmer, T. R., Marcus, B. A., Ringdahl, J. E., & Roane, H. S. (1995). Progressing from brief assessments to extended experimental analyses in the evaluation of aberrant behavior. *Journal of Applied Behavior Analysis, 28,* 561-576.

Wahler, R. G., & Fox, J. J. (1981). Setting events in applied behavior analysis: Toward a conceptual and methodological expansion. *Journal of Applied Behavior Analysis, 14,* 327-338.

Walker, H. M., Horner, R. H., Sugai, G., Bullis, M., Sprague, J. R., Bricker, D., & Kaufman, M. J. (1996). Integrated approaches to preventing antisocial behavior patterns among school-aged children and youth. *Journal of Emotional and Behavioral Disorders, 4,* 193-256.

Walker, H. M., Ramsey, E., & Gresham, F. M. (2004). *Antisocial behavior in school: Evidence-based practices (2nd ed.).* Belmont, CA: Thomson/Wadsworth.

Waller, R. J. (2009). The teacher's concise guide to functional behavioral assessment. Thousand Oaks, CA: Corwin Press.

Willingham, D. T. (2012). Measured approach or magic elixir: How to tell good science from

bad. *American Educator, 36,* 4-12, 40.
Young, E. L. (2012). *Positive behavior support in secondary schools: A pnactical guide*. New York: Guilford Press.
Zirpoli, T. J. (2012). Behavior management: *Positive applications for teachers (6th ed.).* Upper Saddle River, NJ: Pearson.

ポジティブな行動支援のリソース

専門機関につながること，専門誌を読むこと，ウェブサイトをチェックすることは重要です。組織に入ることのメリットとして，自分の専門性を向上させたり，その領域における現状の流れを知ることに役立ったりすることがあります。以下に，おすすめのリストをあげました。

論文雑誌

American Educational Research Journal
Behavior Analysis in Pnactice
Behavior Modification
Behavior Therapy
Behavioral Disorders
Child and Family Behavior Therapy
Education and Treatment of Children
International Journal of Positive Behavioural Support
Intervention in School and Clinic
Journal of Applied Behavior Analysis
Journal of Behavioral Education
Journal of Cooperative Education
Journal of Emotional and Behavioral Disorders
Journal of Positive Behavior Interventions
Journal of School Psychology
Preventing School Failure
School Psychology Review

リソース

All Kinds of Mind
2800 Meridian Parkway, Suite 100
Durham, NC 27713
http://www.allkindsofminds.org

The Association for Behavior Analysis
550 West Centre Avenue, Suite 1
Portage, MI 49024
269-492-9310
https://www.abainternational.org
mail@abainternational.org

Association for Direct Instruction
P.O. Box 10252
Eugene, Oregon 97440
541-485-1293
http://www.adihome.org
info@adihome.org

The Association of Positive Behavior Support
P.O. Box 328
Bloomsburg, PA 17815
570-441-5418
http://www.apbs.org
tknoster@bloomu.edu

B. F. Skinner Foundation
18 Brattle Street Ste. 451
Cambridge, MA 02138
http://www.bfskinner.org
info@bfskinner.org

Cambridge Center for Behavioral Studies
P.O. Box 7067
Cummings Center, Suite 340F
Beverly, MA 01915
http://www.behavior.org

Council for Exceptional Children
2900 Crystal Drive, Suite 100
Arlington, VA 22202-3557
888-232-7733
http://www.cec.sped.org

National Alliance on Mental Illness
3803 N. Fairfax Drive, Suite 100
Arlington, VA 22203
800-950-6264
https://www.nami.org

National Center for Learning Disabilities
318 Park Avenue, South, Suite 1401
New York, NY 10013
888-575-7373

https://www.ncld.org

Parent Advocacy Coalition for Education Rights
8161 Normaridale Blvd.
Minneapolis, MN 55437
952-838-9000
https://www.pacer.org
pacer@pacer.org

A Place for Us ... Oppositional Defiant Disorders Support Group
https://www.conductdisorders.com

Behavior Homepage
http://www.state.ky.us/agencies/behave/homepage.html

Center for the Prevention of School Violence
https://www.ncdjjdp.org/cpsv/

Center on Juvenile and Criminal Justice
http://www.cjcj.org

Intervention Central
http://www.interventioncentral. org

Positive Behavioral Interventions and Supports
http://www.pbis.org

Positive Discipline
http://www.positivediscipline.com

The Preventive Ounce
http://www.preventiveoz.org

Research and Training Center on Family Support and Children's Mental Health
http://www.rtc.pdx.edu

巻末付録 B

機能的アセスメントインタビュー記録用紙（FAI）

機能的アセスメントインタビュー（FAI）

対象児・者氏名：＿＿＿＿＿＿＿＿＿＿＿＿＿＿ 年齢：＿＿＿＿＿ 性別： 男 女

インタビュー年月日：＿＿＿＿＿＿＿＿＿＿＿＿ 面接者：＿＿＿＿＿＿＿＿＿＿＿＿

回答者：＿＿＿＿＿＿＿＿＿＿＿＿＿＿＿＿＿＿＿＿＿＿＿＿＿＿

A．問題行動を記述する

1. 問題行動のそれぞれについて，行動の型（どのように行動しているのか），頻度（一日あるいは，一週間，一カ月にどの程度の割合で起こるか），持続時間（行動が起こったときどのぐらいの時間が続くか），強さ（その行動はどの程度のダメージを与えるのか）について，教えてください。

	行　動	行動の型	頻　度	持続時間	強　さ
a.					
b.					
c.					
d.					
e.					
f.					
g.					
h.					
i.					
j.					

2. 上にあげた行動のうち，どれか一緒に起こりやすいものがありますか？　たとえば，それらは同時に起こりますか？　それとも，ある行動が起きたら，次はこの行動，といった何か予想できるような連鎖反応的な形で起こりますか？　それらは，いつも同じような状況で起こりますか？

＿＿＿＿＿＿＿＿＿＿＿＿＿＿＿＿＿＿＿＿＿＿＿＿＿＿

＿＿＿＿＿＿＿＿＿＿＿＿＿＿＿＿＿＿＿＿＿＿＿＿＿＿

＿＿＿＿＿＿＿＿＿＿＿＿＿＿＿＿＿＿＿＿＿＿＿＿＿＿

B. 問題行動を起こしやすくしている生態学的な出来事（セッティング事象）を定義する

1. どんな**薬を服用**（もし服用していれば）していますか？　それが行動にどんな影響を与えていると思いますか？

2. 行動に影響を与えているかもしれない**医療上の問題や身体の状態**（もしあれば）がありますか？（たとえば，ぜん息，アレルギー，発しん，鼻炎，発作，月経に関係した問題）

3. **睡眠のパターン**を教えてください。睡眠のパターンは行動にどの程度影響を与えていると思われますか？

4. **食事の日課と食事内容**について教えてください。それらが行動にどの程度影響を与えていると思われますか？

5a. 典型的な一日の活動スケジュールを以下に記載してください（各々の活動について，その人が楽しんでいるか，問題行動を起こしやすいか，ということをチェックしてください）。

楽しんでいる	問題行動あり		楽しんでいる	問題行動あり	
□	□	6:00 ＿＿＿＿	□	□	2:00 ＿＿＿＿
□	□	7:00 ＿＿＿＿	□	□	3:00 ＿＿＿＿
□	□	8:00 ＿＿＿＿	□	□	4:00 ＿＿＿＿
□	□	9:00 ＿＿＿＿	□	□	5:00 ＿＿＿＿
□	□	10:00 ＿＿＿＿	□	□	6:00 ＿＿＿＿
□	□	11:00 ＿＿＿＿	□	□	7:00 ＿＿＿＿
□	□	12:00 ＿＿＿＿	□	□	8:00 ＿＿＿＿
□	□	1:00 ＿＿＿＿	□	□	9:00 ＿＿＿＿

5b. 一日のスケジュールにある活動は，そこで何が起きるのか，いつ起きるのか，誰と一緒に，どのぐらいの長さ行なうのか，ということが本人にとってどの程度**予想可能**なものですか？

5c. 日中に，本人が自分の活動や強化事象（たとえば，食べ物，服，おしゃべり，余暇活動など）を**選択する機会**がどの程度ありますか？

---

6. 家庭や学校，職場などには，何人ぐらいの人（スタッフ，同級生，同居人も含む）がいつもいますか？本人は，**人が多かったり，より騒がしい状況**を嫌がっているようですか？

---

7. 家庭，学校，職場などで，本人を**支援する人の割合**はどの位ですか（たとえば，1:1，2:1）？　スタッフの数や，スタッフの**訓練の程度**，あるいはスタッフの**やり取りの仕方**が問題行動に影響を与えていると思いますか？

C. 問題行動が起こる場合の直前のきっかけ，逆に起こらない場合の直前のきっかけ（予測できる要因）を特定する

1. **時間帯**：問題行動が最も起こりやすい時間と，最も起こりにくい時間はいつですか？

最も起こりやすい時間：＿＿＿＿＿＿＿＿

最も起こりにくい時間：＿＿＿＿＿＿＿＿

2. **場所**：問題行動が最も起こりやすい場所と最も起こりにくい場所は**どこ**ですか？

最も起こりやすい場所：＿＿＿＿＿＿＿＿

最も起こりにくい場所：＿＿＿＿＿＿＿＿

3. **人**：**誰と一緒**のときにそれらの行動が最も起こりやすく，最も起こりにくいですか？

最も起こりやすい人：＿＿＿＿＿＿＿＿＿＿

最も起こりにくい人：＿＿＿＿＿＿＿＿＿＿

4. **活動**：**どの活動**を行っているときに問題行動が最も起こりやすく，最も起こりにくいですか？

最も起こりやすい活動：＿＿＿＿＿＿＿＿＿＿

最も起こりにくい活動：＿＿＿＿＿＿＿＿＿＿

5. 上記以外に，何かある特定の状況や特殊な出来事で，時々問題行動の“引き金”となっていると思われるものがありますか？（たとえば，ある特定のことを要求する，あるいは騒音，光，服など）

6. これをすれば，ほぼ確実に問題行動を引き起こすことができる，といえることを**一つ**あげてください。

7. 次のような状況で，本人の行動がどのように影響されるか，簡単に教えてください。

a. 難しい課題を行うように言われる。

b. 大好きな活動，たとえば，アイスクリームを食べていたり，テレビを見ていたりするときに，それを中断させられる。

c. 予告なしに，いつもの日課や活動スケジュールを変えられる。

d. 欲しかった物が手に入らない（たとえば，食べ物が棚の上にある）。

____

____

e. しばらくの間（たとえば，15 分間くらい）注目されなかったり，ひとりでおいておかれる。

____

____

D. **問題行動を維持している後続事象や成果を特定する**

1. 最初の**項目 A** であげた各々の行動について考えてください。さまざまな状況で本人がその行動を行った直後に，どのような**特定の**後続事象が得られるかを教えてください。

	行動	特定の状況	行動の直後に得られること	行動の直後に回避できること
a.				
b.				
c.				
d.				
e.				
f.				
g.				
h.				
i.				
j.				

E. **問題行動の効率性を特定する**

効率性とは，以下の三つが組み合わされたものです
(A) その行動を行うのにどの程度の**身体的な労力**を必要とするか
(訳注：労力が少なければ少ないほど効率がよい)
(B) 本人にとって望ましい結果が得られるまでに**何回**その行動を行わなければならないか
(訳注：回数が少なければ少ないほど効率がよい)
(C) 本人にとって望ましい結果が得られるまで**どれほど長く**待たなければならないか
(訳注：待つ時間が短ければ短いほど効率がよい)

問題行動	効率が悪い				効率が良い
______________	1	2	3	4	5
______________	1	2	3	4	5
______________	1	2	3	4	5
______________	1	2	3	4	5
______________	1	2	3	4	5

F. **機能的に代替可能な行動で，本人がすでにそれをどのように行うかが分かっている行動は何か？**

1. 社会的に適切な行動や技能で，問題行動の後に得られる後続事象と同じものが得られ，本人がすでに行うことができるものは何ですか？

____

____

____

G. **本人が他の人とコミュニケーションをするときの基本的な方法は何か？**

1. 本人が使っている，もしくは行えると思われる普段の表出的コミュニケーション手段は何ですか？たとえば，話し言葉，サインやジェスチャー，コミュニケーションボードやコミュニケーションブック，電子機器などがあるでしょう。それらの方法はどの程度一貫して使われていますか？

____

____

____

2. 次の表に，本人がコミュニケーションを行うのに使っている行動をリストしてみてください。

コミュニケーション機能	複雑な対話（文）	複数の語句	一語発話	エコラリア	その他の発声	複雑なサイン	単一のサイン	指さし	手を引く	うなずく	掴む・手を伸ばす	物を渡す	活発に動く	相手に近づく	相手から離れる	じっと見つめる	顔の表情	攻撃行動	自傷行動	その他
注目を要求する																				
援助を要求する																				
好きな食べ物・品物・活動を要求する																				
休憩を要求する																				
物や場所を示す																				
身体の痛みを訴える（頭痛や病気）																				
混乱や不快感を訴える																				
状況や活動に固執する，あるいは拒否する																				

3. 本人の受容的コミュニケーションや他者を理解する能力について

a. 話し言葉による要求や指示に従えますか？　もしそうなら，大体何種類くらい分かりますか？（もし理解できる言葉が少しならば，下に書き出してください）

b. サインやジェスチャーによる要求や指示に反応できますか？　もしそうなら，大体何種類くらい分かりますか？（もし理解できる指示が少しならば，下に書き出してください）

c. 様々な課題や活動について，モデルを示すとそれを模倣できますか？（もし模倣できるものが少しならば，下に書き出してください）

d. 「～が欲しい？」,「～に行きたい？」などの質問に対して,「はい」と「いいえ」をどのように示しますか？

H. 対象者にはたらきかけたり，支援したりするときに行うべきこと，避けるべきことは何か？

1. 本人と指導セッションや他の活動がうまく行えるようにするには，何を改善すればいいと思いますか？

____

____

2. 本人に指導セッションや活動を妨害されたり中断させられたりしないように，何を避けるべきだと思いますか？

____

____

I. 対象者が好きなものと，その人にとっての強化子は何か？

1. 食べ物：______________________________

____

____

2. 遊び道具や物：______________________________

____

____

3. 家庭での活動：______________________________

____

____

4. 地域での活動や外出：______________________________

____

____

5. その他：______________________________

____

____

付録

J. 問題行動のこれまでの履歴について分かっていることは何か？過去に問題行動を減少させる，あるいは消去することを試みたプログラムについて，またそのプログラムの効果は？

	問題行動	行動の持続時間	プログラム	その効果
1.				
2.				
3.				
4.				
5.				
6.				
7.				
8.				
9.				
10.				

K. 各々の問題行動の主たる機能や後続事象についてのサマリー仮説を作成する

セッティング事象　直前のきっかけ		問題行動		後続事象
	→		→	
	→		→	
	→		→	
	→		→	
	→		→	

このサマリー仮説は正確だとどれくらい確信していますか？

ほとんど確信していない					とても確信している
1	2	3	4	5	6

巻末付録 C

児童生徒向け
機能的アセスメントインタビュー用記録用紙

児童生徒向け機能的アセスメントインタビュー

児童生徒の氏名：＿＿＿＿＿＿＿＿＿＿　面接者：＿＿＿＿＿＿＿＿＿＿
依頼してきた先生：＿＿＿＿＿＿＿＿＿＿　面接日：＿＿＿＿＿＿＿＿＿＿

Ⅰ．インタビューの始めに

「今日，私たちがこうして会っているのは，あなたがもっと学校を好きになるように，学校をどのように変えればいいのか，その方法を見つけるためです。インタビューは30分ぐらいかかります。もしあなたが正直に答えてくれれば，私も最大限あなたを助けることができるでしょう。あなたを問題に巻き込むような可能性のある質問は一切しません」

学校や教室で問題となっている行動を児童生徒が自分で特定できるように援助してください。助言をしたり，児童生徒が述べたことを言い替えてあげたりすれば，児童生徒が自分の考えをはっきりとさせる手助けとなるでしょう。あなたは，この児童生徒を紹介してきた先生があげている問題行動のリストを手に入れておくべきでしょう。

Ⅱ．問題行動の定義

「自分が行っていることで，自分をトラブルに巻き込んでいることや問題になっていることをあげてください」*
（プロンプト：　遅刻ですか？　授業中のおしゃべりですか？　課題が終わらないことですか？　けんかですか？）

行動	コメント
1.	
2.	
3.	
4.	
5.	

*注）：ここから先のインタビューでは，左側の数字を，明らかになった問題行動のコード番号として使いましょう。

Ⅲ．生徒のスケジュールの作成（次ページ）

「生徒の日常スケジュール」表を使って，生徒が問題行動を起こす時間と授業を特定しましょう。問題行動を**最も引き起こしやすい**時間に焦点を絞ってインタビューしてみましょう。

児童生徒の日常スケジュール

今話し合った行動について，それらの行動が起こりやすい時間や授業の欄に自分で「×」を付けてください。ある時間が最も大変だと思う場合は，数字の「6」のところか6に近い数字に「×」を付けてください。ほとんど問題ないと思う場合には，「1」か1に近い数字に「×」を付けてください。

実際にマークする前に，いくつか一緒にマークする練習をしてみましょう。

	授業前	一限目	休憩	二限目	休憩	三限目	休憩	四限目	休憩	五限目	休憩	六限目	休憩	七限目	休憩	八限目	放課後
授業名		読み		数学		理科		体育		社会		音楽		自習		特活	
担任名	なし	ヨシダ	なし	タニグチ	なし	イケダ	なし	ヤマダ	なし	スズキ	なし	ヤマグチ	なし	ヨシモト	なし	ヨシモト	なし
かなり大変 6																	
5																	
4																	
3																	
2																	
ほとんど大変ではない 1																	

付録

Ⅳ. サマリー仮説記録用紙

場所・活動・出来事　直前のきっかけ ② → 問題行動（複数可） ① → 後続事象 ③

数字で示された順番にしたがって（最初に①「問題行動」，次に②「直前のきっかけ」，など），まとめの図を作りましょう。まとめに含める項目として，以下にリストしたものを考えてみましょう。新しい後続事象ごとに，一つずつ，まとめの図を作りましょう。

問題行動と関係していると思われる重要な出来事や場所は何ですか？	何が問題行動の引き金になっていると思いますか？	問題行動はどのようなものですか？	問題行動を起こすことで何を得ていますか？
睡眠不足＿＿＿＿	授業が……	遅刻＿＿＿＿	**逃避や回避**
病気＿＿＿＿	・非常にきつい＿＿＿＿	授業中のおしゃべり＿＿＿＿	・先生の要求＿＿＿＿
体の痛み＿＿＿＿	・つまらない＿＿＿＿	授業妨害＿＿＿＿	・先生の叱責＿＿＿＿
空腹＿＿＿＿	・不明瞭＿＿＿＿	不適切な言葉をいう＿＿＿＿	・先生からの修正＿＿＿＿
家庭でのトラブル＿＿＿＿	先生の叱責＿＿＿＿	失礼な行動＿＿＿＿	・友達からの接触（いじめやからかい）＿＿
友達との喧けんか・葛藤＿＿＿＿	友達のからかい＿＿＿＿	器物損壊＿＿＿＿	・課題（難しい，長い）＿＿＿＿
騒音・妨害＿＿＿＿	友達のはげまし＿＿＿＿	武器の持ち込み＿＿＿＿	**注目を得る**
活動・授業＿＿＿＿	その他＿＿＿＿	落ち着きがない＿＿＿＿	・友達から＿＿＿＿
その他＿＿＿＿		課題を最後までやらない＿＿	・先生や大人から＿＿＿＿
		盗み＿＿＿＿	**活動の機会，物を得る**
		脅迫＿＿＿＿	・ゲーム＿＿＿＿
		破壊＿＿＿＿	・おもちゃ＿＿＿＿
		不服従＿＿＿＿	・食べ物＿＿＿＿
		その他＿＿＿＿	・お金＿＿＿＿
			・課題＿＿＿＿

V．行動支援計画の作成

セッティング事象	直前のきっかけ	望ましい行動 / 問題行動 / 代替行動	後続事象 / 維持している後続事象

問題行動をしなくてもいいようにするために，文脈を変える方法は何ですか？	問題行動を予防する方法は何ですか？	望ましい行動を増やしたり，代替行動を教えたりする方法は何ですか？	問題行動が起こったときの対処方法は何ですか？	望ましい行動や代替行動が起こったときに何が起きますか？
□学級全体の規則と期待されている行動を明確にする □児童生徒と書面で約束を交わす □児童生徒用自己管理用紙を使う □席替えをする □スケジュールを変える □カウンセリング □その他	□問題行動が起こりそうなときに，行動についてもう一度思い出させる □何らかの特別な援助を提供する □生徒の技能にあわせて課題を修正する □その他 （課題を短くする 時間を長くする）	□授業で期待される行動を練習する □自己管理プログラム □その他 （期待される行動にプロンプトを与える）	□報酬と罰のプログラム □親と連絡を取る □得点を減らす □タイムアウト □職員室への呼び出し □授業中に叱責する □その他 （期待される行動にプロンプトを与える）	□報酬プログラム □先生からの褒め言葉 □その他

付録

巻末付録 D

機能的アセスメント観察用紙

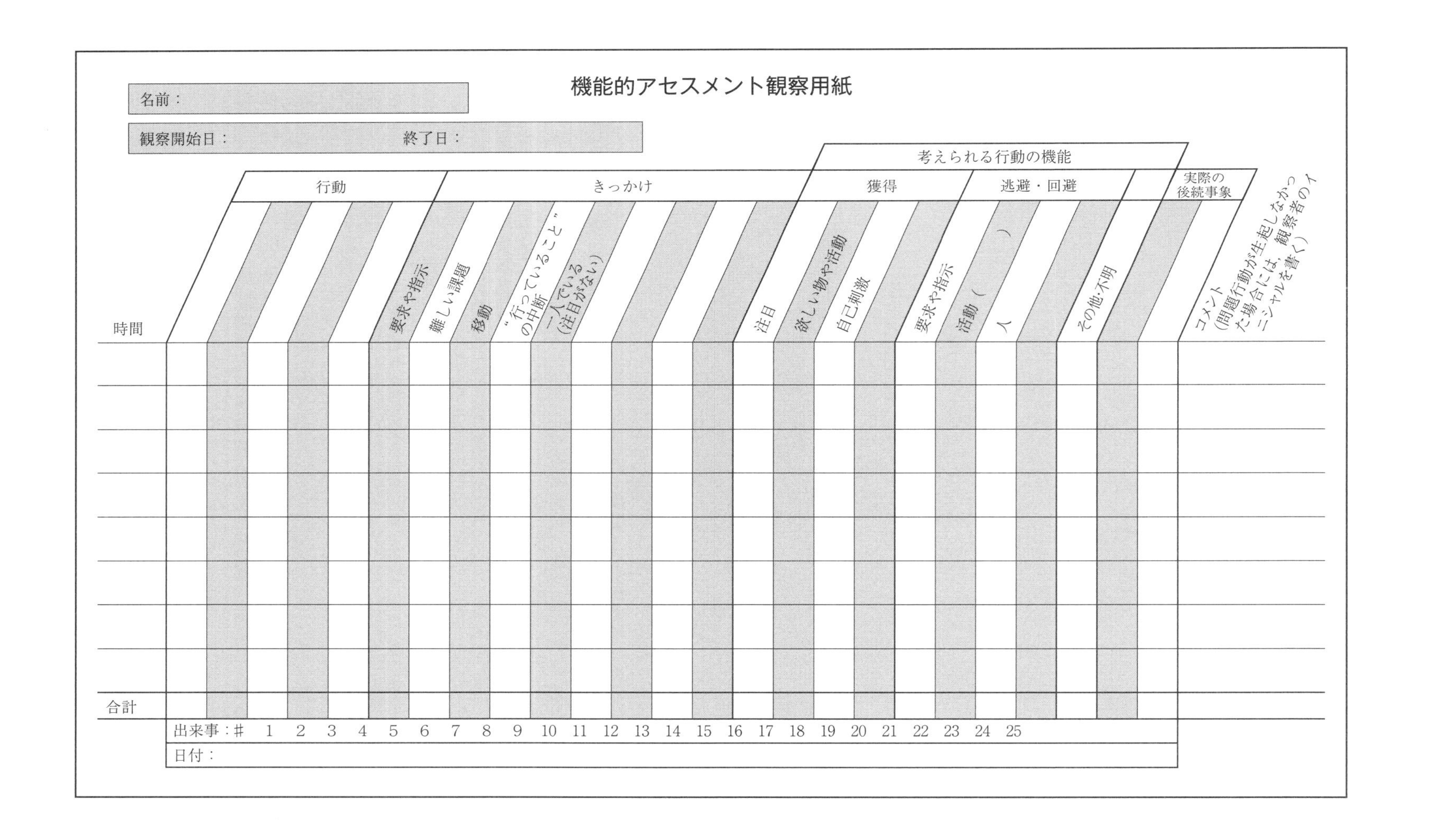

機能的アセスメント観察用紙

名前：

観察開始日：　　　　終了日：

時間

行動

きっかけ
- 要求や指示
- 難しい課題
- 移動
- “行っていること”の中断
- 一人でいる（注目がない）

考えられる行動の機能

獲得
- 注目
- 欲しい物や活動
- 自己刺激

逃避・回避
- 要求や指示
- 活動（　　）
- 人（　　）

その他・不明

実際の後続事象

コメント（問題行動が生起しなかった場合には，観察者のイニシャルを書く）

合計

出来事：# 1 2 3 4 5 6 7 8 9 10 11 12 13 14 15 16 17 18 19 20 21 22 23 24 25

日付：

巻末付録 E

機能的アセスメント観察用紙の例
（ヨウコの場合）*

＊訳注：2.4.8 の練習の解答

機能的アセスメント観察用紙

名前：ヨウコ

観察開始日：1月30日　　終了日：2月11日

時間	行動					きっかけ								考えられる行動の機能：獲得				考えられる行動の機能：逃避・回避						実際の後続事象		
	金切り声	物を壊す		先生を叩く	友人を叩く	要求や指示	難しい課題	移動	"行っていること"の中断	一人でいる（注目がない）	問題のある友人	算数の課題		不明	注目	欲しい物や活動	自己刺激		要求や指示	活動（　）	人（　）		その他・不明	ことばでの再指示	教室の隅に連れていかれる	コメント（問題行動が生起しなかった場合には，観察者のイニシャルを書く）
8:15 朝会	1 5				5					1 5					1 5									1 5	5	R.O.
8:45 読み																										R.O.
9:45 理科					2									2									2		2	R.O.
10:45 算数	6	3 6 9		3		3						3 6 9							3 6 9					3 6 9		R.O.
11:45 昼食					10					10					10									10		U.K.
12:30 読書				7						7					7									7		問題行動 #4 は無視 U.K.
1:30 席についての課題	4 8									4 8					4 8									4 8		U.K.
2:30 図工	11									11					11									11		U.K.
合計	6	3		2	3	1				7																

出来事：# ~~1~~ ~~2~~ ~~3~~ ~~4~~ ~~5~~ ~~6~~ ~~7~~ ~~8~~ ~~9~~ ~~10~~ ~~11~~ 12 13 14 15 16 17 18 19 20 21 22 23 24 25

日付：1／30（#1–4）　1／31（#5–8）　2／1（#9–）

巻末付録Ｆ

直接観察用紙の事例用サマリー仮説*

＊訳注：2. 4. 11 の事例についてのサマリー仮説

事例1　モモエ（訳注：図 2.9 の例）

サマリー仮説 1

作業で，好きではない課題を行うように言われると，モモエは，課題の要求から逃避するために，物を落として壊し始める。

事例2　ゴロウ（訳注：図 2.10 の例）

サマリー仮説 1

ひげ剃りなどの身だしなみを整える日課を終えるように言われると，ゴロウは，それらの活動から逃れるために，自分の手首を噛み，スタッフを掴んだり突き飛ばしたりする。

サマリー仮説 2

注目ややり取りが得られないと，ゴロウは，注目ややり取りを得るために，自分の手首を噛んだり，自分の顔を叩く。

事例3　マサシ（訳注：図 2.11 の例）

サマリー仮説 1

難しい算数の課題や好きではない算数や読書の課題を終えるように言われると，マサシは，課題から逃れるために，わいせつな言葉を叫んだり，物を放り投げたりする。（メモ：機能的アセスメント観察用紙 (FAOF) からは，問題行動と時間的に隔たったセッティング事象の情報は得られていない）

サマリー仮説 2

友達がマサシの欲しいおもちゃや物を持っていると，マサシは，そのおもちゃや物を得るために，友達をつねったり，引っかいたりする。

サマリー仮説 3

グループ学習などの，自分に注目が得られにくい状況で，マサシは注目を得ようと，先生の名前を大声で呼んだり，自分の机を拳や平手で叩いたりする。

メモ：腕を引っかくことは観察されなかったため，それに関連したサマリー仮説は（これらの限られたデータによれば）支持されなかった。先生とフォローアップするべきであろう。

巻末付録 G

競合行動バイパスモデル用記録用紙

サマリー仮説と競合行動バイパスモデルの図説

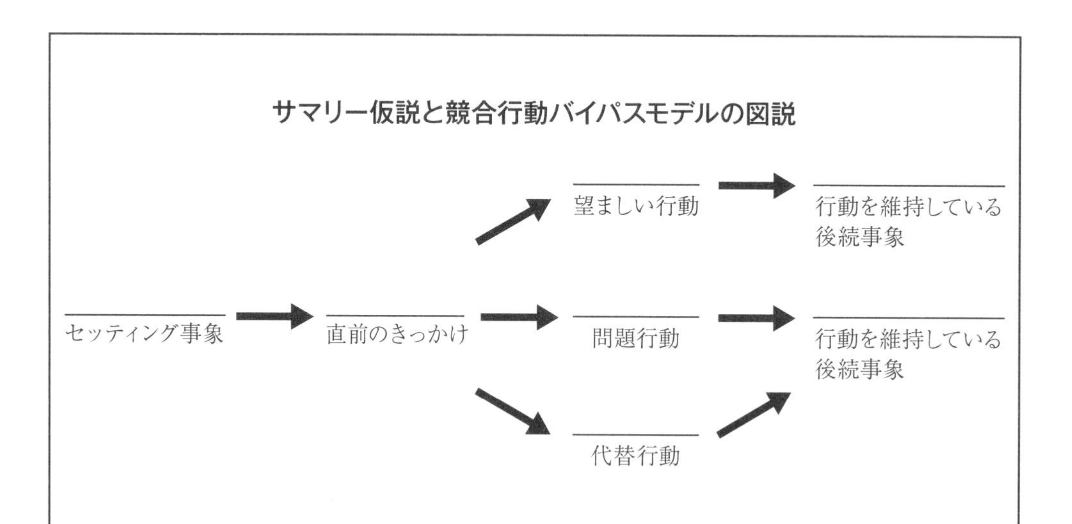

問題行動を行う意味がなく，効率が悪く，効果のないものにする方法をリストしてみましょう。

セッティング事象に関する方法	直前のきっかけに関する方法	指導に関する方法	後続事象に関する方法
・	・	・	・

訳者あとがき
——日本版第二版に寄せて——

本書は，Functional Assessment and Program Development for Problem Behavior：A Practical Handbook（3rd edition）の全訳である。応用行動分析学（ABA，Applied Behavior Analysis）の理論を基にした，問題行動の機能を見極めるアセスメントツール（機能的アセスメントなど），そのツールを用いて児童生徒の行動を観察した結果に基づいて「行動支援計画」を立案するという全プロセスについて詳細に紹介している。

日本においては，原著の第二版は「子どもの視点で考える問題行動解決支援ハンドブック」というタイトルで2003年に学苑社から第5刷まで出版されているが，本書は原著の第三版にあたり，日本版としては第二版という位置づけになる。書籍には流行り廃りのあるものも少なくないが，本書が取り扱っている「児童生徒の示す問題行動にどのように対応するか」というテーマは，学校現場では未だ多くの先生方，あるいは子育て中の保護者の方にとっては，決して古くなることのない重要なトピックであり続けている。

日常的な直観で問題行動を減らそうとする周囲の対応が，逆にその問題行動を悪化させてしまうことがあり得る，ということは応用行動分析学の視点を学んだことのない教師や保護者にはおそらく気づくことが難しい視点である。「行動は機能するものが淘汰されて，生き残っている，つまり起こり続けている」ということを理解することは，児童生徒の，あるいは我が子の起こしている問題行動を真に理解し，適切な行動を増やすことへの始めの一歩とも言える重要な視点である。しかし，この視点は日常的な直観に慣れ親しんでいる者にはまさに「天動説から地動説への変換」というほどに大きなパラダイムシフトを求めるもので，本書にはそのパラダイムシフトを促進するような具体的な事例が日本語版初版に比べて多く掲載されているのが大きな特徴の一つである。

今回，金剛出版のご理解を得て日本語版第二版を出版することが実現したことに，心からの感謝の意を表したい。特に編集の労を取ってくださった中村奈々氏には心よりお礼申し上げる。

今回の訳者チームは，2014年秋に三田地の母校であるオレゴン大学視察を共にしたABAの研究仲間である。恩師でもあり，本書の著者の一人でもあるアルビン先生から，本書の原著を手渡されたとき，もう二度と訳すことはないと思っていた，この本を再度訳して日本の皆様に紹介することが我々に課せられた使命だと感じ，翻訳を決意した。その後，三田地の作業の遅れにより，３年の歳月を要してしまったことをこの場を借りてお詫びすると共に，本書が問題行動の対処に悩むすべての方々の「具体的な解決の手立て」の一助となることを心から願って止まない。

2017年10月
訳者を代表して
三田地真実

三田地　真実（全体監修・監訳）
教育学博士，言語聴覚士
米国オレゴン大学教育学部博士課程修了
星槎大学大学院教育実践研究科　教授
専門は，応用行動分析学，コミュニケーション障害学，ファシリテーション

神山　努（監訳，序文，第２章，第４章担当）
教育学修士，臨床発達心理士
筑波大学大学院教育研究科障害児教育専攻　修了
（筑波大学大学院人間総合科学研究科博士後期課程障害科学専攻在学中）
国立特別支援教育総合研究所　研究員
専門は，応用行動分析学，特別支援教育

岡村　章司（第１章，第５章，巻末付録担当）
修士（学校教育学），臨床心理士
兵庫教育大学大学院学校教育研究科学校教育専攻教育臨床コース修了
兵庫教育大学大学院学校教育研究科　准教授
専門は，応用行動分析学，発達障害臨床心理学

原口英之（第３章担当）
修士（学校教育学），臨床心理士
兵庫教育大学大学院学校教育研究科学校教育専攻教育臨床心理コース修了
（筑波大学大学院人間総合科学研究科博士後期課程障害科学専攻在学中）
国立精神・神経医療研究センター　精神保健研究所
児童・思春期精神保健研究部　研究員
専門は，応用行動分析学，臨床心理学

子どもの視点でポジティブに考える
もんだいこうどうかいけつしえん
問題行動解決支援ハンドブック

2017年11月10日　発行
2024年９月10日　４刷

著　者　ロバート・E. オニール，リチャード・W. アルビン，
キース・ストーレイ，ロバート・H. オーナー，
ジェフリー・R. スプラギュー
監訳者　三田地　真実・神山　努
発行者　立石　正信

印刷・製本　シナノ印刷

株式会社　金剛出版
〒112-0005　東京都文京区水道1-5-16
電話03（3815）6661（代）
FAX03（3818）6848

ISBN978-4-7724-1583-5